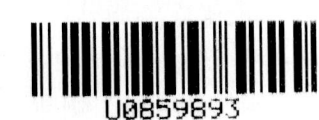

教育部人文社會科學研究規劃基金項目「商周金文偏旁譜」（編號：17YJA740045）
江蘇省高校「青藍工程」中青年學術帶頭人培養對象資助項目

商周金文偏旁譜

蘇 影 編著

南京大學出版社

圖書在版編目（CIP）數據

商周金文偏旁譜 / 蘇影編著. -- 南京：南京大學出版社，2022.9

ISBN 978-7-305-25903-6

Ⅰ.①商… Ⅱ.①蘇… Ⅲ.①金文－偏旁－研究－中國－商周時代 Ⅳ.①K877.34

中國版本圖書館CIP數據核字（2022）第118173號

出版發行 南京大學出版社
社　　址 南京市漢口路22號　　郵編 210093
網　　址 http://www.NjupCo.com
出 版 人 金鑫榮

書　　名 **商周金文偏旁譜**
編　　著 蘇　影
責任編輯 李晨遠　　　編輯熱綫 025-83594071

照　　排 南京紫藤製版印務中心
印　　刷 徐州緒權印刷有限公司
開　　本 787×1092　1/16　印張 50　字數 426千
版　　次 2022年9月第1版　2022年9月第1次印刷
ISBN 978-7-305-25903-6
定　　價 198.00圓

網址：http://www.njupco.com
官方微博：http://weibo.com/njupco
官方微信號：njupress
銷售諮詢熱綫：（025）83594756

目録

前言

教育部人文社會科學研究規劃基金項目「商周金文偏旁譜」（編號：17YJA740045），從2017年7月立項至今已三年有餘，目前已進入課題研究的收尾階段。本書以商周金文偏旁爲研究對象，討論的偏旁，是指一切具有相對獨立性的金文構字單位，不限於《説文》五百四十部首，也不同於最基本的構字單位字原。時間限定在商代至戰國末期，凡在此時間範圍内的銅器銘文皆是本書所討論的對象。本書對商周金文偏旁從文字學的角度進行綜合性基礎整理與研究。

偏旁研究是漢字研究領域裏一項基礎性的研究工作。漢字歷史悠久，内涵豐富，各個階段、不同地域的字形面貌非常複雜，而商周金文是漢字漫長歷史演變過程中非常重要的階段。在目前所見的諸載體古文字資料中，以商周金文形體數量最多，商代金文相對殷墟甲骨文，是商代的正體，代表商代文字真貌，西周至戰國金文接續商代金文和殷墟甲骨，是漢字形體發展鏈條上一大環。研究商周（至戰國）金文偏旁，等於抓住先秦古文字主體。本書在製作偏旁譜以及形體分析的基礎上，考察了商周金文偏旁的形態與演變規律，以期微觀把握金文形體演變和構形規律，對古文字構形研究有積極意義。本書將促進甲骨文、陶文、簡帛文等其他載體文字的偏旁研究，也將爲古文字字形研究打下堅實的基礎。

偏旁形體的辨析和確立對古文字的釋讀具有十分重要的意義，要對一個未識字進行考釋，首先應該做的工作，就是對其形體構成的各個部分進行偏旁分析和整理，得出其基本單位。這一工作的重要性，此前的古文字學家都或多或少認識到了，有的爲此做了大量的收集整理工作。我們知道，偏旁分析作爲科學的古文字考釋方法，已爲學界公認並廣泛使用。它肇始於東漢許慎，以之成功地研究了小篆構形，爲漢字構形分析樹立了榜樣。宋代金石學興起，學者開始嘗試用偏旁分析方法考釋金石文字，到清代孫詒讓，將此方法進一步發揚光大，成功地考釋出不少疑難古文字，爲後來研究古文字的學者所普遍遵循，視爲考釋古文字行之有效的方法。研究古文字偏旁的成果隨之逐漸出現，如高明先生在《中國古文字學通論》、何琳儀先生在《戰國文字通論》、劉釗先生在《古文字構形學》、黄德寬先生在《古漢字發展論》中都曾辟專章或專節做過討論，林澐先生所撰專文《先秦古文字中待探索的偏旁》，張桂光先生所撰專文《金文形符系統特徵的探討》、《戰國文字形符系統特徵的探討》、《古文字義近形符系統特徵的探討》等，都對古文字的偏旁做過深入研究，成就各有千秋，近年來隨着新出土材料的增多，研究成果日益豐富，詳見本書參考文獻，此不贅述。本書汲取了學界字形研究的新成果，對不同意見的文字釋讀擇善而從。

偏旁譜編撰是一件瑣碎而浩繁的工作，金文字形數量巨大，據商周金文資料庫統計，商代至戰國末期，一萬六千多件有銘青銅器上的銘文文字所含的偏旁共165206個，所以本書在方法上堅持學術第一、技術第二的研究思路。

本書在各方面、各層次的分析標注中，力求反映最新的相關學術研究水準。在偏旁屬性的標注中全面引進數字化操作方式，以求最大限度地統一和高效。

自2016年習近平總書記提出要重視冷門絶學以來，古文字學發展迅速，新成果不斷問世，尤其是反映古文字學界研究成果的文字編的編撰越來越多，這爲商周金文偏旁譜的編纂提供了極大便利，是編纂偏旁譜的重要參考，在此謹向各類文字編的編撰者表示衷心感謝！我們始終把編纂高水準的金文偏旁譜作爲目標，但是囿於學識和見聞所限，偏旁譜中存在的錯謬和疏忽一定不少，誠懇期待讀者們批評指正。

商周金文偏旁目錄

卷一

卷二

卷三

卷四

卷五

卷六

卷七

卷八

卷九

卷十

卷十一

卷十二

卷十三

卷十四

凡　例

一、本書所收偏旁裁切自商周金文拓片，拓片不清者以摹本代之。

二、本書偏旁大體按照《説文解字》（以下簡稱《説文》）順序排列，《説文》所無偏旁列在形近偏旁之後。

三、本書所收偏旁包括偏旁所在字例，偏旁類型、形體、來源、器名和時代，春秋、戰國時代所出偏旁有明確國别的會另外標注國别。

四、字例排序吸收了當前金文研究成果，同一字例下的偏旁形體按照時代先後排列，大致順序如下：殷商、西周早、西周中、西周晚、春秋早、春秋中、春秋晚、戰國早、戰國中、戰國晚。

五、本書字形均經過電腦處理，偏旁大小視編排需要做過適當調整。

六、同一字頭下，同時代相同偏旁較多者，以清晰、典型者爲首選，字形較少者，則儘可能全部收録。

七、本書偏旁拓片下所標注之拓片來源，取於《殷周金文集成》者，衹標注該書拓片序號，如「2838」表示取於《殷周金文集成》第二八三八號；取於《近出金文集録》者，標注該書簡稱和拓片序號，如「近出 72」，表示取於《近出金文集録》第七二號；取於《新收殷周青銅器銘文暨器影彙編》者，標注該書簡稱和器號，如「新收 915」，表示取於《新收殷周青銅器銘文暨器影彙編》第九一五號；取於《商周金文通鑒》光盤（1.2 版）者，標注該光盤簡稱和器號，如「金文通鑒 4056」，表示取於《商周金文通鑒》光盤（1.2 版）第四〇五六號。其餘可類推。取自刊物者，一般標注刊物全稱、出版年份和期次。其他標注簡稱者，詳見《拓片引用文獻》。

八、本書收録之金文偏旁拓片，刊佈的時間截至二〇二〇年。

九、本書卷末附有偏旁索引，以供檢索。

拓片引用文獻

《商周青銅器銘文選》，馬承源編著，文物出版社，1988年-1990年。（簡稱：銘文選）
《近出殷周金文集録》，劉雨、盧岩編著，中華書局，2002年。（簡稱：近出）
《近出殷周金文集録二編》，劉雨、嚴志斌編著，中華書局，2010年。（簡稱：近出二）
《古文字研究》（1—33輯），中國古文字研究會，中華書局，1979年—2020年。（簡稱：古）
《商周金文資料通鑒》光盤（1.2版），吴鎮烽主持編纂，2005年。（簡稱：金文通鑒）
《商周青銅器銘文暨圖像集成》，吴鎮烽編著，上海古籍出版社，2012年。（簡稱：圖像）
《商周青銅器銘文暨圖像集成續編》，吴鎮烽編著，上海古籍出版社，2016年。（簡稱：圖像續）
《商周青銅器銘文暨圖像集成三編》，吴鎮烽編著，上海古籍出版社，2020年。（簡稱：圖像三）
《雪齋學術論文二集》，張光裕著，藝文印書館，1993年。（簡稱：雪齋二集）
《珍秦齋藏金》（秦銅器篇）、《珍秦齋藏金》（吴越三晉篇），蕭春源編，澳門基金會，2006年、2008年。（簡稱：珍秦）
《首陽吉金：胡盈瑩、範季融藏中國古代青銅器》，首陽齋、上海博物館、香港中文大學文物館編，上海古籍出版社，2008年。（簡稱：首陽）
《殷墟新出土青銅器》，中國社會科學考古研究所、安陽市文物考古研究所編著，雲南人民出版社，2008年。（簡稱：殷新）
《新出殷周青銅器銘文整理與研究》，胡長春著，綫裝書局，2008年。（簡稱：新出）
《西安文物精華·青銅器》，西安市文物保護考古所，世界圖書出版社，2005年。（簡稱：西安）
《流散歐美之殷周有銘青銅器集録》劉雨、汪濤編著，上海辭書出版社，2007年。（簡稱：流散）
《東周鳥篆文字編》，張光裕、曹錦炎主編，翰墨軒，1994年。（簡稱：鳥篆字編）
《金文總集》，嚴一萍編，藝文印書館，1983年。（簡稱：總集）
《近出西周金文集釋》，周寶宏著，天津古籍出版社，2005年。（簡稱：集釋）
《梁帶村芮國墓地：2007年度發掘報告》，陝西省考古研究院、渭南市文物保護考古研究所、韓城市景區管

理委員會編著，2010年。（簡稱：梁帶）
《曾國青銅器》，湖北省文物考古研究所編，文物出版社，2007年。（簡稱：曾國）
《新出金文與西周歷史》，朱鳳瀚主編，上海古籍出版社，2011年。（簡稱：新出金文）
《新收殷周青銅器銘文暨器影彙編》，鍾柏生、陳昭容、黄銘崇、袁國華編，臺北藝文印書館，2006年。（簡稱：新收）
《玫茵堂藏中國銅器》，汪濤編著，玫茵堂，2009年。（簡稱：玫茵堂）
《芮國金玉選粹——陝西韓城春秋寶藏》，孫秉君、蔡慶良著，三秦出版社，2007年。（簡稱：芮國金玉）
《第四届國際中國古文字學研討會論文集》，台灣「中央研究院」歷史語言研究所，2013年。（簡稱：第四届）
《山東金文集成》，山東省博物館編，齊魯書社，2007年。（簡稱：山東金文）
《吉林大學古籍研究所建所三十周年紀念文集》，吉林大學古籍研究所編，上海古籍出版社，2014年。（簡稱：30周年文集）
《海岱古族古國吉金文集》，陳青榮、趙縕編著，齊魯書社，2011年。（簡稱：海岱）
《紀念中國古文字研究會成立三十周年國際學術研討會議論文集》，中國古文字研究會、吉林大學古籍研究所編，2008年。（簡稱：古三十年）
《飛諾藏金》，宛鵬飛編著，中州古籍出版社，2012年。
《吉金鑄華章》，陝西省考古研究院、寶雞市考古研究所、眉縣文化館等編著，文物出版社，2008年。
《陝西金文集成》，張天恩主編，三秦出版社，2016年。
《益陽楚墓》，益陽市文物管理處、益陽市博物館編著，文物出版社，2008年。
《商周金文編》，寶雞周秦文化研究會編，霍彦儒、辛怡華主編，三秦出版社，2009年。
《書道全集》，日本平凡社，1957年。
《蘇埠屯銅器圖録》，張履賢著，唐友波整理，上海書店出版社，2014年。
《鐘離君柏墓》，闞緒杭主編，文物出版社，2013年。
《古文字學論稿》，張光裕、黄德寬著，安徽大學出版社，2008年。

《吴越文字彙編》，施謝捷編著，江蘇教育出版社，1998 年。
《夏商周青銅器研究》，陳佩芬著，上海古籍出版社，2004 年。
《小邾國文化》，棗莊市山亭區政協編，中國文史出版社，2006 年。
《小邾國遺珍》，趙友文主編，中國文史出版社，2006 年。
《上海博物館集刊》（簡稱：上博）
《中國國家博物館館刊》（簡稱：國博館刊）
《中國歷史文物》
《上海文博論叢》
《故宫文物月刊》
《管子學刊》
《華學》
《九州》
《文物》
《文博》
《考古》
《考古與文物》
《中原文物》
《中國書法》
《江漢考古》
《考古學報》
《出土文獻》
《古文字與古代史》
復旦大學出土文獻與古文字研究中心網站（簡稱：復旦網）

商周金文偏旁譜　卷一

部首	字	偏旁	字例	出處	字例	出處
一	鼠	聲旁		銘文選八一八・中山王譽方壺・晉・戰國晚		
元	寇	形旁		2838・曶鼎・西周中		4295・揚簋・西周晚
				9695・虞司寇壺・西周晚		10154・魯少司寇盤・魯・春秋
	忨	聲旁		銘文選八八一・中山王譽方壺・晉・戰國晚		
	祁	聲旁		2239・孝子祁鼎・戰國		
	沅	聲旁		12113・鄂君啓舟節・楚・戰國		
天	昊	形旁	 	10175・史牆盤・西周中		近出二1219・二年平陶令戈・戰國晚

需 形旁

4162・孟簋・西周中

4163・孟簋・西周中

新收41・曶叔奐父盨・西周晚

吞 形旁

古23・者兒戈・春秋晚或戰國早

按：李朝遠釋。

史

復 聲旁

9686・十三苿壺・晉・戰國早

9926・左使車工臸勺・戰國晚

上

辻 聲旁

12113・鄂君啓舟節・楚・戰國

尚 聲旁

銘文選八八一・中山王譽方壺・晉・戰國晚

峕 聲旁

11686・五年邦司寇劍・晉・戰國

帝

啻 聲旁

4165・大簋・西周中

4288・師酉簋・西周中

4129・□叔買簋・西周晚

敵 聲旁

30周年文集・宗人鼎・西周中

274・叔夷鐘・齊・春秋晚

旁

滂 聲旁

9708・冶仲考父壺・楚・春秋早

下

忑 聲旁

2794・楚王酓忎鼎・楚・戰國晚

示

祧 形旁

海岱153.15・司馬楙編鎛・齊・戰國早

㞟 形旁

圖像19182・鄂君啓舟節・楚・戰國

祭 形旁

2473・史喜鼎・西周

245・邾公華鐘・邾・春秋晚

銘文選八八一・中山王嚳方壺・晉・戰國晚

10008・欒書缶・楚・戰國

禝 形旁

銘文選八八〇・中山王嚳鼎・晉・戰國晚

10374・子禾子釜・齊・戰國

祟 形旁

圖像3036・競孫旟也鬲・楚・春秋晚

4551・楚王酓脡簠・楚・戰國晚

字	類	字形	出處
祐	形旁		247・瘋鐘・西周中
			新收 1199・曾孟嬴削簠・曾・西周晚或春秋早
			9663・黃子壺・黃・春秋早
			4528・曾子㞬簠蓋・曾・春秋晚
⿰示工	形旁		通鑒 2997・競之定鬲甲・楚・春秋晚
			2623・楚王酓脡鼎・楚・戰國晚
禕	形旁		9901・矢令方彝蓋・西周早
			246・瘋鐘・西周中
宗	形旁		2431・乃孫作祖己鼎・殷
			9710・曾姬無卹壺・曾・戰國
禋	形旁		古 24・與兵方壺・楚・春秋中或晚
			10171・蔡侯盤・蔡・春秋晚
祴	形旁		2662・或者鼎・西周中
⿰示卜	形旁		9404・戈祁作父丁盉・殷
			9240・戈祁作父丁斝・殷或西周早

戜	形旁		2336・伯戜方鼎・西周早
訞	亦聲		2066・訞啓鼎・西周中
禍	形旁		銘文選八八一・中山王嚳方壺・晉・戰國晚
栅	形旁		新收915・叔夨方鼎・西周早
桼	形旁		38・[illegible]篙鐘・楚・春秋晚
[illegible]	形旁		古24・與兵方壺・楚・春秋中或晚
			近出72・王孫誥編鐘十三・楚・春秋晚
[illegible]	形旁		金文通鑒5672・遣伯盨・西周中
[illegible]	形旁		10583・匽侯載器・燕・戰國

祠 形旁

9678·趙孟庎壺·晉·春秋晚

銘文選八八二·好蚉壺·晉·戰國晚

⿱臼示 形旁

2739·塱方鼎·西周早

衸 形旁

2763·我方鼎·西周早

祖 形旁

10008·欒書缶·楚·戰國

盂 形旁

7606·盂爵·殷

11870 ·盂弓形器·殷

王

𡈼 聲旁

7732·爵·殷

5322·鬫卣·西周早

近出36·晉侯蘇編鐘二·西周晚

中國歷史文物2009年2期·鮑子鼎·齊·春秋晚

4096·陳逆簋·齊·戰國早

銘文選八八二·好蚉壺·晉·戰國晚

皇

閏	形旁	 近出 1211・元年閏矛・晉・戰國晚
⿱王曰	形旁	 9685・十二苿扁壺・戰國早
諻	聲旁	 2288・卲王之諻鼎・楚・春秋晚
韹	聲旁	 近出 64・王孫誥編鐘五・楚・春秋晚  182・徐王子旃鐘・徐・春秋
⿺儿皇	聲旁	 3654・⿺儿皇作父壬簋・西周早
煌	聲旁	 近出 99・𪒠編鎛・楚・春秋晚  270・秦公鎛・秦・春秋
皝	聲旁	 261・王孫遺者鐘・楚・春秋晚  153・許子盥鎛・春秋

玉

玗	形旁	 5373・戲(⿱雨東)卣・西周　按：或釋「璧」。

字	字形	出處	字形	出處
琅 形旁		文物 1986 年 1 期・子黃尊・殷晚		
弄 形旁		近出 413・鳥寏簋・殷晚		5761・子之弄鳥尊・晉・春秋晚
		2086・君子之弄鼎・晉・春秋晚或戰國早		新收 1639・君子之弄鬲・戰國早
㚰 形旁		2813・師㚰父鼎・西周中		
寶 形旁		2648・小子射鼎蓋・殷		2126・[illegible]作父己鼎・西周早
		1953・舟作寶鼎・西周中		2469・大師人鼎・西周晚
		4567・魯伯俞父簠・魯・春秋早		上博 10 期・伯遊父盤・黃・春秋中
		6513・徐王義楚觶・徐・春秋晚		10318・齊侯盂・齊・春秋晚

珈

形旁

287・曾侯乙鐘(下一2)・曾・戰國早

292・曾侯乙鐘(下二4)・曾・戰國早

⿱宀稟

形旁

2280・𠂤鼎・西周中

⿰王袁

形旁

9897・師遽方彝蓋・西周中

環

形旁

2841・毛公鼎・西周晚

⿰王亞

形旁

5414・六祀𠨘其卣蓋・殷

上博8期・亢鼎・西周早　按：或釋讀爲「琮」。

⿸广⿰王丘

形旁

3952・格伯作晉姬簋・西周中

⿰王面

形旁

9897・師遽方彝器・西周中

⿰王丮

形旁

5394・小子省卣器・殷

4192・緙簋蓋・西周中

𤥎 形旁

2830・師𩛥鼎・西周中

寶 形旁

文博2008年2期9頁圖16,17・伯寶父盨・西周晚

近出527・蔡侯簠・蔡・春秋晚

嬰 形旁

5407・作册睘卣・西周早

4289・師酉簋・西周中

4215・𩰫簋蓋・西周晚

珥 形旁

江漢考古・2014年4期・曾侯𦙶編鐘M1.8・曾・春秋晚

伃 形旁

2159・大保方鼎・西周早

2765・蟎鼎・西周中

9646・保侃母壺・西周晚

10145・毛叔盤・毛・春秋早

10318・齊侯盂・齊・春秋晚

4639・齊侯敦・齊・春秋

瓔 形旁

4411・項燮盨・西周晚

珏	⿱宀⿰女王 形旁	 4444・紀伯子⿱宀⿰女王父盨・紀・春秋		
	璜 形旁	 近出二 587・五年琱生尊甲・西周晚	 4612・楚屈子赤角簠蓋・楚・春秋晚	
	班 形旁	 4341・班簋・西周中	 4430・弭叔作叔班盨蓋・西周晚	
		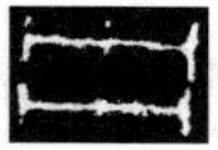 140・邾公孫班鎛・邾・春秋晚		
	豐 形旁	 2625・豐作父丁鼎・西周早	 9455・長由盉・西周中	
朋	㝩 聲旁	  摹本 2524・㝩𡿧生鼎・春秋早		
	⿹勹朋 聲旁	 3667・倗丏簋・西周早	 6011・盠駒尊・西周中	
		 2835・多友鼎・西周晚	 4525・伯旛魚父簠・春秋早	

士

2357・楚叔之孫倗鼎・楚・春秋晚

壯 形旁

127・者沪鐘・楚・戰國早

銘文選八八〇・中山王譽鼎・晉・戰國晚

仕 聲旁

11049・仕斤徒戈・齊・戰國早

吉 形旁

4088・奢簋・西周早

4104・賢簋・西周中

2787・史頌鼎・西周晚

圖像2219・曾侯宝鼎・曾・春秋早

上博10期・伯遊父盤・黃・春秋中

245・邾公華鐘・邾・春秋晚

新收1781・陳逆簋蓋・齊・戰國早

銘文選八八一・中山王譽方壺・晉・戰國晚

在 聲旁

5983・啓作祖丁尊・西周早

2837・大盂鼎・西周早

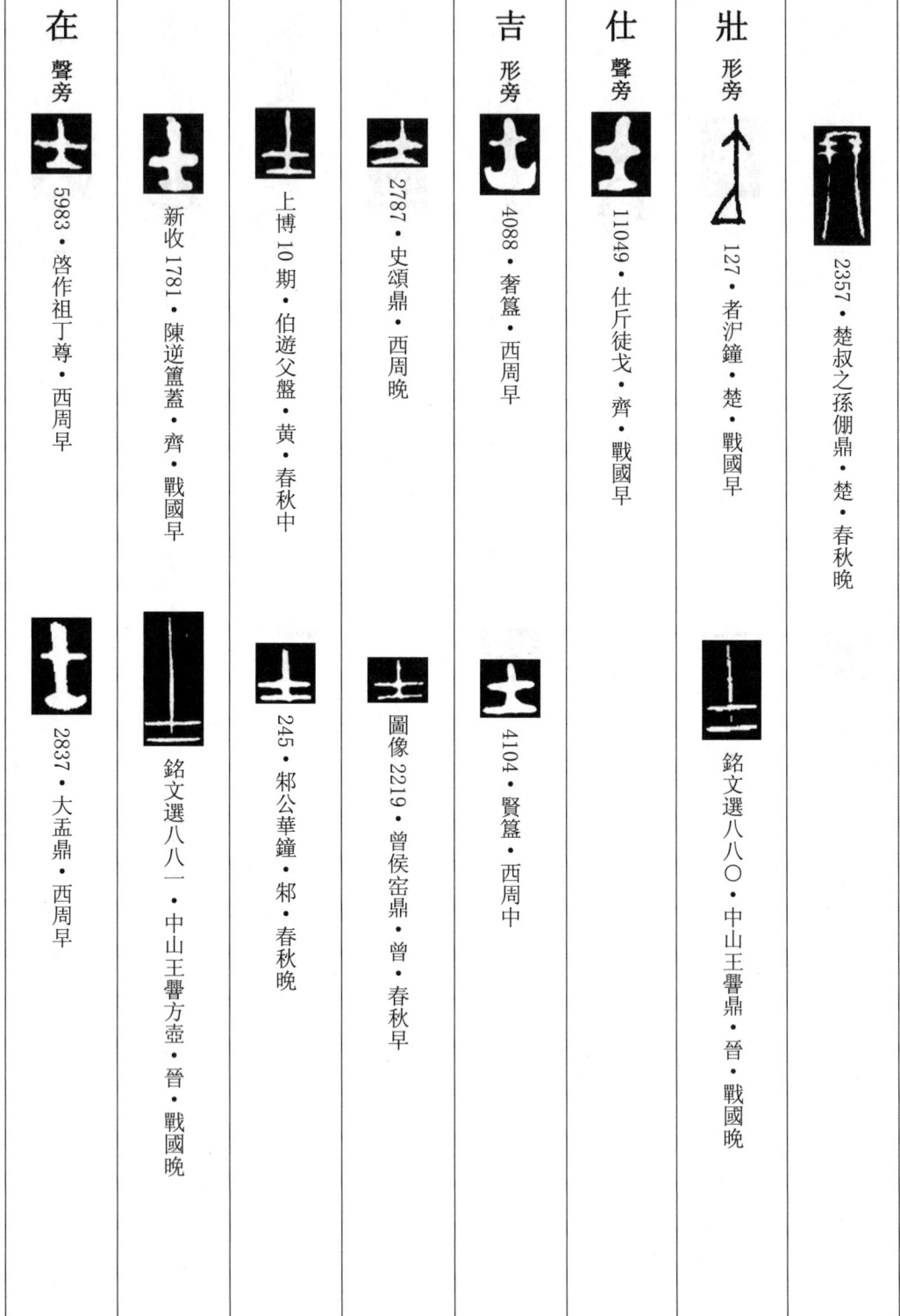

中　壯

4046・㜸簋・西周中

9715・杕氏壺・晉・春秋晚

銘文選八八一・中山王嚳方壺・晉・戰國晚

雪齋二集72頁附圖二・衆可忌豆・齊・戰國

[illegible] 聲旁

10176・散氏盤・西周晚

[illegible] 聲旁

新收1555・士山盤・西周中

3589・𦬕侯簋・西周晚

盅 聲旁

2356・盅之嚌鼎・邙・春秋

[illegible] 聲旁

9995・[illegible]子賓缶・楚・春秋

[illegible] 聲旁

10122・黄子盤・黄・春秋早

忠 聲旁

銘文選八八一・中山王嚳方壺・晉・戰國晚

屯

沖 聲旁

2229・沖子鼎・戰國早

毛 聲旁

近出794・春爵・西周早

24・蔡侯墓殘鐘・蔡・春秋晚

圖像2387・春平相邦葛得鼎・晉・戰國晚

萅 聲旁

古24・與兵方壺・楚・春秋中或晚

10008・欒書缶・楚・戰國

邨 聲旁

珍秦（吴越三晉）109頁・廿七年頓丘令䂮酉戟・晉・戰國中

忳 聲旁

新收1394・師道簋・西周中

軘 聲旁

銘文選八八一・中山王嚳方壺・晉・戰國晚

純 聲旁

10371・陳純釜・齊・戰國

每

敏 亦聲	 2837・大盂鼎・西周早	 4322・㦰簋器・西周中
	 4324・師嫠簋・西周晚	 商周金文編622・四十二年逑鼎乙・西周晚
	 281・叔夷鐘・齊・春秋晚	 金文通鑒18013・十八年寺工鈹・秦・戰國晚
⿱每又 聲旁	 11322・七年侖氏戈・晉・戰國	
誨 聲旁	 2615・鴻叔鼎・西周早	 3950・鴻叔簋・西周中
	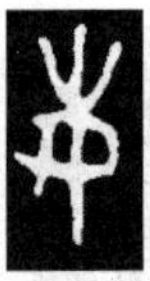 10175・史牆盤・西周中	 4328・不其簋・西周晚
	 261・王孫遺者鐘・楚・春秋晚	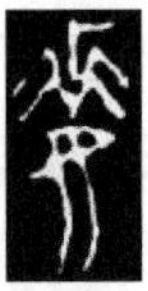 近出72・王孫誥編鐘十三・楚・春秋晚
䍙 聲旁	 5417・小子畬卣・殷	 4047・𢦚貯簋・西周中

緐

毎出 聲旁

5113・𡨦作尊彝卣・西周早

9515・下官壺・晉・戰國晚

海 聲旁

4239・小臣謎簋蓋・西周早

緐 聲旁

4146・緐簋殘底・西周早

4316・師虎簋・西周中

4242・叔向父禹簋・西周晚

近出 30・戎生編鐘四・晉・西周晚或春秋早

中原文物 2012 年 5 期 20 頁圖二・陳侯之孫宋兒鼎・春秋中

12112・鄂君啓車節・楚・戰國

晦 聲旁

首陽 83 頁・喬簋・西周早

4104・賢簋・西周中

10174・兮甲盤・西周晚

鼒 聲旁

近出 0280・倗鼎・春秋晚

折

斳

聲旁

2832・五祀衛鼎・西周中

10176・散氏盤・西周晚

苏

形旁

2104・上支床鼎・晉・戰國晚

11211・工城戈・齊・戰國

茀

形旁

出土文獻８輯・卜丂史簋器底（M257）・西周中

11281・宋公差戈・齊・春秋晚

中

執

形旁

新收 1660・䄅父乙觚・殷晚

3206・䄅父辛簋・西周早

鷂

聲旁

3770・降人鷂簋・西周中

2607・乙鼎・春秋晚

䣐

聲旁

4631・曾伯霥簠・曾・春秋早

蘚

聲旁

9822・蘚罍・西周中

10285・儹匜・西周晚

2818・𤔲攸从鼎・西周晚

茻

芺

形旁 
5926・亞𣄨父辛尊・殷

菖

形旁 
3892・師吴父簋・西周晚

按：或認爲从「廾」。

莆

形旁 
2307・右亯公鼎・戰國

茖

形旁 
近出1179・十一年皐落戈・楚・戰國晚

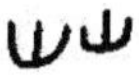
新收1782・上皐落戈・晉・戰國晚

莆

形旁 
近出1177・十八年莆坂令戈・晉・戰國晚

蘇

形旁 
2722・寬兒鼎・蘇・春秋晚

芋

形旁 
江漢考古2014年4期・曾侯腆編鐘・曾・春秋晚

蕽

形旁

2174・田農鼎・西周早

苗

形旁

4374・苗𡡆盨・西周晚

荒

形旁

銘文選八八一・中山王䜌方壺・晉・戰國晚

茀

形旁

8478・茀父丁爵・西周早

芆

形旁

文物2014年1期・䣙卣・西周中

葢

形旁

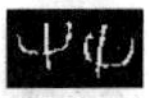

4315・秦公簋・秦・春秋早

萃

形旁

11190・郾王職戈・燕・戰國晚

苛

形旁

9931・秦苛膉勺・秦・戰國晚

薪 形旁  近出1194・六年上郡守閒戈・秦・戰國晚

葭 形旁  新收2005・廿四年丞□戈・秦・戰國

蒙 形旁  銘文選八八一・中山王譽方壺・晉・戰國晚

蓸 形旁  11341・四年咎奴蓸令戈・晉・戰國晚

蕃 形旁  6010・蔡侯尊・蔡・春秋晚

草 形旁  10478・兆域圖銅版・晉・戰國晚

芻 形旁  2832・五祀衛鼎・西周中

 10176・散氏盤・西周晚

茹 形旁  10899・是𦬊戈・燕・春秋晚

字	形旁	字形	出處
莁	形旁		2301・巨莒王鼎・楚・戰國晚
苾	形旁		10328・八茉鳥柱盆・晉・戰國晚
茁	形旁	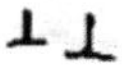	新收1323・鄗駒壺・楚・戰國
華	形旁		3835・華簋・西周中
蒢	形旁		金文通鑒14090・蒢仲甑缶・戰國早
艾	形旁		11562・六年安陽令矛・晉・戰國
苜	形旁		11377・十四年武城令戈・齊・戰國
荁	形旁		1799・菙鼎蓋・晉・戰國

葴	形旁	 10962・葴造戈・春秋
葳	形旁	 圖像 19182・鄂君啓舟節・楚・戰國
莧	形旁	 10329・樊君盆・樊・春秋早
蕺	形旁	 4323・敔簋・西周晚
藉	形旁	 980・魚鼎匕・晉・戰國
⿱艹戟	形旁	 11380・五年吕不韋戈・秦・戰國晚
⿰⿱屮屮斤	形旁	 2839・小盂鼎・西周早  10174・兮甲盤・西周晚
		 近出 63・王孫誥編鐘四・楚・春秋晚

[illegible]	形旁	 小邾國遺珍・畢仲弁簠・春秋
[illegible]	形旁	 11611・郘王劍・吕・春秋
英	形旁	 江漢考古 2014 年 4 期・曾侯腆編鐘 M1.6・曾・春秋晚
[illegible]	形旁	 2838・曶鼎・西周中
[illegible]	形旁	 古 24・與兵方壺・楚・春秋中或晚  10008・欒書缶・楚・戰國
[illegible]	形旁	 3573・師[illegible]簋・西周早
[illegible]	形旁	 6016・夨令方尊・西周早  4266・趞簋・西周中  3967・仲殷父簋・西周晚
茜	形旁	 9605・雍工壺・戰國晚  9673・寺工師初壺・秦・戰國

蒿		茚	芻		若		
萶 聲旁  5383·岡刼卣·西周早	薹 亦聲  銘文選八八二·好盗壺·晉·戰國晚	鄚 聲旁  1139·鄚鼎·戰國	糊 聲旁  近出1046·梁姬罐·西周晚	媰 聲旁  399·亞醜媰鐃·殷	鄀 聲旁  2771·鄀公平侯鼎·鄀·春秋早  4569·鄀公簠蓋·鄀·春秋早	 4613·上鄀府簠·楚·春秋晚	蕬 聲旁  考古與文物88.3·蕬兒缶·春秋中

茻

⿱艹奠 形旁	 2661・德方鼎・西周早	 考古2011年7期17頁圖八・霸伯盂・西周中
蒖 形旁	 11785・⿰虘攴司徒斧・西周	 2498・鄭子蒖⿱執土鼎・春秋晚或戰國早
⿱艹虎 形旁	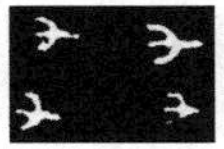 2580・伯⿱艹虎父鼎・西周	
葬 形旁	 3722・繁伯簋・西周晚	
蓼 形旁	 715・嬰士父鬲・西周晚	
⿰舟若 聲旁	 10546・⿰舟若伯器・西周早	
匿 聲旁	 7377・匿爵・殷	 2837・大盂鼎・西周早
⿰虫若 聲旁	 4600・鄀公諴簠・西周晚	

艿 形旁  陝西金文集成 28・昔雞簋・西周早  2809・師旂鼎・西周中	 10176・散氏盤・西周晚	**莽** 形旁  4326 番生簋蓋・西周晚	**蒐** 形旁  銘文選八八二・好盗壺・晉・戰國晚	**茻** 形旁  新收 1555・士山盤・西周中 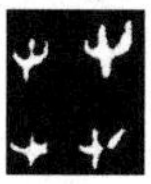 3589・茻侯簋・西周晚	**葬** 形旁  9446・嘉仲盉・戰國早	**萅** 形旁  4241・榮作周公簋・西周早	**蘆** 形旁  10168・守宮盤・西周中

蘇 形旁

9822・蘇罍・西周中

葬 形旁

9083・葬大父辛爵・西周早

寒 形旁

2785・中方鼎・西周早

2836・大克鼎・西周晚

薦 形旁

597・鄭登伯鬲・鄭・春秋早

4621・叔朕簠・戴・春秋早

莫 形旁

7264・父乙莫觚・殷

5776・莫尊・西周早

10176・散氏盤・西周晚

11718・姑發腎反劍・吳・春秋晚

144・越王者旨於賜鐘・越・戰國早

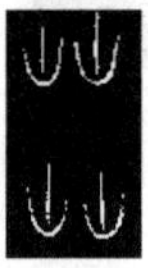
銘文選八八一・中山王嚳方壺・晉・戰國晚

莽 形旁

9673・寺工師初壺・秦・戰國

莽		莫				𦬁	葬
莽 形旁 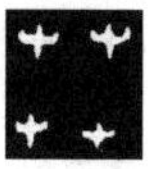 2726·歸娥進方鼎·西周早  2791·伯姜鼎·西周早	 4273·静簋·西周中  4254·弭叔師家簋·西周晚	獏 聲旁  新收1857·亞獏觚·殷晚  殷新91·亞獏罐·殷晚	 5414·六祀𠨘其卣器·殷  1844·亞獏父丁鼎·殷	慕 聲旁  10175·史牆盤·西周中  4317·㝬簋·西周晚	 4649·陳侯因資敦·齊·戰國晚	蕰 聲旁  4273·静簋·西周中	䧙 聲旁  10083·京隣仲盤·西周早

商周金文偏旁譜 卷二

小

雀 亦聲

5162・亞雀父己卣・西周早

肖 聲旁

2610・廿七年大梁司寇鼎・晉・戰國晚

11388・十五年鄭令戈・晉・戰國

屎 聲旁

新收 1231・鄧公孫無忌鼎・春秋早

4528・曾子屎簠蓋・春秋晚

4649・陳侯因資敦・齊・戰國晚

按：从沙省聲。

少

㞫 亦聲

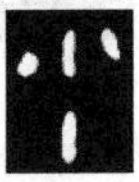
新收 757・逨盤・西周晚

按：从沙省聲。

沙 聲旁

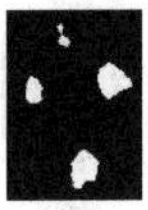
4268・王臣簋・西周中

10170・走馬休盤・西周中

4216・五年師旋簋器・西周晚

庚 聲旁

10386・王子嬰次盧・楚・春秋晚

八

分

形旁

6372・鴛分父甲觶・西周早

3977・己侯貉子簋蓋・西周中

2818・鬲攸从鼎・西周晚

150　邾公牼鐘・邾・春秋晚

1808・四分鼎・戰國晚

尚

形旁

5428・叔趞父卣・西周早

931・仲伐父甗・西周中

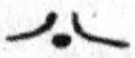
9708・冶仲考父壺・楚・春秋早

4649・陳侯因資敦・齊・戰國晚

銘文選八八一・中山王響方壺・晉・戰國晚

12022・楚尚車轄・戰國晚

胤

形旁

4075・䜌簋・西周晚

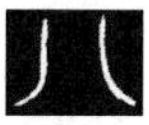
262・秦公鐘・秦・春秋早

銘文選八八二・好盗壺・晉・戰國晚

益

聲旁

10322・永盂・西周中

4282・元年師旋簋・西周晚

新收1737・滎陽上官皿・晉・戰國

9616・春成侯壺・晉・戰國　按：雙聲字，八、血都是聲旁，從孟蓬生説。

㕡	形旁	 10075・㕡父盤・西周早	 9416・㕡父盉・西周中
仒	形旁	 2830・師𩛥鼎・西周中	
叙	形旁	 金文通鑒5271・叙氏訇簋乙・西周晚	
半	形旁	 4315・秦公簋・秦・春秋早	 10357・邵宫和・戰國晚
		 936・王后中官鎗甗・韓・戰國晚	
㞼	聲旁	 圖像2255・春成家子鼎・戰國早	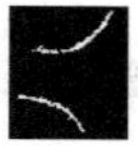 2232・右卜朕鼎・晉・戰國晚
		 2590・十三年上官鼎・晉・戰國晚	
		 2103・眉朕鼎・晉・戰國	 10365・鄭半弁量・晉・戰國

曾			
鬸	聲旁	 8885・鬸作父丙爵・西周早	 2060・鬸鼎・西周早
隮	聲旁	 742・鄭伯鬲・曾（山東）・春秋早	
尚			
尚	聲旁	 銘文選八八一・中山王嚳方壺・晉・戰國晚	
尚	聲旁	 11686・五年邦司寇劍・晉・戰國	
嘗	省聲	 5433・效卣・西周中	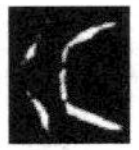 2681・姬鼎・西周晚
		 10171・蔡侯盤・蔡・春秋晚	 4646・十四年陳侯午敦・齊・戰國晚
棠	聲旁	 近出1195・十年洱陽令戈・晉・戰國	
賞	聲旁	 2838・曶鼎・西周中  158・驫羌鐘・晉・戰國早	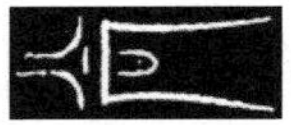 銘文選八八一・中山王嚳方壺・晉・戰國晚

⿱尚多 省聲	常 聲旁	⿱尚示 聲旁		黨 聲旁	⿰尚戈 聲旁	堂 聲旁	鋿 聲旁
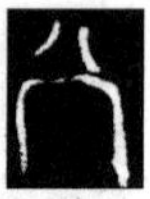 9690・周⿱尚多壺・西周中	 故宫文物月刊 13 卷 1 期・子犯編鐘・晉・春秋中	 古 24・與兵方壺・楚・春秋中或晚  圖像 3036・競孫旟也鬲・楚・春秋晚	 2794・楚王酓忎鼎・楚・戰國晚	 11500・上黨武庫矛・晉・戰國晚	 11654・攻敔王光劍・吴・春秋晚	 10194・虖姒丘匜・春秋 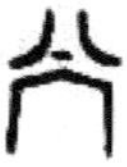 10478・兆域圖銅版・晉・戰國晚  12112・鄂君啓車節・楚・戰國	 172・鄬叔之仲子平鐘・莒・春秋晚

分	盆	聲旁	 金文通鑒 6258・仲屮父盆甲・西周中	 10329・樊君盆・樊・春秋早
			 10340・彭子仲盆・彭・春秋	
	頒	聲旁	 鳥篆字編下 35・蔡公子頒戈・春秋晚	
	汾	聲旁	 11331・廿二年臨汾守戈・秦・戰國晚	
	妢	聲旁	 近出 470・曩侯簋・西周晚	
豕	隊	聲旁	 12108・新郪虎符・秦・戰國晚	
詹	鐈	聲旁	 10361・國差鐈・齊・春秋	
	檐	聲旁	 12098・王命龍節・戰國	 12112・噩君啓車節・楚・戰國

介

疥 聲旁

10445・十四苿雙翼神獸・晉・戰國晚

庎 聲旁

9679・趙孟庎壺・晉・春秋晚

忦 聲旁

11298・二年州句戈・戰國

公

訟 聲旁

2837・大盂鼎・西周早

圖像 5386・畯簋・西周中

近出二 433・羚簋器・西周中

10285・𠑇匜・西周晚

松 聲旁

圖像 19182・噩君啓舟節・楚・戰國

容 聲旁

10342・晉公盆・晉・春秋

近出 353・萯陽鼎・秦・戰國晚

圖像 2387・春平相邦葛得鼎・晉・戰國晚

	頌	聲旁	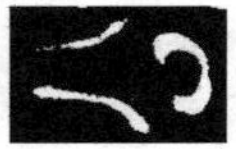	252・𤼈鐘・西周中		9731・頌壺・西周晚
必	宓	聲旁		2678・小臣鼎・西周中		
	[illegible]	聲旁		近出155・切𤮊・殷晚		5414・六祀切其卣蓋・殷
				近出925・亞切其𥆟・殷或西周早		907・切作母戊𤮊・西周早
				427・配兒鉤鑃・吴・春秋晚		
余	畬	形旁		近出1179・十一年臬落戈・楚・戰國晚		11376・十八年戈・楚・戰國
	筡	聲旁		2306・筡鼎・晉・戰國		
	舍	亦聲		9901・矢令方彝蓋・西周早		9901・矢令方彝器・西周早

	 10175・史墻盤・西周中	 2799・小克鼎・西周晚
	 12113・鄂君啓舟節・楚・戰國	
郐 聲旁	 2675・徐王擶鼎・徐・春秋早	 2715・庚兒鼎・春秋中
	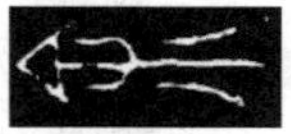 203・沇兒鐘・徐・春秋晚	 10390・徐王盧・徐・春秋晚
	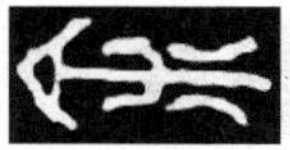 2766・徐𠭯尹譖鼎・楚・戰國早	 飛諾藏金45頁・向壽戈・楚・戰國中或晚
涂 聲旁	 2569・涂鼎・春秋	
駼 聲旁	 金文通鑒2220・亞駼方鼎・殷晚	 5849・俞伯尊・西周早
	 4276・豆閉簋・西周中	 4328・不其簋・西周晚

采

		 4566・魯伯俞父簠・魯・春秋早	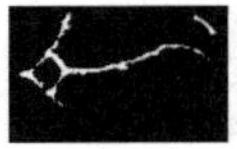 271・𡰥鎛・齊・春秋中或晚	
		 423・嵩君鉦鍼・春秋晚	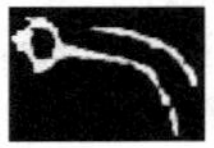 小邾國遺珍43頁・正叔止士駿俞簠・小邾・春秋	
悆	聲旁	 2378・季悆作旅鼎・西周	 2599・鄭虢仲悆鼎・春秋早	 4593・曹公簠・春秋晚
涂	聲旁	 2766・徐𦖞尹鬻鼎・楚・戰國早		
番	聲旁	 9705・番匊生壺・西周中	 545・魯侯鬲・西周晚	
		 733・番君配伯鬲・春秋早	 近出536・上鄀公簠鄀・春秋中	
		 1353・史番鼎・戰國		
槃	聲旁	 294・曾侯乙鐘(下一1 7)・曾・戰國早	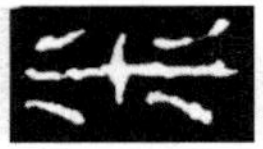 326・曾侯乙鐘(中三6)・曾・戰國早	

番

字	偏旁	字形	出處
播	聲旁		2809・師旂鼎・西周中
			11316・四年令韓譙戈・晉・戰國晚
蕃	聲旁		6010・蔡侯尊・蔡・春秋晚
鄱	聲旁		新收 283・郘子成周鐘・春秋晚
燔	聲旁		12108・新郪虎符・秦・戰國晚

半

字	偏旁	字形	出處
料	亦聲		10374・子禾子釜・齊・戰國

牛

字	偏旁	字形	出處
牡	形旁		文物 2011 年 11 期・荆子鼎・西周早
			2776・剌鼎・西周中
犅	形旁		新收 1588・犅伯卣・西周早
			4273・靜簋・西周中
牟	形旁		10384・高奴禾石權・秦・戰國

犢	形旁	 11113・犢共叟卑氏戟・戰國晚		
𤛓	形旁	 近出 1131・𤛓雚戟・戰國晚		
牢	形旁	 5409・貉子卣・西周早	 新收 1554・任鼎・西周中	
		 3979・吕伯簋・西周中	 新出 416・淮伯鼎・春秋	
牼	形旁	 150 邾公牼鐘・邾・春秋晚		
𤚍	形旁	 新收 1209・唐子仲瀕兒匜・唐・春秋中	 考古 2008 年 4 期 43 頁圖一三：4・𤚍子斨戈・春秋中或晚	
牲	形旁	 9901・夨令方彝蓋・西周早	 新收 1554・任鼎・西周中	 11367・六年漢中守戈・戰國晚
犀	形旁	 572・琱叔鬲甲・西周中或晚	 2534・遲伯魚父鼎・西周	 4569・鄀公簠蓋・鄀・春秋早

字	偏旁	字形	出處	字形	出處
羊	形旁		4165・大簋・西周中		196・者減鐘・吳・春秋
夆	形旁		2303・𩵦公上夆傷少鼎・戰國晚		11565・廿三年司寇矛・晉・戰國
[illegible]	形旁		近出 1249・十九年大良造鞅鐓・秦・戰國晚		
牝	形旁		2719・公貿鼎・西周中		
牧	形旁		4238・小臣謎簋器・西周早		4271・同簋・西周中
			4068・叔㞍父簋・西周晚		3590・鄧公牧簋・鄧・春秋早
解	形旁		2345・斆子作宮團宮鼎・西周早		銘文選八八一・中山王譽方壺・晉・戰國晚
[illegible]	聲旁		國博館刊 2012 年 9 期・疑卣・西周早		3887・伯疑父簋蓋・西周晚

敖	敖盧 聲旁	 新收 1727・敖盧戈・戰國	
		 92・𪾔鐘・西周中	 2799・小克鼎・西周晚　 268・秦公鎛・秦・春秋早
	敖厥 聲旁	 2815・𪽪鼎・西周晚	
告	祰 聲旁	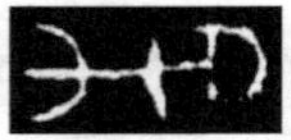 通鑒 5333・有兒簋・陳・春秋晚期	
	郜 聲旁	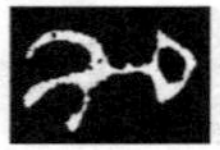 4156・伯家父簋蓋・西周晚	 9730・洹子孟姜壺・齊・春秋
		 11214・䢵君戟・楚・戰國早	 11358・羕陵公戈・楚・戰國
	窖 聲旁	 11082・陳丽子戈・齊・戰國	
口	啇 聲旁	 4165・大簋・西周中	 4288・師酉簋・西周中　 4129・□叔買簋・西周晚

㕣

形旁

2831・九年衛鼎・西周中

噂

形旁

首陽114頁・應侯簋・西周晚

⿱宀吝

形旁

2832・五祀衛鼎・西周中

呼

形旁

圖像2409・鄭臧公之孫盧鼎・鄭・春秋晚

名

形旁

7702・□爵・殷或西周早

銘文選一四二・作册益卣・西周早

4293・六年召伯虎簋・西周晚

245・邾公華鐘・邾・春秋晚

11696・少虡劍・晉・春秋晚

吾

形旁

4330・沈子它簋蓋・西周早

2841・毛公鼎・西周晚

近出二1284・吳王光劍・吳・春秋晚

10936・吾宜戈・戰國晚

各

形旁

9105・宰椃角・殷

2730・厚趠方鼎・西周早

	 246・瘐鐘・西周中	 9731・頌壺・西周晚
	 4315・秦公簋・秦・春秋早	
君 形旁	 5394・小子省卣器・殷	 9901・夨令方彝・西周早
	 2787・史頌鼎・西周晚	 9963・黄君孟𦉜・黄・春秋早
	 考古 2009 年 7 期 43 頁圖二・童麗君簠・鍾離・春秋中晚	 74・敬事天王鐘・楚・春秋晚
	 江漢考古 2014 年 4 期・曾侯𨟭編鐘・曾・春秋晚	 12025・君軷車軎・戰國早
	 新收 577・平夜君成戈・戰國中	 12112・鄂君啓車節・楚・戰國
命 形旁	 4112・命簋・西周早	 4288・師酉簋・西周中

 2833・禹鼎・西周晚	 4315・秦公簋・秦・春秋早
 271・𬵸鎛・齊・春秋中或晚	 211・蔡侯紐鐘・蔡・春秋晚
 9729・洹子孟姜壺・齊・春秋	 2574・鄲孝子鼎・晉・戰國中
 銘文選八八〇・中山王譽鼎・晉・戰國晚	 11900・雩十命銅牌・戰國
咨 形旁  11260・陳侯因咨戈・齊・戰國	
曆 形旁  4238・小臣謎簋器・西周早	 10175・史牆盤・西周中
 商周金文編621・四十二年逨鼎甲・西周晚	
曆 形旁  4165・大簋・西周中	

𤔲 形旁	 2244 • 𤔲作祖乙鼎 • 西周早	 近出 29 • 戎生編鐘三 • 晉 • 西周晚或春秋早
	 2766 • 徐𠭯尹䜌鼎 • 楚 • 戰國早	
𠧪 形旁	 考古學報 2018 年 1 期 • 霸伯簋一器 • 西周中	
召 形旁	 2806 • 大鼎 • 西周中	 4628 • 伯公父簠 • 西周晚
	 4602 • 召叔山父簠 • 鄭 • 春秋早	
問 形旁	  11341 • 四年咎奴蓸令戈 • 晉 • 戰國晚	
敢 形旁	 4172 • 瘨簋器 • 西周中	 商周金文編 627 • 四十三年逨鼎戊 • 西周晚
	 11718 • 姑發䣄反劍 • 吴 • 春秋晚	 2766 • 徐𠭯尹䜌鼎 • 楚 • 戰國早

去	形旁	 2782・哀成叔鼎・晉・春秋晚	 銘文選八八〇・中山王𠫑鼎・晉・戰國晚
知	形旁	 2766・徐𠭯尹鬻鼎・楚・戰國	
和	形旁	 10352・史孔鉌・春秋	 4190・陳肪簋蓋・齊・戰國早
唯	形旁	 5417・小子𧻚卣・殷	 6015・麥方尊・西周早
		 2824・𢦚方鼎・西周中	 2835・多友鼎・西周晚
		 2841・毛公鼎・西周晚	 近出95・遷邟編鎛（4）・舒・春秋早
		 江漢考古2011年4期・𨽍（隨）仲嬭加鼎・隨・春秋中	 218・蔡侯紐鐘・蔡・春秋晚
		 新收1870・越王州句劍・越・戰國早	 上博8期・郾王職壺・燕・戰國晚

字	形旁		
和	形旁	 中原文物 2009 年 3 期 11 頁圖二・鄬夫人嬬鼎・楚・春秋晚	
		 銘文選八八二・好盗壺・晉・戰國晚	
哉	形旁	 185・余贎僟兒鐘・徐・春秋晚	 121・者沪鐘・楚・戰國早
台	形旁	 2141・犾父鼎・西周早	 近出 94・遷邟編鎛・舒・春秋早
		 184・余贎僟兒鐘・徐・春秋晚	 2574・鄲孝子鼎・晉・戰國中
		 2479・楚王酓朏釶鼎・楚・戰國晚	 4688・上官豆・晉・戰國
召	形旁	 3785・叡召妊簋・西周晚	
輪	形旁	 182・徐王子旃鐘・徐・春秋	

吂	形旁	 11343・吂令司馬戈・晉・戰國晚	
向	形旁	 西安 94 頁・向罍・殷晚	 2180・向方鼎・西周早
		 流散 141・向壺・西周中	 4242・叔向父禹簋・西周晚
		 1349・向斿鼎・晉・戰國晚	
香	形旁	 金文通鑒 5662・獄盨・西周中	 近出二 436・一式獄簋・西周中
躬	形旁	 2746・梁十九年亡智鼎・晉・戰國	
吹	形旁	 近出 1065・吹戈・殷晚	 5428・叔趯父卣・西周早
		 考古學報 2018 年 1 期・吹爵・西周中	 9695・虞司寇壺・西周晚

唯

雖 聲旁

4315・秦公簋・秦・春秋早

12108・新郪虎符・秦・戰國晚

惟 聲旁

4649・陳侯因資敦・齊・戰國晚

名

銘 聲旁

161・驫羌鐘・晉・戰國早

銘文選八八〇・中山王譽鼎・晉・戰國晚

吾

語 聲旁

184・余贎徲兒鐘・徐・春秋晚

銘文選八八〇・中山王譽鼎・晉・戰國晚

敔 聲旁

2757・曾子斿鼎・曾・春秋早

95・臧孫鐘・吴・春秋晚

郚 聲旁

11299・廿三年郚令戈・晉・戰國

猾 聲旁

銘文選八八〇・中山王譽鼎・晉・戰國晚

君

群 聲旁

114・子璋鐘・許・春秋晚

4145・陳侯午簋・陳・戰國早

銘文選八八〇・中山王嚳鼎・晉・戰國晚

4646・十四年陳侯午敦・齊・戰國晚

郡 聲旁

近出二1197・王七年上郡守疾戈・戰國中

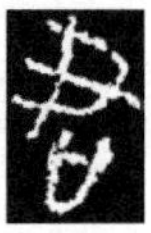
11405・十五年上郡守壽戈・秦・戰國晚

⿴衣君 聲旁

9514・公子⿴衣君壺・晉・戰國

頵 聲旁

2649・伯頵父鼎・西周晚

10172・⿴衣君盤・西周晚

覠 聲旁

近出29・戎生編鐘三・西周晚或春秋早

2826・晉姜鼎・春秋早

命

⿰亻命 聲旁

新收1481・漁陽鈹・戰國早

11351・十六年喜令戈・晉・戰國晚

⿰命殳 聲旁

10391・徐令尹者旨𦉢盧・徐・春秋

11161・新弨戟・戰國

⿰立命 聲旁

11312・三十三年業令戈・晉・戰國早

召

鈴 聲旁

2841・毛公鼎・西周晚

50・郳君鐘・郳・春秋晚

古文字與古代史第一輯 251 頁圖 11・宅陽錢權・戰國晚

11901・皮氏銅牌・晉・戰國

詔 聲旁

11396・五年呂不韋戈・秦・戰國晚

盄 聲旁

10334・杞伯每亡盆・杞・春秋早

邵 聲旁

近出二 458・燹公盨・西周中

銘文選八八一・中山王譽方壺・晉・戰國晚

⿸疒召 聲旁

10478・兆域圖銅版・晉・戰國晚

佋 聲旁

2835・多友鼎・西周晚

卲 聲旁

4241・榮作周公簋・西周早

2776・剌鼎・西周中

戈

𢦏	聲旁	 9571・盂𢦏父壺・西周中	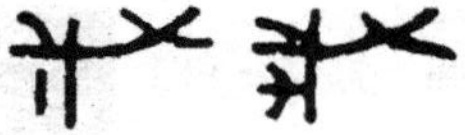 4255・𢦏簋・西周晚	

召

怊	聲旁	 圖像19182・噩君啓舟節・楚・戰國	
紹	聲旁	 11355・十二年趙令戈・晉・戰國早	
弨	聲旁	 11161・新弨戟・戰國	
⿱召糸	聲旁	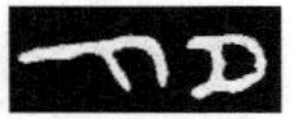 10175・史牆盤・西周中	
		 考古2014年7期・曾孫邵臣・戰國中	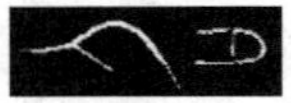 銘文選八八一・中山王譽方壺・晉・戰國晚
		 新收1627・益余敦・春秋中	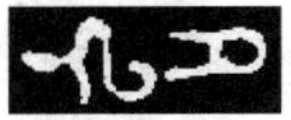 11381・楚王酓璋戈・楚・戰國早
		 2829・頌鼎・西周晚	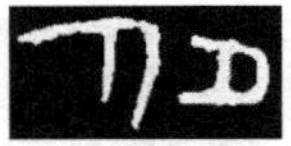 267 秦公鎛・秦・春秋早

台

載	聲旁		5418・免卣・西周中		135・柞鐘・西周晚
戠	聲旁		11334・□鏞用戈・春秋早		9733・庚壺・齊・春秋晚
			4649・陳侯因資敦・齊・戰國晚		
載	聲旁		11334・□鏞用戈・春秋早		圖像19182・噩君啓舟節・楚・戰國
詒	聲旁		銘文選八八〇・中山王䯓鼎・晉・戰國晚		
怠	省聲		2479・楚王酓朏鉈鼎・楚・戰國晚		12112・噩君啓車節・楚・戰國
攺	省聲		3365・叔作姒尊簋・西周早		新收1611・虎叔簋・西周中或晚
			3855・叔向父簋・西周晚		2589・費奴父鼎・費・春秋早

咸

始 聲旁

新收 672・瞿姒簋・西周中

9732・頌壺蓋・西周晚

2827・頌鼎・西周晚

中國歷史文物 2009 年 2 期・鮑子鼎・齊・春秋晚

辝 聲旁

3826・𧧒𧧒簋・西周早

近出 27・戎生編鐘・西周晚或春秋早

2826・晉姜鼎・晉・春秋早

151・邾公牼鐘・邾・春秋晚

儥 聲旁

近出 347・㷷戒鼎・西周晚

感 聲旁

10357・卲宮盉・戰國晚

減 聲旁

200・者𣺘鐘・吴・春秋

戚 省聲

2841・毛公鼎・西周晚

274 叔夷鐘・齊・春秋晚

呈

285・叔夷鎛・齊・春秋晚

郢 聲旁

4694・郪陵君王子申豆・楚・戰國晚

圖像19182・噩君啓舟節・楚・戰國

419・□郢逹鐸・戰國

戥 聲旁

1913・或伯鼎・西周早

2662・或者鼎・西周中

近出38・晉侯蘇編鐘四・西周晚

273・叔夷鐘・齊・春秋晚

右

祐 聲旁

6010・蔡侯尊・蔡・春秋晚

宕 聲旁

3959・叔角父簋・西周晚

近出20・子犯編鐘・春秋中

吉

頡 聲旁

233・郘黛鐘・晉・春秋晚

周

居

聲旁

2491・居舠騌鼎・西周中或晚

姑

聲旁

2330・姑𦣞母方鼎・西周早

近出481・夷伯夷簋・西周中

552・仲姑鬲・西周晚

739・孟辛父鬲・西周晚

737・單伯原父鬲・春秋早

雪齋二集72頁附圖二・粲可忌豆・齊・戰國

劼

聲旁

近出30・戎生編鐘四・晉・西周晚或春秋早

琱

聲旁

4250・即簋・西周中

4324・師𠭰簋・西周晚

雕

聲旁

益陽楚墓153頁圖一三四：4・雕陰戈・戰國晚

婤

聲旁

10267・陳伯元匜・陳・春秋

𠃬 𠷎 [illegible]

臧 聲旁

4322・戜簋蓋・西周中

4322・戜簋器・西周中

龍 聲旁

2816・伯晨鼎・西周中或晚

鋁 聲旁

2779・師同鼎・西周晚

184・余購逨兒鐘・徐・春秋晚

壽 聲旁

9726・三年𤼈壺・西周中

9731・頌壺・西周晚

2588・趞亥鼎・宋・春秋中

173・鄦叔之仲子平鐘・莒・春秋晚

4096・陳逆簋・齊・戰國早

壽 聲旁

2724・毛公旅方鼎・西周早

6007・耳尊・西周早或中

3700・㝬簋・西周中

2796・小克鼎・西周晚

各

落 聲旁

近出 1179・十一年皋落戈・晉・戰國晚

新收 1782・上皋落戈・晉・戰國晚

路 聲旁

銘文選八八二・妤盗壺・晉・戰國晚

駱 聲旁

4380・周鴼盨・西周晚

格 聲旁

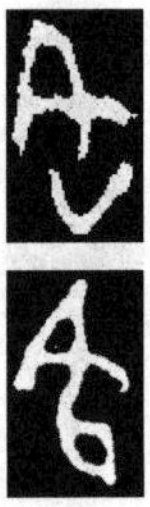

4264・格伯簋器・西周中

11327・六年格氏令戈・晉・戰國

客 聲旁

2804・利鼎・西周中

2675・徐王䱷鼎・徐・春秋早

10131・干氏叔子盤・春秋早

424・姑馮昏同之子句鑃・越・春秋晚

144・越王者旨於賜鐘・越・戰國早

2299・鑄客爲集糕鼎・楚・戰國晚

咎 形旁

近出 1179・十一年皋落戈・晉・戰國晚

新收 1782・上皋落戈・晉・戰國晚

卷二

貉
聲旁

5409·貉子卣·西周早

3977·己侯貉子簋蓋·西周中

4659·蘇貉簠·蘇·春秋

駱
聲旁

6012·盠駒尊蓋·西周中

絡
聲旁

11328·王二年鄭令戈·晉·戰國

洛
聲旁

5986·隙作父乙尊·西周早

考古學報 2018 年 1 期·洛仲卣·西周中

4323·敔簋·西周晚

10173·虢季子白盤·虢·西周晚

金文通鑒 2997·競之定鬲甲·楚·春秋晚

文物 2008 年 1 期·競之定豆·楚·春秋晚或戰國早

11404·十二年上郡守壽戈·秦·戰國晚

六〇

⿱雨各 聲旁

270・秦公鎛・秦・春秋

11900・⿱雨各十命銅牌・戰國

⿰各戈 聲旁

摹本 11123・滕侯昃戈・滕・春秋晚

輅 聲旁

近出 21・子犯編鐘四・晉・春秋中

11694・四年春平鈹・晉・戰國晚

⿱罒各 聲旁

4328・不其簋・西周晚

4329・不其簋蓋・西周晚

否

褔 聲旁

6010・蔡侯尊・蔡・春秋晚

哀

旇 聲旁

近出 31・戎生編鐘五・晉・春秋早

咼

禍 聲旁

銘文選八八一・中山王嚳方壺・晉・戰國晚

凵

出 形旁

3238・辰寢出簋・殷

5428・叔趩父卣・西周早

10322・永盂・西周中

2836・大克鼎・西周晚

近出1009・鄀公典盤・鄀・春秋中

980・魚鼎匕・晉・戰國

臽 形旁

7122・臽父戊觚・殷

吅

詈 聲旁

11350・郾王詈戈・燕・戰國晚

嚚 形旁

10176・散氏盤・西周晚

噩

鄂 聲旁

圖像19182・噩君啓舟節・楚・戰國

單

鄲 聲旁

2574・鄲孝子鼎・晉・戰國中

愳 聲旁

銘文選八八〇・中山王譻鼎・晉・戰國晚

戰 聲旁

銘文選八八二・𡚱盗壺・晉・戰國晚

喪

婕 聲旁

2578・婕作父庚鼎・殷或西周早

走

趚 形旁

268・秦公鎛・秦・春秋早

奔 形旁

2837・大盂鼎・西周早

2836・大克鼎・西周晚

銘文選八八〇・中山王譻鼎・晉・戰國晚

赹	形旁		9995・邗子賓缶・楚・春秋
趞	形旁		2783・七年趞曹鼎・西周中
			2784・十五年趞曹鼎・西周中
			11374・廿七年上守趞戈・秦・戰國
趯	形旁		2841・毛公鼎・西周晚
趛	形旁		745・師趛鬲・西周中
趙	形旁		11719・叔趙父爯・西周中或晚
			9679・趙孟庎壺・晉・春秋晚
趠	形旁		2730・厚趠方鼎・西周早
			2730・厚趠方鼎・西周早

止

豈

形旁

9326・亞豈盉・殷

3309・亞豈父丁簋・殷

4649・陳侯因資敦・齊・戰國晚

9710・曾姬無卹壺・楚・戰國

121・者沪鐘・楚・戰國早

銘文選八八一・中山王嚳方壺・晉・戰國晚

10173・虢季子白盤・虢・西周晚

4315・秦公簋・秦・春秋早

趄

形旁

246・癲鐘・西周中

4124・仲簋蓋・西周晚

4004・叔多父簋・西周晚

4006・叔多父簋・西周晚

趯

形旁

5428・叔趯父卣・西周早

5429・叔趯父卣・西周早

趡

形旁

9817・趡作父戊罍・西周早

827・亞豈衎甗・西周早

敚 形旁

11718・姑發腎反劍・吳・春秋晚

鋑 形旁

新收972・趙朝之御戈・晉・春秋晚

丼 形旁

4220・追簋・西周中

69・兮仲鐘・西周晚

112・井人妄鐘・西周晚

4317・㝬簋・西周晚

疋 形旁

8204・疋□爵・殷

7266・齊册父庚觚・殷

新收1564・父庚方鼎・殷

9790・丽疋□罍・殷或西周早

9549・齊册父庚壺・西周早

征 形旁

7019・甗征觚・殷

5174・又殶癸卣・殷

6487・征作笭觶・西周早

9099・征作父辛角・西周早

4237・臣諫簋・西周中

211・蔡侯紐鐘・蔡・春秋晚

衎 形旁

1896・衎天父癸鼎・殷

1743・亞豈衎鼎・西周早

奆 形旁

銘文選八八二・妤盗壺・晉・戰國晚

之 形旁

6015・麥方尊・西周早

2796・小克鼎・西周晚

4631・曾伯霥簠・曾・春秋早

2588・趞亥鼎・宋・春秋中

119・子璋鐘・許・春秋晚

292・曾侯乙鐘（下二4）・曾・戰國早

		 考古 2014 年 7 期・曾孫喬壺・曾・戰國中	 4676・鑄客豆・楚・戰國晚
旅	形旁	 5938・亞若癸尊・殷	
坐	形旁	 9383・屮作從彝盉・西周早	 銘文選八八一・中山王嚳方壺・晉・戰國晚
出	形旁	 3238・辰寢出簋・殷	 5428・叔䞣父卣・西周早
		 10322・永盂・西周中	 2836・大克鼎・西周晚
		 10176・散氏盤・西周晚	 近出 1009・邾公典盤・邾・春秋中
		 980・魚鼎匕・晉・戰國	 圖像 19182・噩君啓舟節・楚・戰國
寁	形旁	 6873・寁女觚・殷	 新收 1566・坂方鼎・殷

字	偏旁	字形及出處		
嵩	形旁	 423・嵩君鉦鉞・春秋晚		
崈	形旁	 4199・恆簋蓋・西周中		
旋	形旁	 3228・帚女旋簋・殷	 1051・旋鼎・殷	 10360・召圜器・西周早
枼	聲旁	 4205・獻簋・西周早	 6516・趩觶・西周中	
处	聲旁	 10029・寽处盤・殷		
武	形旁	 5413.3・四祀邲其卣・殷	 4263・格伯簋・西周中	 新收757・逨盤・西周晚
		 4315・秦公簋・秦・春秋早	 近出67・王孫誥編鐘八・楚・春秋晚	
		 新收1781・陳逆簠蓋・齊・戰國早	 銘文選八八一・中山王嚳方壺・晉・戰國晚	

址 聲旁

殷新232・𨛭觥・殷晚

6482・中作妣己觶・西周早

隥 形旁

銘文選八八〇・中山王𰿨鼎・晉・戰國晚

亟 形旁

4744.1・𢀛卣・殷

4744.2・𢀛卣・殷

崎 形旁

考古2014年第四期・奇之升鼎・楚・春秋晚

歸

鐊 聲旁

摹本296・曾侯乙鐘（下二9）・曾・戰國早

䴉 聲旁

287・曾侯乙鐘（下一2）・曾・戰國早

癶

發 聲旁

11718・姑發睘反劍・吳・春秋晚

登 形旁

9771・登𢀛罍・殷

1491・𡨦登鼎・西周早

登

		 圖像 5386・晙簋・西周中  10176・散氏盤・西周晚  上博 11 期・楚大師登編鐘 4・楚・春秋早
		 2085・登鼎・楚・春秋中或晚  4646・十四年陳侯午敦・齊・戰國晚
隮	形旁	 考古 2014 年第四期・奇之尊壺・楚・春秋晚 按：尊常从廾，此形从癶，當是錯字。
䔲	聲旁	 新收 528・ 子受鼎・楚・春秋晚
鐙	聲旁	 11546・七年宅陽令矛・晉・戰國
鄧	聲旁	 2573・鄧公乘鼎・楚・春秋中 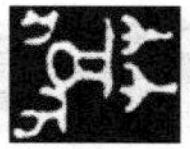 近出 348・以鄧鼎・楚・春秋晚
隥	聲旁	 4341・班簋・西周中
櫈	聲旁	 2681・姬鼎・西周晚

步

⿴行步	聲旁	 近出二 682・車徙父乙觚・殷晚	
⿰步丁	聲旁	 7475・徙爵・殷	
⿰彳步	聲旁	 6633・徙觚・殷	 9406・僕父己盉・西周早
⿰步來	形旁	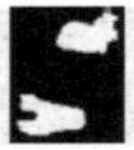 8809・戈涉盗爵・殷	 7040・車涉觚・殷
		 4263・格伯簋・西周中	 4265・格伯簋・西周中
		 10176・散氏盤・西周晚	 10827・涉戈・戰國晚
⿰月步	形旁	 6009・效尊・西周早	 復旦網 2015 年 12 月 22 日・巽好簋・西周早
陟	形旁	 4330・沈子它簋蓋・西周早	 250・癲鐘・西周中

此

遲 聲旁

4317・㝬簋・西周晚

10176・散氏盤・西周晚

10171・蔡侯盤・蔡・春秋晚

2837・大盂鼎・西周早

紫 聲旁

224・蔡侯墓殘鐘・蔡・春秋晚

正

整 聲旁

6010・蔡侯尊・蔡・春秋晚

政 聲旁

10175・史牆盤・西周中

2841・毛公鼎・西周晚

商周金文編630・四十三年逨鼎辛・西周晚

271・䵒鎛・齊・春秋中或晚

2811・王子午鼎・楚・春秋中或晚

近出60・王孫誥編鐘一・楚・春秋晚

是

9696・虞侯政壺・虞・春秋

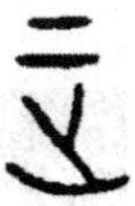
12113・鄂君啓舟節・楚・戰國

定 聲旁

9456・裘衛盉・西周中

37・秦王鐘・秦・春秋晚

銘文選八八〇・中山王礜鼎・晉・戰國晚

11345・八年新城大令戈・晉・戰國

姃 聲旁

1709・⊠婦姃鼎・殷或西周早

⿰虫正 聲旁

9024・戲父癸爵・西周早

鉦 聲旁

3710・西替簋・楚・戰國

⿰酉正 聲旁

732・番君⿰酉正伯鬲・春秋早

⿰木是 聲旁

10478・兆域圖銅版・晉・戰國晚

辵

辻	遇	從		連	遮	逐	遊
形旁  12113・噩君啓舟節・楚・戰國	形旁  948・遇甗・西周中	形旁  4853・魚從卣・殷  2809・師旂鼎・西周中  2835・多友鼎・西周晚	 新收1700・衛文君夫人叔姜鬲・春秋早  4688・上官豆・晉・戰國	形旁  155・能原鎛・越・春秋晚  2083・連迂鼎・**郙**・春秋	形旁  947・陳公子叔原父甗・陳・春秋早  上博10期・伯遊父壺・春秋中  近出525・仲妃衛簠・楚・春秋晚	形旁  2375・遂啓諆鼎・西周早	形旁  上博10期・伯遊父鐳・楚・春秋中  銘文選八八一・中山王䀝方壺・晉・戰國晚

⿺辶會	形旁	 新收 1209・唐子仲瀕兒匜・唐・春秋中 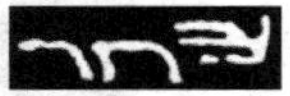 近出 56・𪔳編鐘（六）・楚・春秋晚
		 銘文選八八二・好盜壺・晉・戰國晚  10190・王子造匜・戰國
⿺辶冉	形旁	 4301・作冊夨令簋・西周早
迠	形旁	 銘文選八八〇・中山王𰯼鼎・晉・戰國晚 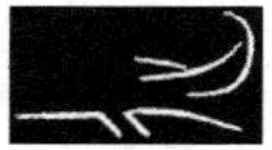 銘文選八八一・中山王𰯼方壺・晉・戰國晚
⿺辶殳	形旁	 4661・卲方豆・楚・春秋
⿺辶兼	形旁	 6490・齊史遱祖辛觶・西周早  國博館刊 2012 年 9 期・疑卣・西周早  3887・伯疑父簋蓋・西周晚
逥	形旁	 3740・齊史逥簋・西周中  10175・史牆盤・西周中
		 金文通鑒 4056・仲姜簋・芮・春秋早  11666・攻敔王光劍・吴・春秋晚

偏旁	字	類	字形	出處
彳	御	形旁		4068・叔[illegible]父簋・西周晚
	游	形旁		2423・曾侯仲子遊父鼎・曾・春秋早
	从	形旁		蘇埠屯銅器圖録 23 頁・作執從彝卣・西周早
	俛	形旁		銘文選八八二・好盜壺・晉・戰國晚
復	复	省聲		10175・史牆盤・西周中
				近出 350・晉侯穌鼎・西周晚
往	晆	聲旁		11251・陳旺戟・楚・戰國晚
	狴	聲旁		近出 338・孟狴父鼎・西周中
	浍	聲旁		5223・汪伯卣・西周早

行

匡	聲旁	 4553・尹氏貯良簠・西周晚	 4615・叔家父簠・春秋早
𨙸	聲旁	 4615・叔家父簠・春秋早	
軖	聲旁	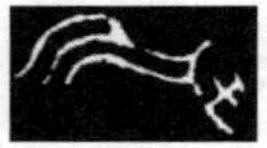 12025・君軖車軎・曾・戰國早	
𡉵	聲旁	 3644・史梅兄作祖辛簋・西周早	 2774・帥鼎・西周中
		 4615・叔家父簠・春秋早	 74・敬事天王鐘・楚・春秋晚　　按：「往」爲疊加音符。
衎	形旁	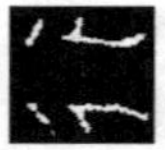 2841・毛公鼎・西周晚	 4120・𪒠仲之孫簋・春秋早
		 9733・庚壺・齊・春秋晚	
街	形旁	 近出二682・車徒父乙觚・殷晚	

牙

衍 形旁

新收632・仲滋鼎・秦・春秋晚

衎 形旁

1896・衎天父癸鼎・殷

1743・亞㞢衎鼎・西周早

衜 形旁

11111・左行議率戈・燕・戰國晚

衛 形旁

4044・御正衛簋・西周早

9456・裘衛盉・西周中

2381・蘇衛妃鼎・西周晚

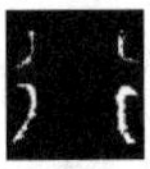
595・衛夫人鬲・衛・春秋早

衡 聲旁

2841・毛公鼎・西周晚

10246・戴伯匜・戴・春秋

衍 形旁

5825・衍耳父乙尊・西周早

3804・抾衍簋蓋・西周晚

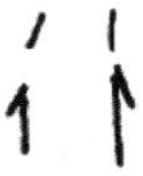
近出1134・仲陽戈・戰國晚

與 聲旁

3821・湋伯簋・西周晚

文博2006年國之瑰寶特刊之一・皇與匜・春秋早

疋

423・啬君鉦鋮・春秋晚

銘文選八八一・中山王譽方壺・晉・戰國晚

考古與文物 2013 年 1 期 27 頁圖二・二十九年弩瞿・戰國晚

邪 聲旁

11379・十七年丞相啓狀戈・秦・戰國

猗 形旁

11405・十五年上郡守壽戈・秦・戰國晚

忓 聲旁

11608・滕之不忓劍・滕・春秋

楚 聲旁

3950・鴻叔簋・西周早

10175・史牆盤・西周中

42・楚公豖鐘・西周中或晚

2841・毛公鼎・西周晚

4249・楚簋器・西周晚

10273・楚嬴匜・楚・春秋早

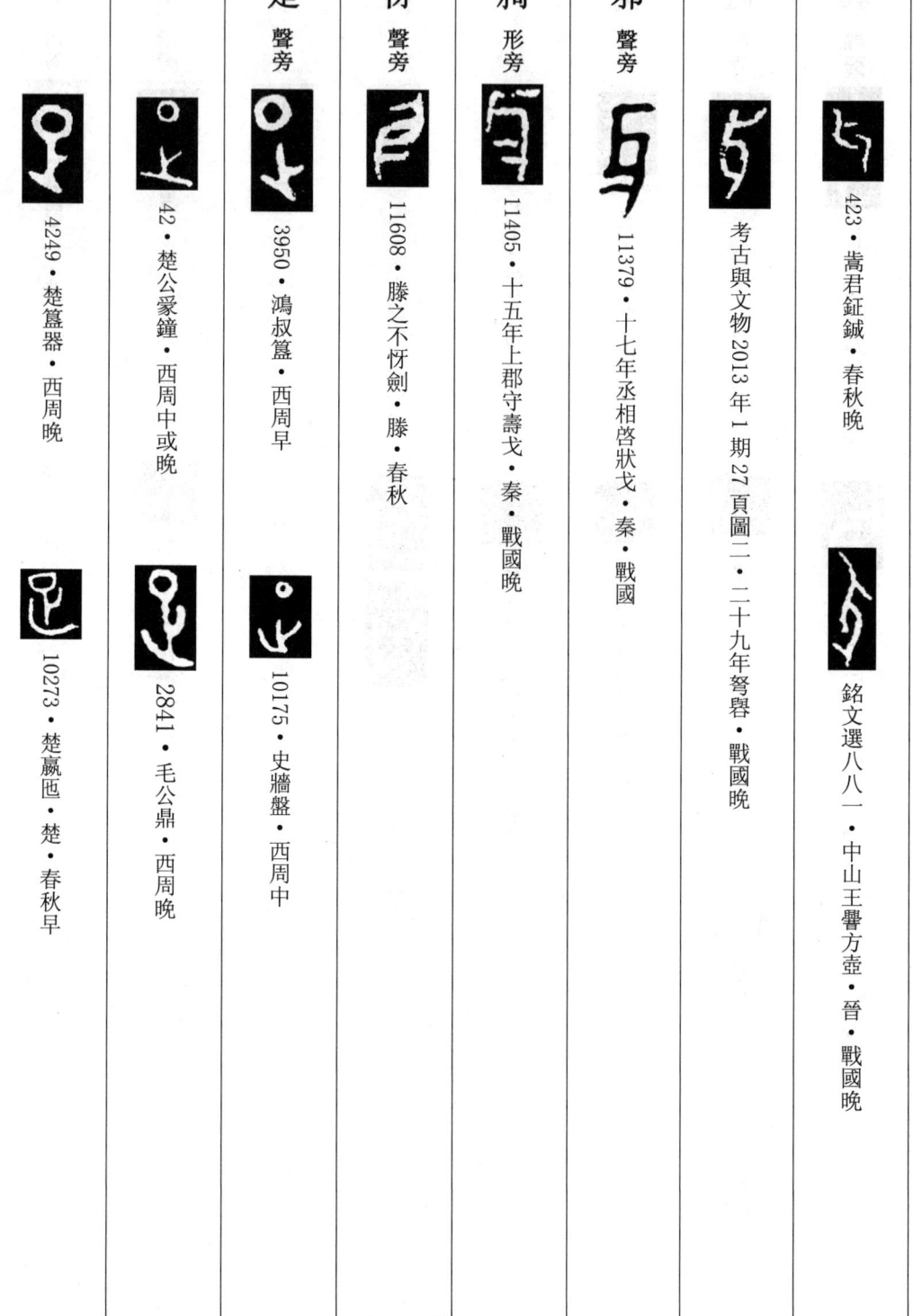

品

⿱品木（喿） 形旁

3764・叔喿父簋・西周早

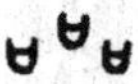
11006・喿之造戈・戰國晚

近出 96・遷沵鈕鐘（3）・舒・春秋早

⿰女疋 聲旁

近出 95・遷沵編鎛（4）・舒・春秋早

⿸广疋 聲旁

11085・亳⿸广疋戈・春秋晚

⿸尸疋 聲旁

10969・郘右⿸广疋戈・小邾・春秋

9499・左御壺蓋・戰國

⿸疒疋 聲旁

11695・四年建信君鈹・晉・戰國晚

近出 1236・十八年平國君鈹・戰國晚

38・酄篙鐘・楚・春秋晚

211・蔡侯紐鐘・蔡・春秋晚

近出 20・子犯編鐘三・晉・春秋中

江漢考古 2014 年 4 期・曾侯𦡱編鐘 M1. 1・曾・春秋晚

區	形旁	 2839・小盂鼎・西周早		 10374・子禾子釜・齊・戰國	
喿					
鄵	聲旁	 12112・鄂君啓車節・楚・戰國			
⿰喿攴	聲旁	 11324・廿五年戈・晉・戰國			
龠					
龢	形旁	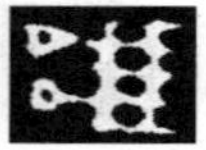 9089・龢父辛爵・西周早		 251・瘐鐘・西周中	
		 4275・元年師兑簋・西周晚		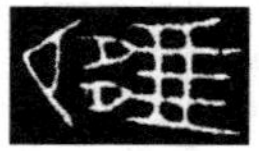 268・秦公鎛・秦・春秋早	
		 245・邾公華鐘・邾・春秋晚		 261・王孫遺者鐘・楚・春秋晚	
		 193・者𣵽鐘・吴・春秋		 17・𪒠侯鎛・戰國早	
⿰龠力	聲旁	 246・瘐鐘・西周中		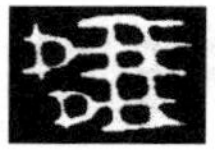 2799・小克鼎・西周晚	

册

⿰丮龠	形旁	9097・□⿰丮龠⿱東爵・西周早
籥	聲旁	近出1177・十八年莆坂令戈・晉・戰國晚
⿰龠于	形旁	近出101・⿰壴敢編鎛（四）・楚・春秋晚
⿳亠冊𧘇	聲旁	10176・散氏盤・西周晚
⿱雨龠	形旁	22・鄭井叔鐘・西周晚
⿰示冊	聲旁	新收915・叔矢方鼎・西周早
⿰冊隹	聲旁	707・魯宰駟父鬲・魯・春秋早　按：或認爲从「侖」。
典	形旁	1358・⿱𡈼𡈼典鼎・殷；4241・榮作周公簋・西周早

			4264 • 格伯簋蓋 • 西周中		4293 • 六年召伯虎簋 • 西周晚
			近出 1009 • 邿公典盤 • 邿 • 春秋中		4649 • 陳侯因資敦 • 齊 • 戰國晚
[冊欠]	聲旁		5315 • [冊欠]作父癸卣 • 西周早		5907 • [冊欠]作父癸尊 • 西周早
			2258 • [冊欠]父癸鼎 • 西周早		
侖	形旁		銘文選八八〇 • 中山王譽鼎 • 晉 • 戰國晚		11322 • 七年侖氏戈 • 晉 • 戰國
淪	聲旁		10103 • 伯驟父盤 • 西周晚		近出 530 • 原氏仲簠 • 陳 • 春秋早
綸	聲旁		5221 • 綸伯卣 • 西周早		

侖

商周金文偏旁譜　卷三

㗊

器 形旁

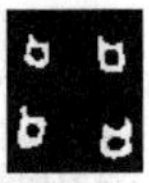
近出605・𩰫卣・西周早

1974・𦅫作寶器鼎・西周中

商周金文編621・四十二年逨鼎甲・西周晚

10122・黄子盤・黄・春秋早

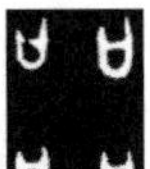
2782・哀成叔鼎・晉・春秋晚

金文通鑒14090・𦵯仲𨤓缶・戰國早

10443・十四苿銅虎・晉・戰國晚

嚻 形旁

近出二587・五年琱生尊甲・西周晚

𡅏 形旁

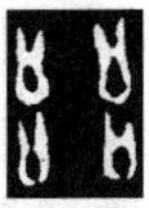
2229・沖子鼎・戰國早

囂 形旁

10149・囂伯盤・西周晚

11400・囂仲之子伯剌戈・春秋早

新收632・仲滋鼎・秦・春秋晚

銘文選八八〇・中山王𰯲鼎・晉・戰國晚

嚻

嚻 形旁

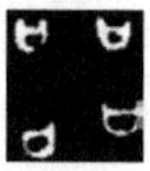

9102.1・莆亞作父癸角器・殷

9102.2・莆亞作父癸角器・殷

[女囂] 聲旁

中原文物2009年3期11頁圖二・鄬夫人[女囂]鼎・楚・春秋晚

[石囂] 聲旁

近出101・[墨敢]編鎛（四）・楚・春秋晚

[金囂] 聲旁

226・郘黛鐘・晉・春秋晚

舌

話 形旁

3840・𠯑簋・西周晚

陆 聲旁

新收594・陆作父丁卣・西周早

趏 聲旁

4030・史趏簋・西周早

干

字	偏旁	字形	出處
玕	形旁		3686・玕𠂤冀作父癸簋・西周早
邗	聲旁		9679・趙孟庎壺・晉・春秋晚
			新收1870・越王州句劍・越・戰國早
𢇍	聲旁		9303・作册旂觥・西周早
			5992・遣尊・西周早
忎	聲旁		2795・楚王酓忎鼎・楚・戰國晚
閈	聲旁		2841・毛公鼎・西周晚
			銘文選八八〇・中山王譽鼎・晉・戰國晚
䡊	形旁		10173・虢季子白盤・虢・西周晚
奸	亦聲		1498・襄奸鼎・殷

屰	朔	聲旁		2701・公朱左師鼎・晉・戰國晚	 	2746・梁十九年亡智鼎・晉・戰國
只	⿰女只	聲旁		10253・取膚匜・魯・春秋		
矞	潏	聲旁		首陽 107 頁・伯戋父簋・西周中		
啇	𧶠	省聲		復旦網 2014 年 7 月 29 日・遹尊・殷		9890・𢦏作父癸方彝蓋・殷
				4044・御正衛簋・西周早		3906・攸簋・西周早
				4206・小臣傳簋・西周早		5421・士上卣・西周早
				5425・競卣蓋・西周中		飛諾藏金 99 頁・陳賜子戈・陳・戰國中
	嫡	聲旁		6143・婦嫡觶・西周早		

句

[illegible] 聲旁

6011・盠駒尊・西周中

枸 聲旁

江漢考古2014年4期・曾侯𦼫編鐘M1.8・曾・春秋晚

痀 聲旁

11712・七年陽安君鈹・晉・戰國晚　按：或認爲从「旬」。

耇 聲旁

10175・史牆盤・西周中

4204・曾仲大父蝨簋・曾・西周晚

4631・曾伯霥簠・曾・春秋早

10156・曾子伯𣅀盤・曾・春秋

頨 聲旁

近出1041・次□缶・徐・春秋中或晚

㽛 聲旁

近出297・㽛監鼎・西周早

駒 聲旁

近出506・達盨蓋・西周中

2816・伯晨鼎・西周中或晚

丩

商周金文編627·四十三年逨鼎戊·西周晚

考古與文物2008年2期8頁圖9·叔駒父簋·西周晚

狗 聲旁

2369·長子狗鼎·西周早

姁 聲旁

2334·衰𢦏父作嘼姁鼎·西周

鉤 聲旁

新收1188·攻盧王劍·吳·春秋晚

斪 聲旁

2764·卌二年坪安君鼎·晉·戰國晚

句 聲旁

7301·𩰫戊作祖癸觚·西周早

9726·三年瘐壺·西周中

4466·𢼜从盨·西周晚

2520·鄭勇句父鼎·鄭·春秋早

424·姑馮昏同之子句鑃·越·春秋晚

171·之利鐘(商鐘四)·越·戰國早

古

祜 聲旁		247・瘐鐘・西周中		新收 1199・曾孟嬴削簠・西周晚或春秋早
狗 聲旁		殷新 78・宁狃爵・殷晚		考古 2009 年 9 期 46 頁圖七：2・狗宁簋・殷
駒 聲旁		3750・戢見駒簋・西周早		
者 聲旁		5885・者史作父辛尊・西周早		4039・革同簋蓋・西周晚
剸 聲旁		近出 347・焂戒鼎・西周晚		按：或釋「鉤」。
穸 聲旁	 	2755・穸鼎・西周中		
		4680・鑄客豆・楚・戰國晚		12105・鷹節・燕・戰國
		11625・越王州句劍・越・戰國早		4678・鑄客豆・楚・戰國晚

		 9663・黄子壺・黄・春秋早  4528・曾子𡱝簠蓋・曾・春秋晚
故	聲旁	 4341・班簋・西周中  3817・邾季故公簋・西周晚  425・徐𩠤尹鉦鍼・春秋
胡	聲旁	 11712・七年陽安君鈹・晉・戰國晚
𠤳	聲旁	 4554・伯勇父簠・西周晚  4566・魯伯俞父簠・魯・春秋早  4488・曾子𠑇簠・曾・春秋晚
		 4502・慶孫之子蛛簠・春秋晚  4596・齊陳曼簠・齊・戰國早
		 考古2014年7期・曾孫卲𠤳・曾・戰國中  4551・楚王酓朏簠・楚・戰國晚
鈷	聲旁	 4503・西替簠・楚・戰國
𥁕	聲旁	 文物2011年3期・彭子射簠・楚・春秋晚

固 聲旁

9693·十三苿壺（妤盗壺）·晉·戰國早

10447·十四苿雙翼神獸·晉·戰國晚

10938·成固戈·秦·戰國

旂 聲旁

銘文選八八一·中山王嚳方壺·晉·戰國晚

者 聲旁

11078·滕侯耆戈·齊·春秋晚

按：或釋「耆」。

居 聲旁

4688·上官豆·晉·戰國

11656·沽劍·戰國

沽 聲旁

3804·沽衍簋蓋·西周晚

姑 聲旁

9092·婦闟爵·殷

5426·庚嬴卣·西周早

新收1606·再簋·西周中

4012·復公子簋·西周晚

424·姑馮昏同之子句鑃·越·春秋晚

㚣 聲旁

銘文選八八二·妤盗壺·晉·戰國晚

世	枼 聲旁	 271・𬯁鎛・齊・春秋中或晚	 古 24・郾兵方壺・楚・春秋中或晚
		 新收 1409・自鐸・徐・春秋	 4644・拍敦・齊・春秋  182・徐王子旃鐘・徐・春秋
	⿰世阝 聲旁	 圖像 5132・賈伯簋丙・西周晚	
枼	葉 聲旁	 11294・丞相觸戈・戰國	
	⿰貝枼 聲旁	  12113・鄂君啓舟節・戰國	
	鄴 聲旁	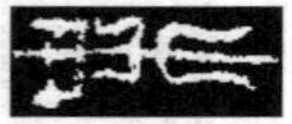 156・能原鎛・越・春秋晚	
言	誓 形旁	  2832・五祀衛鼎・西周中	 2818・鬲攸从鼎・西周晚
		 10176・散氏盤・西周晚	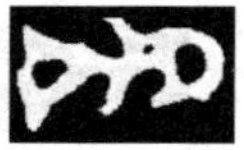 10285・𠑇匜・西周晚

字		字形
議	形旁	 11350・郾王詈戈・燕・戰國晚
訏	形旁	 9715・杕氏壺・晉・春秋晚
詳	形旁	 銘文選八八〇・中山王譽鼎・晉・戰國晚
⿱厃言	形旁	 9901・矢令方彝・西周早
請	形旁	 銘文選八八一・中山王譽方壺・晉・戰國晚
講	形旁	 10008・欒書缶・楚・戰國
訇	形旁	 3746・數琭敔簋・西周早  商周金文編622・四十二年逨鼎乙・西周晚
⿱音廾	形旁	 6014・何尊・西周早  新收57・應姚鬲・西周晚  近出75・王孫誥編鐘十六・春秋晚

寣
形旁

4608・考叔寣父簠・楚・春秋

9979・陳公孫寣父瓶・陳・春秋早

諱
形旁

4213・㬎敖簋蓋・西周晚

10171・蔡侯盤・蔡・春秋晚

譙
形旁

11317・三年脩余令韓譙戈・晉・戰國晚

11318・三年脩余令韓譙戈・晉・戰國晚

䜌
聲旁

10175・史牆盤・西周中

9731・頌壺・西周晚

267・秦公鎛・秦・春秋早

4589・宋公䜌簠・宋・春秋晚

讋
形旁

11250・二年寺工讋戈・秦・戰國晚

闇
形旁

4312・師類簋・西周晚

諲
形旁

金文通鑒 2129・史惠鼎・西周晚

字	偏旁	字形	出處
許	形旁		2832・五祀衛鼎・西周中
			2818・鬲攸从鼎・西周晚
			銘文選八八〇・中山王嚳鼎・晉・戰國晚
諤	形旁		427・配兒鉤鑃・吳・春秋晚
誎	形旁		10175・史牆盤・西周中
韐	形旁		261・王孫遺者鐘・楚・春秋晚
詈	形旁		11350・郾王詈戈・燕・戰國晚
信	形旁		新收1559・貴將軍信節・戰國中或晚
謹	形旁		海岱153.15・司馬楙編鎛・齊・戰國早

諆		**謱**	**誶**	**罰**		**⿰言攸**	**訢**
形旁		形旁	形旁	形旁		形旁	形旁
 9091・索諆爵・西周早	 近出二327・柞伯鼎・西周晚	 銘文選八八二・好盗壺・晉・戰國晚	 5392・寡子卣・西周中	 2837・大盂鼎・西周早	 272・叔夷鐘・齊・春秋晚	 新收1957・窒叔簋・西周中	 銘文選八八二・好盗壺・晉・戰國晚
 6515・萬諆觶・西周中	 古24・與兵方壺・楚・春秋中或晚	 銘文選八八〇・中山王譽鼎・晉・戰國晚		 2809・師旂鼎・西周中	 銘文選八八二・好盗壺・晉・戰國晚		
				 10176・散氏盤・西周晚			

諜 形旁	⿰言晉 形旁	讎 形旁	諫 形旁		諴 形旁	⿱夂言 形旁	詢 形旁
 4413・諜季獻盨・西周晚	 近出30・戎生編鐘四・晉・春秋早	 4466・⿰鬲斗从盨・西周晚	 江漢考古2014年1期66頁-4・曾侯諫盉・曾・西周早	 4285・諫簋・西周晚	 4600・都公諴簠・西周晚	 3737・⿱夂言簋・西周中	 銘文選八八一・中山王嚳方壺・晉・戰國晚
			 4237・臣諫簋・西周中	 10332・曾孟嬶諫盆・曾・春秋	 2753・都雒公諴鼎・都・春秋早		 2451・梁上官鼎・晉・戰國晚　按：信之異文。

記 形旁

上博 11 期・楚大師登編鐘 4・楚・春秋早

4613・上鄀府簠蓋・春秋晚

陪 聲旁

3242・耳伯陪簋・西周早

2838・曶鼎・西周中

訙 形旁

615・伯訙父鬲・西周中

獄 形旁

4293・六年召伯虎簋・西周晚

涪 聲旁

古 27・涪陽戈・晉・戰國

訙

獸 聲旁

4311・師獸簋・西周晚

詣

譱 聲旁

2806・大鼎・西周中

2799・小克鼎・西周晚

4149・膳夫梁其簋・西周晚

2602・郜伯祀鼎・郜・春秋早

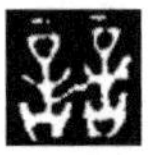
174・鄘叔之仲子平鐘・莒・春秋晚

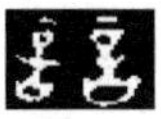
小邾國遺珍 48 頁・畢仲弁簠・春秋

譱

𧬉 聲旁	 新收 1627・益余敦・春秋中  4645・齊侯作孟姜敦・齊・春秋晚

嚞

嚞 聲旁	 158・驫羌鐘・晉・戰國早

音

諳 形旁	 近出 64・王孫誥編鐘五・楚・春秋晚  182・徐王子旃鐘・徐・春秋
	 2288・卲王之諻鼎・楚・春秋晚
韽 形旁	  203・沇兒鐘・徐・春秋晚
歌 形旁	 新收 508・倗子受編鐘・楚・春秋晚
[illegible] 聲旁	 2841・毛公鼎・西周晚
訴 形旁	 184・余購徲兒鐘・徐・春秋晚

詐 形旁  6010・蔡侯尊・蔡・春秋晚 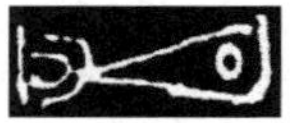 9930・曾侯乙勺・曾・戰國早

 銘文選八八〇・中山王譽鼎・晉・戰國晚

䵼 形旁   182・徐王子旃鐘・徐・春秋

䜌 聲旁  10008・欒書缶・楚・戰國

章

䡮 形旁  2748・庚贏鼎・西周早  10166・鮮簋・西周中

辛

辝 聲旁  5928・𦣞薛作日癸尊・西周早  10133・薛侯盤・西周晚

 4556・走馬薛仲赤簠・薛・春秋早  10263・薛侯匜・薛・春秋

辭 形旁 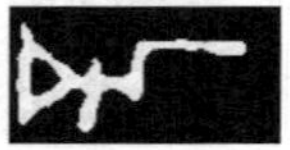 考古學報2018年2期・鳥形盉・西周中  10285・𠑇匜・西周晚

妾

辟 形旁

7312・梟婦觚・殷

5997・商尊・西周早

5429・叔趯父卣・西周早

5428・叔趯父卣・西周早

2837・大盂鼎・西周早

2824・𢦏方鼎・西周中

新收757・逨盤・西周晚

2800・小克鼎・西周晚

圖像3036・競孫旟也鬲・楚・春秋晚

10374・子禾子釜・齊・戰國

⿰禾亏 亦聲

3751・⿰禾亏父甲簋・西周

⿱羽妾 聲旁

金文通鑒2327・相室郭⿱羽妾鼎・晉・戰國中

⿰妾子 聲旁

銘文選八八二・⿰妾子盗壺・晉・戰國晚

業

蕘 聲旁

銘文選八八〇・中山王嚳鼎・晉・戰國晚

戣 聲旁

260・㝬鐘・西周晚

廾

畁 聲旁

6014・何尊・西周早

新收57・應姚鬲・西周晚

近出75・王孫誥編鐘十六・楚・春秋晚

丵 形旁

2835・多友鼎・西周晚

弄 形旁

近出413・鳥𡨦簋・殷晚

5761・子之弄鳥尊・晉・春秋晚

2086・君子之弄鼎・晉・春秋晚或戰國早

新收1639・君子之弄鬲・戰國早

奉 形旁

10176・散氏盤・西周晚

字頭	字形	出處	字形	出處
弇 形旁		銘文選八八〇・中山王譽鼎・晉・戰國晚　按：加兩横爲飾。		
[illegible] 形旁		考古2015年4期96頁圖一・[illegible]鼎・西周早		文物2014年01期・䣄卣・西周中
		圖像2219・曾侯宏鼎・曾・春秋早		古24・與兵方壺・楚・春秋中或晚
		245・邾公華鐘・邾・春秋晚		新收1781・陳逆簠蓋・齊・戰國早
畁 形旁		4289・師酉簋・西周中		近出499・伯敢畁盨器・西周中
戒 形旁		566・戒作鎬宮鬲・西周早		近出347・烄戒鼎・西周晚
		272・叔夷鐘・齊・春秋晚		銘文選八八一・中山王譽方壺・晉・戰國晚　按：加兩横爲飾。
兵 形旁		4322・㦰簋蓋・西周中		近出二1115・輔伯戈・西周晚

	 古 24・與兵方壺・楚・春秋中或晚	 275・叔夷鐘・齊・春秋晚
	 2794・楚王酓忎鼎・楚・戰國晚	
龏 聲旁	 新收 1838・龔子卣・殷晚	 1307・子龏鼎・殷
	 688・龏作又母辛鬲・西周早	 2832・五祀衛鼎・西周中
	 2696・〓鼎・西周中	 2829・頌鼎・西周晚
具 形旁	 5380・馭卣器・殷	 1549・具父乙鼎・西周早
	 2341・叔具鼎・西周早	 2838・曶鼎・西周中
	 2818・鬲攸从鼎・西周晚	 268・秦公鎛・秦・春秋早

𢍏 形旁		虡 形旁	𢍑 形旁	𤇾 形旁	𤞫 形旁	𢍂 形旁	𠥯 形旁
 5945・𢍏者君尊・西周早  2586・齊𢍏史喜鼎・西周晚	 10236・郝□匜・郝・春秋	 285・叔夷鎛・齊・春秋晚	 近出二422・大師小子𢍑簋・西周中	 4313・師寰簋器・西周晚	 9892・𤞫方彝・西周早	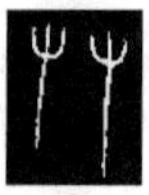 銘文選八八二・好盗壺・晉・戰國晚	 745・師趛鬲・西周中

棄 形旁  10176・散氏盤・西周晚  銘文選八八〇・中山王礜鼎・晉・戰國晚

共 形旁 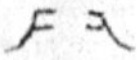 6600・共觚・殷  4463・瘨盨・西周中

 4242・叔向父禹簋・西周晚  273・叔夷鐘・齊・春秋晚

 4551・楚王酓脡簠・楚・戰國晚

龏 形旁  2837・大盂鼎・西周早  4692・大師虘豆・西周晚

𢍏 形旁  新收1554・任鼎・西周中

𡨄 形旁  10276・塞公孫脂父匜・楚・春秋早  近出二1097・塞公屈顙戈・楚・春秋中

𢍁 形旁  9491・盟商壺・殷

彝 形旁

468・史秦鬲・殷

2739・塱方鼎・西周早

[illegible] 形旁

4288・師酉簋・西周中

269・秦公鎛・秦・春秋早

[illegible] 形旁

近出423・秦公簋・秦・春秋早

首陽137頁・秦公簋・秦・春秋早

37・秦王鐘・秦・春秋晚

弃 形旁

2838・曶鼎・西周中

奏 形旁

復旦網2014年7月29日・䢔尊・殷

考古學報2018年1期・霸伯盂・西周中

[illegible] 形旁

2779・師同鼎・西周晚

[illegible] 形旁

9618・㝬壺・西周中

小邾國遺珍65頁・昆君婦媿霝壺・小邾・春秋

[illegible]	形旁	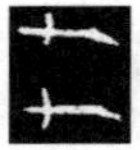 978・冶紹𡚬匕・楚・戰國晚	 10158・楚王酓忎盤・楚・戰國晚
		 12040・陳共車飾・齊・戰國晚	
鬭	形旁	 9241・劦鬭父丁斝・西周早	 4302・彔伯𢦚簋蓋・西周中
		 復旦網 2014 年 6 月 22 日・晉公盤・晉・春秋	 銘文選八八一・中山王譽方壺・晉・戰國晚
承	形旁	 5318・𠂤丞卣・西周早	 金文通鑒 10646・丞仲觶蓋・西周中
		 4342・師訇簋・西周晚	 285・叔夷鎛・齊・春秋晚
		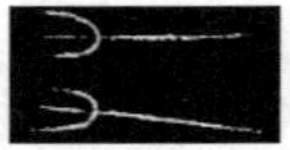 銘文選八八二・妤蚉壺・晉・戰國晚	 上博 8 期・郾王職壺・燕・戰國晚
弄	形旁	 1770・羞鼎・西周中	 691・魯伯愈父鬲・魯・春秋早

畀	畀 形旁	 911 • □仲雩父甗 • 西周晚		
異	廙 聲旁	 5396 • 毓祖丁卣器 • 殷	 近出 47 • 晉侯蘇編鐘十二 • 西周晚	
	冀 省聲	 2703 • 堇鼎 • 西周早	 4195 • 𦿨簋 • 西周中	
共	𢧀 聲旁	 11162 • 王子□戈 • 晉 • 戰國	 新收 1408 • 越王差郤戈 • 越 • 戰國	
	䢼 聲旁	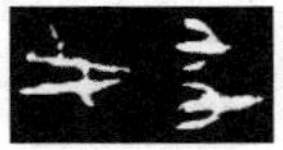 10902 • 䢼戈 • 晉 • 春秋晚	 11680 • 八年建信君鈹 • 晉 • 戰國晚	
	箅 形旁	 9714 • 史懋壺 • 西周中		
		 9727 • 三年𤼈壺 • 西周中		
	尊 形旁	 5360.1 • 寏□作父癸卣 • 殷	 3437 • 朿交簋 • 西周早	

與

與	聲旁		3821・湋伯簋・西周晚		文博2006年國之重寶特刊之一1・皇與匜・春秋早
			423・嵩君鉦鋮・春秋晚		銘文選八八一・中山王譽方壺・晉・戰國晚
			考古與文物2013年1期27頁圖二・二十九年弩臂・戰國晚		
興	形旁	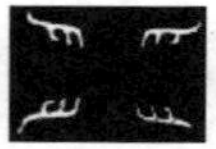	9466・興壺・殷	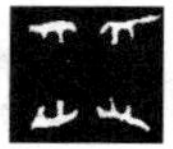	8616・興父辛爵・殷或西周早
			文物2014年1期・䣄卣・西周中		首陽114頁・應侯簋・西周晚
			12108・新郪虎符・秦・戰國晚		
䢦	聲旁		2738・蔡大師鼎・蔡・春秋晚		
舉	聲旁		銘文選八八一・中山王譽方壺・晉・戰國晚		

興

癲 聲旁

9726・三年癲壺・西周中

偰 聲旁

2183・才偰父鼎・西周中

臼

[illegible] 形旁

2739・塱方鼎・西周早

[illegible] 形旁

874・解子甗・西周早

臾 形旁

新收367・三年垣上官鼎・晉・戰國晚

近出二1223・廿四年亩令州熳戈・戰國晚

11327・六年格氏令戈・晉・戰國

盥 形旁

10163・夆叔盤・夆・春秋早

近出1009・郜公典盤・郜・春秋中

10004・蔡侯缶・蔡・春秋晚

10125・楚季苟盤・楚・春秋

革

字	類別	字形	出處
⿱革皿	形旁		近出 1016・叔良父匜・西周晚
⿱革巴	形旁		金文通鑒 4056・仲姜簋・芮・春秋早
⿱辟革	形旁		142・齊鮑氏鐘・齊・春秋晚
鞞	形旁		4326・番生簋蓋・西周晚
⿰革專	形旁		4302・彔伯𢦚簋蓋・西周中
			4318・三年師□簋・西周晚
勒	形旁		4288・師酉簋・西周中
			9731・頌壺・西周晚
⿰革豖	形旁		4326・番生簋蓋・西周晚
靭	聲旁		9665・十四苿方壺・晉・戰國早
			10441・十四苿銅牛・晉・戰國晚

鬲

鞹	䨣	鬻	䰛	䰜	䈏	𥛍	滆
形旁	省形	形旁	形旁	形旁	聲旁	聲旁	聲旁

2831·九年衛鼎·西周中	4025·鄭虢仲簋器·西周晚	近出1201·十五年上郡守壽戈·秦·戰國	10176·散氏盤·西周晚	6014·何尊·西周早	38·䣄篙鐘·楚·春秋晚	2785·中方鼎·西周早	近出506·達盨蓋·西周中

鬲 [illegible] 形旁	 9892・𢎨方彝・西周早		
爪 孚 形旁	 3732・䔢簋・西周早	 首陽 107 頁・伯戋父簋・西周中
	 2835・多友鼎・西周晚	 9733・庚壺・齊・春秋晚
[illegible] 形旁	 11312・三十三年業令戈・晉・戰國早	
爲 形旁	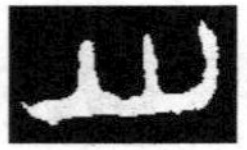 5952・叀啓諆父甲尊・西周早	 4097・兊簋・西周中
	 近出 971・晉侯僰馬方壺・西周晚	 第四屆 116 頁・宋君夫人鼎蓋・宋・春秋晚
	 328・曾侯乙鐘(中三 8)・曾・戰國早	 975・但盤埜匕・楚・戰國晚
覓 形旁	 4341・班簋・西周中	

賓	形旁	 4067・鼓叔鼓姬簋・西周晚	
䜌	形旁	 9330・𠬝䜌盉・殷	
再	形旁	 9814・再作父丁罍・西周早	 9456・裘衛盉・西周中
		 4317・鼓簋・西周晚	 2773・信安君鼎・晉・戰國晚
叜	形旁	 6935・叜𠂤觚・殷	
采	形旁	 5402・遣卣・西周早	 上海文博論叢2009年3期・采獲簋・西周中
豪	形旁	 42・楚公豪鐘・西周中或晚	
傒	形旁	 銘文選八八一・中山王譽方壺・晉・戰國晚	

印 形旁

近出856・寢印爵・殷晚

4632・曾伯霥簠・曾・春秋早

11928・左周弩牙・戰國

攣 形旁

5379・小臣𢆶卣・殷

孚

桴 聲旁

銘文選八八〇・中山王嚳鼎・晉・戰國晚

豛 聲旁

4620・叔朕簠・戴・春秋早

浮 聲旁

10278・浮公之孫公父宅匜・春秋

庨 聲旁

4519・魯士庨父簠・魯・春秋早

爲

𢿃 聲旁

1990・𢿃之行鼎・春秋

嬀 聲旁

2485・剌䚄鼎・西周早

9555・劆嬀壺・西周中

3815・陳侯簋・西周晚

9633・陳侯壺・陳・春秋早

新收 1627・益余敦・春秋中

10157・陳侯盤・陳・春秋

丮

執

形旁

新收 1660・埶父乙觚・殷晚

3206・𠦪父辛簋・西周早

9899・盠方彝・西周中

2841・毛公鼎・西周晚

按：丮下訛似「女」形。

近出 104・𪒠編鎛（七）・楚・春秋晚

新收 521・曾仲𨚍鎮墓獸座・曾・戰國

孰

形旁

3490・伯侄簋・西周中

427・配兒鉤鑃・吴・春秋晚

⿰大⿹丮皿 形旁	 4330・沈子它簋蓋・西周早	 近出 491・虎簋蓋・西周中
	 新收 1874・虎簋蓋・西周晚	
⿰王丮 形旁	 10175・史墻盤・西周中	 2841・毛公鼎・西周晚
⿰谷丮 形旁	 11578・⿰谷丮子劍・楚・春秋晚	
⿰女丮 形旁	 5967・小子夫貝尊・殷	 2702・嬰方鼎・西周早
	 2726・⿰𠂤帚⿰女丮進方鼎・西周早	 920・⿰𠂤帚⿰女丮甗・西周早
	 4208・段簋・西周中	 10175・史墻盤・西周中
⿰土丮 形旁	 568・⿰土丮作父乙鬲・西周早	

朝	形旁		2748・庚嬴鼎・西周早		10166・鮮簋・西周中
			2465・伯䡊父鼎・西周晚		
𢓊	形旁		2835・多友鼎・西周晚		
㺸	形旁		5410・啓卣・西周早		2789・㦰方鼎・西周中
			4023・伯中父簋器・西周中		4288・師酉簋・西周中
			2836・大克鼎・西周晚		2841・毛公鼎・西周晚
			268・秦公鎛・秦・春秋早		銘文選八八一・中山王譽方壺・晉・戰國晚
䀎	形旁		2803・令鼎・西周早		首陽105頁・龍紋盤・西周

𢪃 形旁	 1981・作𢪃从彝方鼎・殷	 6435・作𢪃從彝觶・西周早	 9384・作𢪃從彝盉・西周早
𦏂 形旁	 4287・伊簋・西周晚		
𤤔 形旁	 5394・小子省卣器・殷	 5400・作冊䣄卣器・西周早	
	 4289・師酉簋・西周中		
埶 形旁	 9003・埶父乙爵・西周早	 近出506・達盨蓋・西周中	
	 2835・多友鼎・西周晚	272・叔夷鐘・齊・春秋晚	10478・兆域圖銅版・晉・戰國晚
𢀜 形旁	 4215・䜌簋蓋・西周晚	 首陽105頁・龍紋盤・西周	285・叔夷鎛・齊・春秋晚
𤖫 形旁	 4649・陳侯因資敦・齊・戰國晚		

又

⿰己妻

形旁

近出 64・王孫誥編鐘五・楚・春秋晚

⿱⿰其丮女

形旁

5429・叔趯父卣・西周早

2776・刺鼎・西周中

4328・不其簋・西周晚

269・秦公鎛・秦・春秋早

祭

形旁

2473・史喜鼎・西周

245・邾公華鐘・邾・春秋晚

銘文選八八一・中山王嚳方壺・晉・戰國晚

㕚

形旁

1091・井鼎・殷或西周早

2611・卅五年鼎・晉・戰國

右

形旁

1956・右作旅鼎・西周早

10175・史牆盤・西周中

4313・師寰簋蓋・西周晚

262・秦公鐘・秦・春秋早

近出20・子犯編鐘三・晉・春秋中

江漢考古2015年1期・曾侯鐘M4・曾・春秋晚

11355・十二年趙令戈・晉・戰國早

10397・右使車簨・晉・戰國晚

專 形旁

1100・專鼎・殷

363・[illegible]鐃・殷

父 形旁

金文通鑒8487・父辛爵・殷中

8162・光父爵・西周早

615・伯試父鬲・西周中

739・孟辛父鬲・西周晚

反 形旁

2694・戍甬鼎・殷

4140・太保簋・西周早

2831・九年衛鼎・西周中

9731・頌壺・西周晚

近出100・黝編鎛（三）・楚・春秋晚

309・曾侯乙鐘・曾・戰國早

		 近出1177・十八年莆坂令戈・晉・戰國晚	 11354・三年口匋令戈・晉・戰國	
𠬝	形旁	 首陽107頁・伯𢦏父簋・西周中	 260・𤸫鐘・西周晚	
叔	形旁	 9898・吳方彝蓋・西周中	 2836・大克鼎・西周晚	
寺	形旁	 2832・五祀衛鼎・西周中	 3817・邿季故公簋・西周晚	 4562・𬀁侯簠・春秋早
		 近出1009・邿公典盤・邿・春秋中	 10298・吳王光鑑・吳・春秋晚	
對	形旁	 5992・遣尊・西周早	 10175・史牆盤・西周中	
		 2827・頌鼎・西周晚	 近出29・戎生編鐘三・晉　・春秋早	
尃	形旁	 銘文選八八一・中山王嚳方壺・晉・戰國晚	 銘文選八八〇・中山王嚳鼎・晉・戰國晚	

㚊	形旁	 4444・紀伯子儵父盨・紀・春秋		
攸	形旁	 9889・夆啓方彝・西周早		
專	形旁	 2739・㝬方鼎・西周早	 近出二458・㚸公盨・西周中	 10285・㑞匜・西周晚
		 261・王孫遺者鐘・楚・春秋晚	 2794・楚王舍肯鼎・楚・戰國	
敏	形旁	 2837・大䀇鼎・西周早	 4322・蠶簋器・西周中	 4324・師殸簋・西周晚
隻	形旁	 11322・七年侖氏戈・晉・戰國		
攸	形旁	 2816・伯晨鼎・西周中或晚		
㪅	形旁	 南方文物 2011 年第 3 期 129 頁・遽伯睘簋・西周早		 3677・睘簋・西周中

采 形旁

8689・未父癸爵・殷

3328・𦘔作父己簋・西周早

隻 形旁

殷新107・亞隻簋・殷晚期

5083・隻婦父庚卣蓋・殷

5194・師隻卣蓋・西周早

4322・戓簋器・西周中

2794・楚王酓忎鼎・楚・戰國晚

⿱雀又 形旁

鐘離君柏墓・童麗公戈・鍾離・春秋中

2782・哀成叔鼎・晉・春秋晚

奪 形旁

5331・奪作父丁卣・西周早

攻 形旁

95・臧孫鐘・吳・春秋晚

臤 形旁

4012・復公子簋・西周晚

戳 形旁

4628 ・伯公父簠・西周晚

𡪢	聲旁	 5994・次尊・西周中	 近出 347・焂戒鼎・西周晚	 4331・乖伯歸夆簋・西周晚
叜	形旁	 6935・叜**母**觚・殷		
㚢	形旁	 6015・麥方尊・西周早		
叡	形旁	 270・秦公鎛・秦・春秋		
尌	形旁	 10056・尌仲作盤・西周早	 4124・仲簋蓋 西周晚	
叔	形旁	 8330・叔祖戊爵・殷	 542・𣞤叔叔父鬲・西周早	
有	亦聲	 9091・索諆爵・西周早	 10175・史牆盤・西周中	 2631・南公有司鼎・西周晚
		 267・秦公鎛・秦・春秋早	 文物 2014 年 1 期・宋公䜌鼎・宋・春秋晚	

122・者沪鐘・楚・戰國早

4649・陳侯因資敦・齊・戰國晚

㝉
形旁

3082・守婦簋・殷

9018・守宫爵・西周早　按：釋作「守」。

仅
形旁

1016・付鼎・殷

文物 2014 年 1 期・䚄卣・西周中　按：釋作「付」。

⿰月⿰豕又
形旁

5421・士上卣・西周早

5365・豚卣・西周中

⿰丂又
形旁

6513・徐王義楚觶・徐・春秋晚

⿰夫又
形旁

5167.2・橐⿰夫又父辛卣・殷　按：「扶」字初文。

奴
形旁

851・𤔲奴寶甗・西周早

2589・費奴父鼎・費・春秋早

羞
形旁

近出二 1325・羞斧・殷晚

4328・不其簋・西周晚

父

		 579・鄭叔蒦父鬲・鄭・春秋早	 近出 21・子犯編鐘四・晉・春秋中
甫	聲旁	 5395. 1・宰甫卣・殷	 國博館刊 2012 年 1 期・甫父作寶簋・西周早
		 5423・匡卣・西周中	 4669・降叔豆・西周晚
		 2566・黄子鼎・黄・春秋早	 4534・鈇仲簠・春秋
釜	聲旁	 10371・陳純釜・齊・戰國	
貧	聲旁	 2719・公貿鼎・西周中	
布	聲旁	 5407・作册睘卣・西周早	 10168・守宫盤・西周中
斁	聲旁	 5243・斁父卣・西周早	

字	偏旁		字形及出處
受	曼	聲旁	 4431・曼龏父盨蓋・西周晚
	斧	聲旁	 近出1243・太子車斧・虢・西周晚　 9709・公子土斧壺・齊・春秋晚
曼	嫚	省聲	 9622・鄧孟壺蓋・西周晚
	嫚	聲旁	 3776・鄧公簋・西周晚　 新收1201・曾亙嫚鼎・西周晚或春秋早
	⿰阝曼	聲旁	 2267・自作鄤仲方鼎・西周早　 3918・鄤仲孝簋・西周中
夬	鴂	聲旁	 314・曾侯乙鐘(中二6)・曾・戰國早
尹	伊	聲旁	 3631・伊生簋・西周早　 9584・鬼作父丙壺・西周中
			 4287・伊簋・西周晚　 276・叔夷鐘・齊・春秋晚

君 亦聲

5394・小子省卣器・殷

9901・夨令方彝・西周早

755・尹姞鬲・西周中

2787・史頌鼎・西周晚

9963・黄君孟鑐・黄・春秋早

12025・君軠車軎・戰國早

新收 577・平夜君成戈・戰國中

936・王后中官錡甗・戰國

砉 聲旁

新收 521・曾仲郙鎮墓獸座・曾・戰國

覞 聲旁

6015・麥方尊・西周早

4220・追簋・西周中

10173・虢季子白盤・西周晚

及

汲 聲旁

總集 2374・伯庶父簋・西周

9632・紀侯壺・紀・春秋早

10407・鳥書箴銘帶鈎・楚・戰國

反

飯 聲旁

9709・公子土斧壺・齊・春秋晚

皈 聲旁

新收 1566・坂方鼎・殷

𠬝

報 亦聲

4300・作册夨令簋・西周早

考古學報 2018 年 2 期・鳥形盉・西周中

	左	形旁	 248・瘐鐘・西周中	 4313・師寰簋蓋・西周晚
	右	聲旁	 9901・夨令方彝・西周早	
ナ	㕛	形旁	 1091・廾鼎・殷或西周早	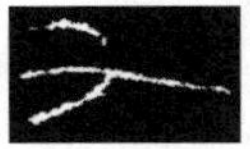 2611・卅五年鼎・晉・戰國
友	伖	聲旁	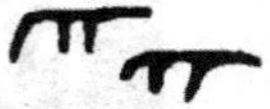 3555・叔伖父簋・西周晚	
彗	䨮	聲旁	 近出二390・伯湄父豆・西周晚	
			 近出76・王孫誥編鐘十七・楚・春秋晚	
叔	惄	聲旁	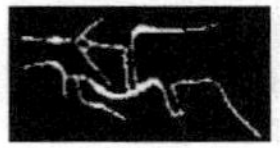 2811・王子午鼎・楚・春秋中或晚	 245・邾公華鐘・邾・春秋晚
			 4293・六年召伯虎簋・西周晚	 新收1481・漁陽鈹・戰國早

卑

		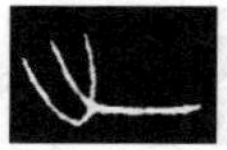 268 秦公鎛・秦・春秋早  近出 20・子犯編鐘三・晉・春秋中
		 9686・十三朱壺・晉・戰國早  新收 320・太子鼎・戰國中  11351・十六年喜令戈・晉・戰國晚
𠬪	亦聲	 4271・同簋・西周中
夌	形旁	 4032・官夌父簋・西周晚
萆	聲旁	 10478・兆域圖銅版・晉・戰國晚
鞞	聲旁	 4273・靜簋・西周中  4326・番生簋蓋・西周晚
裨	聲旁	 4322・戜簋蓋・西周中
[卑+頁]	聲旁	 復旦網 2014 年 6 月 22 日・晉公盤・晉・春秋

史

渒 聲旁

2836・大克鼎・西周晚

旋 聲旁

9901・矢令方彝器・西周早

4216・五年師旋簋器・西周晚

㛥 聲旁

5979・㛥尊・西周早

㚅 聲旁

5859・邢季㚅尊・西周中

4366・史㚅盨・西周晚

山東金文377頁・史㚅簠・西周

聿

宰 聲旁

10583・匽侯載器・燕・戰國

畫 形旁

4201・小臣宅簋・西周早

妻 形旁

3074・子妻簋・殷

近出656・子妻觶・西周早

2812・師望鼎・西周中

商周金文編625・四十三年逨鼎丙・西周晚

3913・再簋・西周

晝	聲旁		4317・㝬簋・西周晚		
肇	形旁		4330・沈子它簋蓋・西周早		近出二436・一式㝬簋・西周中
			海岱153.15・司馬楙編鎛・齊・戰國早		
肁	形旁		4021・寧簋蓋・西周早		3828・滕虎簋・西周中
			141・師臾鐘・西周晚		
肆	形旁		6007・耳尊・西周早或中		
責	聲旁		9773・責甲罍・殷		9288・責引觥・殷
			新收1794・責尊・殷晚		3209・責父辛簋・西周早

聿

3868・祖辛簋・西周中

畫 形旁

銘文選一四二・作册益卣・西周早

新收1554・任鼎・西周中

肄 形旁

4144・肄作父乙簋・殷

2724・毛公旅方鼎・西周早

4317・㝬簋・西周晚

2836・大克鼎・西周晚

𦘒

肆 聲旁

301・曾侯乙鐘(中一4)・曾・戰國早

325・曾侯乙鐘(中三5)・曾・戰國早

隶

隸 聲旁

9730・洹子孟姜壺・齊・春秋

叏

畫 形旁

4268・王臣簋・西周中

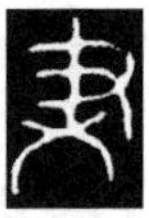
4302・彔伯㦰簋蓋・西周中

4216・五年師旋簋器・西周晚

4688・上官豆・晉・戰國

又

妻 形旁

3074・子妻簋・殷

近出656・子妻觶・西周早

2812・師朢鼎・西周中

商周金文編625・四十三年逨鼎丙・西周晚

3913・再簋・西周

臣

豎 形旁

11350・郾王詈戈・燕・戰國晚

臨 聲旁

5012・誳其卣・殷

宦 形旁

2442・仲宦父鼎・西周晚

272・叔夷鐘・齊・春秋晚

11368・廿六年蜀守武戈・秦・戰國

𦣠 形旁

5417・小子畬卣・殷

6003・保尊・西周早

按：「望」之初文。

𦣞 形旁

銘文選八八一・中山王嚳方壺・晉・戰國晚

11319・三年脩余令韓譙戈・晉・戰國晚

偏旁	字	類	字形及出處
𦣝	㕛	形旁	 3904・小子㕛簋・殷
	䜌	形旁	 8885・䜌作父丙爵・西周早  2060・䜌鼎・西周
臤	賢	聲旁	 4104・賢簋・西周中
	孯	聲旁	 銘文選八八一・中山王嚳方壺・晉・戰國晚
厄	䁗	聲旁	 銘文選八八二・䖒盗壺・晉・戰國晚
殳	㱿	形旁	 9161・亞磬斝・殷
	𣪘	形旁	 11161・新弨戟・戰國
	毆	形旁	 4265・格伯簋・西周中  新收1203・曾伯陭鉞・西周晚或春秋早  12108・新郪虎符・秦・戰國晚

敗	形旁	 圖像19182・噩君啓舟節・楚・戰國	
毅	形旁	 4035・伯吉父簋・西周晚	
段	形旁	 5863・段金鷊尊・西周中	
𣪕	形旁	 4093・伯椃虘簋・西周晚	
𣪘	形旁	 3904・小子𣪘簋・殷	 3500・作祖戊簋・西周早
		 3552・叔虢簋・西周中	 4338・頌簋蓋・西周晚
		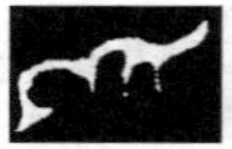 4428・滕侯穌盨・滕・春秋早	 金文通鑒4056・仲姜簋・芮・春秋早
毇	形旁	 5769・毇由方尊・西周早	

字	偏旁	字形	出處
⿰米殳	形旁		近出二438・二式𤞞簋器・西周中
			2494・杞伯每亡鼎・杞・西周晚或春秋早
婞	形旁		592・伯斡鬲・春秋早
解	形旁		2345・般子作宮團宮鼎・西周早
⿰⿱士皿殳	形旁		6456・伯作姬觶・西周中
縷	形旁		10173・虢季子白盤・虢・西周晚

對

字	偏旁	字形	出處
⿰⿱丵貝寸	聲旁		4302・录伯𢦚簋蓋・西周中

寺

字	偏旁	字形	出處
邿	聲旁		2602・邿伯祁鼎・邿・春秋早
時	聲旁		近出二423・秦子簋・春秋

尃

敷	亦聲	 34・董武鐘・戰國	
博	聲旁	 4322・㦰簋蓋・西周中	
		 4313・師寰簋蓋・西周晚	 近出19・子犯編鐘二・春秋中
轉	聲旁	 4302・录伯㦰簋蓋・西周中	 4318・三年師兌簋・西周晚
厚	聲旁	 4237・臣諫簋・西周中	
磚	聲旁	 10173・虢季子白盤・虢・西周晚	
載	聲旁	 4329・不其簋蓋・西周晚	
鎛	聲旁	 140・邾公孫班鎛・邾・春秋晚	 10917・鑞鎛戈・楚・戰國早

寸

轉 聲旁

10055・轉作寶艦盤・西周早

4468・師克盨蓋・西周晚

陣 聲旁

2836・大克鼎・西周晚

寺 形旁

157・屭羌鐘・晉・戰國早

11533・武庫矛・戰國晚

紂 聲旁

銘文選八八一・中山王嚳方壺・晉・戰國晚

2590・十三年上官鼎・晉・戰國晚

皮

被 聲旁

12108・新郪虎符・秦・戰國晚

坡 聲旁

古文字學論稿20頁圖一・工尹坡盞・春秋晚

10478・兆域圖銅版・晉・戰國晚

陂 聲旁

2790・微縊鼎・西周晚

鈹 聲旁

文物2011年9期・我自鑄銅鈹・春秋晚或戰國早

11686・五年邦司寇劍・晉・戰國

攴

敕

形旁

4315・秦公簋・秦・春秋早

10371・陳純釜・齊・戰國

祭

形旁

6513・徐王義楚觶・徐・春秋晚

10008・欒書缶・楚・戰國

毆

形旁

2811・王子午鼎・楚・春秋中或晚

段

形旁

11680・八年建信君鈹・晉・戰國晚

敓

形旁

11718・姑發𦎫反劍・吳・春秋晚

敾

形旁

4462・癲盨・西周中

攺

形旁

5952・叀啓諆父甲尊・西周早

9585・芮伯壺・西周中

啟

形旁

3906・攸簋・西周早

敬 形旁

5429・叔䢅父卣・西周早

4288・師酉簋・西周中

4280・元年師旋簋・西周晚

262・秦公鐘・秦・春秋早

近出71・王孫誥編鐘十二・楚・春秋晚

⿰鬳攴 形旁

10171・蔡侯盤・蔡・春秋晚

⿰爿攴 形旁

金文通鑒14036・僉父瓶・小邾・春秋早

曼 形旁

2838・曶鼎・西周中

10169・吕服余盤・西周中

4325・師嫠簋・西周晚

新收1874・虎簋蓋・西周晚

⿰鳥攴 形旁

5985・鳴士卿尊・西周早

攸	形旁		1971・攸作旅鼎・西周早		4290・師酉簋・西周中
𢾊	形旁		10371・陳純釜・齊・戰國		
寇	形旁		2838・曶鼎・西周中		4295・揚簋・西周晚
敺	形旁		2835・多友鼎・西周晚		
𢾫	形旁		4330・沈子它簋蓋・西周早		
𢿣	形旁		新收1737・滎陽上官皿・晉・戰國		
鈙	形旁		近出二925・蘇公盤・西周		
𢻱	形旁		4931.1・𢻱父乙卣・殷		

效

形旁

10176・散氏盤・西周晚

毀

形旁

6001・小子生尊・西周早

鼓

形旁

6044・鼓觶・殷

近出67・王孫誥編鐘八・楚・春秋晚

敍

形旁

10391・徐令尹者旨䵼盧・徐・春秋

𣪕

形旁

5957・𣪕嚴作父乙尊・西周早

近出600・𣪕嚴作父乙卣・西周早

歐

形旁

4245・三兒簋・徐・春秋

2228・中歐鼎・秦・戰國早

赦

形旁

10285・𠑇匜・西周晚

11689・十七年春平侯鈹・戰國晚

敄

形旁

6474・敄作父癸觶・殷

944・作册般甗・西周早

		2841・毛公鼎・西周晚		4183・上鄀公敄人簋蓋・楚・春秋早
		銘文選八八一・中山王嚳方壺・晉・戰國晚		
效 形旁		3823・效父簋・西周早		5372・異卣・西周中
		2841・毛公鼎・西周晚		4340・蔡簋・西周晚
⿸厂⿰未攴 形旁		近出二458・敻公盨・西周中		4313・師寰簋蓋・西周晚
⿰豐攴 形旁		49・戲狄鐘・西周中或晚		近出0108・逑編鐘三・西周晚
⿰止攴 形旁		近出51・𪒠編鐘（一）・楚・春秋晚		
夏 形旁		9034・癸旻爵・西周早		

敳 形旁

10322・永盂・西周中

救 形旁

10218・周窒匜・西周晚

37・秦王鐘・秦・春秋晚

曼 形旁

考古學報 2018 年 2 期・鳥形盉・西周中

戲 形旁

9024・戲父癸爵・西周早

般 形旁

944・作册般甗・殷

9299・般觥・西周早

考古學報 2018 年 2 期・鳥形盉・西周中

圖像續 940・艿盤・西周晚

10116・魯司徒仲齊盤・魯・春秋早

近出 1009・郜公典盤・郜・春秋中

第四螭 116 頁・宋君夫人鼎蓋・宋・春秋晚

⿰能攴

形旁

10175・史牆盤・西周中

敷

形旁

34・董武鐘・戰國

⿰夫攴

形旁

1979・⿰夫攴作旅鼎・西周早

11136・蔡仲戈・春秋晚

㪔

形旁

9697・散車父壺・西周中

3886・散車父簋・西周晚

⿰亻⿰朩攴

形旁

3544・仲⿰亻⿰朩攴簋・西周早

⿰馬攴

形旁

11324・廿五年戈・晉・戰國

⿰⿱罒婁攴

形旁

銘文選八八一・中山王響方壺・晉・戰國晚

10008・欒書缶・楚・戰國

敗

形旁

管子學刊 2015 年 3 期・申簋・西周早

4216・五年師旋簋・西周晚

敶 形旁

3815・陳侯簋・西周晚

3903・陳侯作嘉姬簋・陳・春秋早

中原文物2012年5期20頁圖二・陳侯之孫宋兒鼎・春秋中

妓 聲旁

2744・仲師父鼎・西周晚

弢 形旁

新收0593・亙弢方簋・西周早

174・鄘叔之仲子平鐘・莒・春秋晚

更

便 聲旁

10285・儩匜・西周晚

騂 聲旁

2808・大鼎・西周中

攸

誂 聲旁

新收1957・窒叔簋・西周中

鋚 聲旁

182・徐王子旊鐘・徐・春秋

卜

字	偏旁	字形	出處
䭐	聲旁		銘文選八八〇・中山王嚳鼎・晉・戰國晚
⿱攸隹	聲旁		6372・鳶分父甲觶・西周早
脩	聲旁		9939・脩武府栝・秦・戰國晚
焂	聲旁		6193・焂作觶・西周早
			近出347・焂戒鼎・西周晚
			10176・散氏盤・西周晚
鋚	聲旁		4302・录伯戜簋蓋・西周中
			2835・多友鼎・西周晚
			9712・曾伯陭壺・曾・春秋
貞	形旁		10176・散氏盤・西周晚

用

外

形旁

2186·外叔鼎·西周早或中

4273·静簋·西周中

2841·毛公鼎·西周晚

近出28·戎生編鐘二·晉·西周晚或春秋早

74·敬事天王鐘·楚·春秋晚

96·臧孫鐘·吴·春秋晚

銘文選八八一·中山王譽方壺·晉·戰國晚

420·□外卒鐸·燕·戰國

辻

聲旁

中原文物2009年3期11頁圖二·鄢夫人嬭鼎·楚·春秋晚

考古2014年7期·曾旨尹𨱑缶·曾·戰國中

考古2014年07期·曾侯丙缶耳·曾·戰國中

庸

聲旁

復旦網2014年7月29日·𨔶尊·殷

4261·天亡簋·西周早

4321·訇簋·西周晚

銘文選八八二·𡥜蚉壺·晉·戰國晚

甫

⿰用戈 聲旁

4554・伯勇父簠・西周晚

2520・鄭勇句父鼎・鄭・春秋早

⿰月戈 聲旁

11173・曾侯乙三戈戟・曾・戰國早

莆 聲旁

近出1177・十八年莆坂令戈・晉・戰國晚

尃 聲旁

2739・塱方鼎・西周早

近出二458・燮公盨・西周中

10285・儼匜・西周晚

261・王孫遺者鐘・楚・春秋晚

2794・楚王酓忎鼎・楚・戰國晚

俌 聲旁

銘文選八八〇・中山王譽鼎・晉・戰國晚

⿱竹甫 聲旁

4681・微伯瘐簠・西周中

文物2014年1期・宋公豳簠・宋・春秋晚

鋪 聲旁

2779・師同鼎・西周晚

⿵冂甫 聲旁

新收 857・晉侯䩱鋪・西周晚

圃 聲旁

3990・亞鄧父乙簋・殷

4402・圃盨・西周晚

郙 聲旁

11611・郙王劍・吕・春秋

⿰甫頁 聲旁

328・曾侯乙鐘(中三8)・曾・戰國早

匍 聲旁

2837・大盂鼎・西周早

10175・史牆盤・西周中

商周金文編 625・四十三年逑鼎丙・西周晚

268・秦公鎛・秦・春秋早

豧 聲旁

4618・樂子簠・宋・春秋晚

字頭	字	構形	字形	出處	字形	出處
葡	輔	聲旁		4325・師嫠簋・西周晚		銘文選八八一・中山王譽方壺・晉・戰國晚
	備	聲旁		10169・呂服余盤・西周中		4282・元年師旋簋・西周晚
				9730 洹子孟姜壺・齊・春秋		銘文選八八〇・中山王譽鼎・晉・戰國晚
爻	較	聲旁		4468・師克盨蓋・西周晚		
	㪣	聲旁		4420・㪣孟延盨蓋・西周中		
	效	亦聲		10176・散氏盤・西周晚		
爾	覼	聲旁		5311・覼作父戊卣・西周早		
	敵	聲旁		4569・郜公簠蓋・郜・春秋早		

⿱日爾

彌 聲旁  10175・史牆盤・西周中  2833・禹鼎・西周晚	⿰弓⿱日爾 聲旁  4198・蔡姞簋・西周晚   271・𪓰鎛・齊・春秋中或晚

商周金文偏旁譜　卷四

目

旻	形旁	 9034・癸旻爵・西周早	
眂	形旁	 2695・員方鼎・西周中	 2773・信安君鼎・晉・戰國晚
		 10478・兆域圖銅版・晉・戰國晚	 9449・卅五年盉・戰國
盱	形旁	 9715・杕氏壺・晉・春秋晚	
睘	形旁	 5407・作册睘卣・西周早	 4326・番生簋蓋・西周晚
		 新收 1484・春成侯盉・晉・戰國晚	 10414・從睘小器・燕・戰國
眗	形旁	 新收 1567・榮仲方鼎・西周早	 2414・伯眗鼎・西周

相	形旁	 5147・亞虎桓父乙卣・殷	 6002・作册旂尊・西周早
		 9733・庚壺・齊・春秋晚	 144・越王者旨於賜鐘・楚・戰國早
		 金文通鑒2327・相室郭翠鼎・晉・戰國中	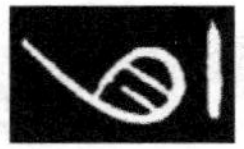 銘文選八八一・中山王嚳方壺・晉・戰國晚
		 故宫文物月刊272期（2005年）・元年安平相邦戈・戰國晚	
賜	形旁	 6004・召尊・西周早	 金文通鑒5662・𩫯盨・西周中
		 10173・虢季子白盤・虢・西周晚	 4632・曾伯霥簠・曾・春秋早
		 11311・越王者旨於賜戈・越・春秋晚	 11310・越王者旨於賜戈・越・春秋晚
眚	形旁	 5394・小子省卣器・殷	 7234・省作父丁觚・西周早

		 4276・豆閉簋・西周中	 4295・揚簋・西周晚	 4120・曾仲之孫簋・春秋早
狊	形旁	 7637・昳爵・殷	 4269・縣妃簋・西周中	
		 10175・史墻盤・西周中	 188・梁其鐘・西周晚	
睪	形旁	 195・者𢉅鐘・吴・春秋	 287・曾侯乙鐘(下一 2)・曾・戰國早	
		 山東金文 213 頁・宋左大師鼎・宋・戰國		
瞥	形旁	 近出二 1223・廿四年言令州瓔戈・戰國晚	 11554・七年鄭令矛・晉・戰國晚	
𥄎	形旁	 2824・𢦚方鼎・西周中	 4273・靜簋・西周中	
䀟	形旁	 4330・沈子它簋蓋・西周早		

罠 形旁

5957 · 𣪘戲作父乙尊 · 西周早

受 形旁

近出 179 · 受鼎 · 殷晚

6936 · 受□觚 · 殷

4984 · 父辛卣蓋 · 西周早

冒 形旁

近出 352 · 冒鼎 · 西周中

鞄 形旁

10442 · 十四𣎆銅犀 · 晉 · 戰國晚

胄 形旁

2816 · 伯晨鼎 · 西周中或晚

4532 · 胄簋 · 西周晚

眾 形旁

2838 · 曶鼎 · 西周中

4313 · 師寰簋 · 西周晚

江漢考古 2014 年 4 期 · 曾侯與編鐘 M1.1 · 曾 · 春秋晚

11758 · 中山侯鉞 · 晉 · 戰國中

銘文選八八〇・中山王譽鼎・晉・戰國晚

10372・郾侯脮戈・秦・戰國

相

想 聲旁

新收534・鄀祓想簠・楚・春秋晚

湘 聲旁

圖像19182・噩君啓舟節・楚・戰國

睘

⿰睘殳 聲旁

5957・⿰睘殳嚴作父乙尊・西周早

近出600・⿰睘殳嚴作父乙卣・西周早

環 聲旁

2841・毛公鼎・西周晚

鐶 聲旁

10379・郳子環權・戰國晚

䣶 聲旁

11213・洓䣶戈・晉・戰國

繯 聲旁

近出1181・七年大梁司寇綬戈・晉・戰國晚

䀠	瞏	形旁	 4298・大簋蓋・西周晚	
苜	蔑	聲旁	 5417・小子𧊒卣・殷	 5415・保卣蓋・西周早
			 2721・𢼛鼎・西周中	 189・梁其鐘・西周晚
			 2237・王蔑鼎・戰國晚	
眉	媚	亦聲	 書道全集 17f・子媚簋・殷晚	 1309・子𡛷鼎・殷
			 9784・子媚罍・西周早	
自	𠛓	形旁	 2107・𡨦女方鼎・西周早	
	𪖐	形旁	 528・𪖐鬲・西周早	

白

臭 形旁

4849・子臭卣・殷或西周早

皋 形旁

4343・牧簋・西周中

4469・塱盨・西周晚

銘文選八八〇・中山王譽鼎・晉・戰國晚

柏 聲旁

新收900・叔釗父甗・西周晚

鐘離君柏墓圖三九・童麗君柏編鐘1・鍾離・春秋中晚

考古2009年7期43頁圖二・童麗君簠・鍾離M377內底・鍾離・春秋中晚

近出1102・柏人戈・戰國晚

貟 聲旁

10174・兮甲盤・西周晚

旃 聲旁

9898・吳方彝蓋・西周中

鼻

帛

聲旁

2629・舍父鼎・西周早

2831・九年衛鼎・西周中

4298・大簋蓋・西周晚

196・者滷鐘・吴・春秋

考古與文物 2013 年 1 期 27 頁圖二・二十九年弩磬・戰國晚

980・魚鼎匕・晉・戰國

臬

形旁

銘文選八八一・中山王礜方壺・晉・戰國晚

2098・無斁鼎・楚・戰國晚

拍

聲旁

4644・拍敦・齊・春秋

㚖

聲旁

596・郳㚖鬲・小邾・春秋早

⿰鼻阝

聲旁

289・曾侯乙鐘(下二1)・曾・戰國早

魯

櫓 聲旁

9633・陳侯壺・陳・春秋早

者

書 聲旁

4338・頌簋蓋・西周晚

新收1962・頌壺・西周晚

剳 聲旁

10176・散氏盤・西周晚

都 聲旁

260・㝬鐘・西周晚

271・𬌗鎛・齊・春秋中或晚

10906・中都戈・齊・春秋

11404・十二年上郡守壽戈・秦・戰國晚

11653・廿九年高都令劍・戰國晚

11302・廿九年高都令戈・晉・戰國

䐗 聲旁

914・鑄客甗・戰國晚

褚 聲旁

11345・八年新城大令戈・晉・戰國

字	偏旁	字形	出處	字形	出處
⿰韋者	聲旁		近出22·子範編鐘五·晉·春秋中		225·郘鱉鐘·晉·春秋晚
者	聲旁		新收757·逨盤·西周晚		11394·十三年相邦義戈·戰國
豬	聲旁		1374·廿七年上守趞戈·秦·戰國		
奢	聲旁		4088·奢簋·西周早		4539·奢虎簠·春秋早

皕

字	偏旁	字形	出處	字形	出處
⿱聿皕	聲旁		銘文選一四二·作册益卣·西周早		新收1554·任鼎·西周中
			2835·多友鼎·西周晚		

羽

字	偏旁	字形	出處	字形	出處
翚	聲旁		287·曾侯乙鐘(下一2)·曾·戰國早		340·曾侯乙鐘(上二4)·曾·戰國早
翟	形旁		2473·史喜鼎·西周		

翏

字	偏旁	字形	出處
翟	聲旁		圖像19182・噩君啓舟節・楚・戰國
翠	形旁		11355・十二年趙令戈・晉・戰國早
嫪	形旁		金文通鑑2327・相室郭嫪鼎・晉・戰國中
戮	聲旁		272・叔尸鐘・齊・春秋晚
			285・叔尸鎛・齊・春秋晚
樛	聲旁		11361・四年樛斿戈・秦・戰國晚
瘳	聲旁		11318・三年脩余命韓讙戈・晉・戰國晚
鏐	聲旁		245・邾公華鐘・邾・春秋晚
⿰歹翏	聲旁		銘文選八八〇・中山王嚳鼎・晉・戰國晚

隹

戮 形旁

珍秦（秦銅器篇）43頁·秦政伯喪戈·秦·春秋早

唯 聲旁

5417·小子夆卣·殷

6015·麥方尊·西周早

2824·戜方鼎·西周中

2835·多友鼎·西周晚

2841·毛公鼎·西周晚

近出95·蓬邟編鎛（4）·舒·春秋早

江漢考古2011年4期·𨺡（隨）仲嬭加鼎·隨·春秋中

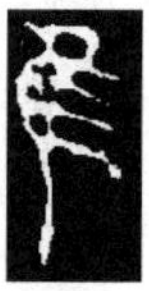

218·蔡侯紐鐘·蔡·春秋晚

新收1870·越王州句劍·戰國早

上博8期·郾王職壺·燕·戰國

隻 形旁

殷新107·亞隻簋·殷晚期

5083·隻婦父庚卣蓋·殷

5194·師隻卣蓋·西周早

4322·戜簋器·西周中

			2794・楚王酓忎鼎・楚・戰國晚		
趡	聲旁		9817・趡作父戊罍・西周早		
雒	形旁		4380・周鴾盨・西周晚		
翟	形旁		2473・史喜鼎・西周		
雀	形旁		5162・亞雀父己卣・西周早		近出 1048・邢叔杯・西周中
雗	形旁		2205・鵫宔父鼎・西周		153・許子盟鎛・春秋
雜	形旁		2195・伯遲父鼎・西周中		2452・吳買鼎・春秋
琟	形旁		3950・鴻叔簋・西周早		10176・散氏盤・西周晚

雞	㲉	脽	锥	雉	雀	奞	難
形旁	聲旁	形旁	形旁	形旁	形旁	形旁	形旁

近出 602・雞卣・西周早	3730・季㲉簋・西周中	707・魯宰駟父鬲・魯・春秋早	10342・晉公盆・晉・春秋	260・㝬鐘・西周晚	6372・雀分父甲觶・西周早	8283・鬲奞爵・殷	9713・殳季良父壺・西周晚

						3669・鄂季奞父簋・西周早	近出 1009・郜公典盤・郜・春秋中

		近出99・𩵦編鎛（二）・楚・春秋晚
		銘文選八八〇・中山王嚳鼎・晉・戰國晚
售 形旁		10409・雍鋪首・晉・戰國晚
[隹臼] 形旁		11093・雍王戈・燕・戰國
脽 聲旁		11402・柭里瘟戈・燕・戰國晚
		圖像19182・噩君啓舟節・楚・戰國
[米隹] 聲旁		4628・伯公父簠・西周晚
顀 形旁		2841・毛公鼎・西周晚
雖 聲旁		6011・盠駒尊・西周中
		新收1323・駒壺・戰國
雅 聲旁		9558・雅子斝壺・戰國早
焦 形旁		10583・匽侯載器・燕・戰國

字	偏旁	字形	出處
集	形旁		8696・集父癸爵・西周早
			2841・毛公鼎・西周晚
淮	聲旁		新收1961・录㦰卣・西周中
婎	聲旁		394・𦾔𠴲鐃・殷
維	聲旁		11565・廿三年司寇矛・晉・戰國
錐	聲旁		2750・上曾大子鼎・曾・春秋早

隼

字	偏旁	字形	出處
[illegible]	形旁		2739・塱方鼎・西周早

萑

字	偏旁	字形	出處
蒦	亦聲		銘文選八八〇・中山王譽鼎・晉・戰國晚

雀

字	偏旁	字形	出處
雀又	形旁		鐘離君柏墓・童麗公戈・鍾離・春秋中或晚
			2782・哀成叔鼎・晉・春秋晚

隻

奪 形旁

5331・奪作父丁卣・西周早

愯 聲旁

8877・愯作父乙爵・西周早

焦

⿰米焦 形旁

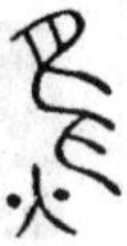

4627・弭仲簠・西周晚

譙 聲旁

11317・三年脩余令韓讎戈・晉・戰國晚

11318・三年脩余令韓讎戈・晉・戰國晚

嫶 聲旁

新收 1487・韓氏私官鼎・晉・戰國

集

⿰食集 聲旁

新收 41・曶叔奐父盨・西周晚

雁

膺 聲旁

339・曾侯乙鐘(上二3)・曾・戰國早

⿰雁阝 聲旁

289・曾侯乙鐘(下二1)・曾・戰國早

雔

⿱雔心 形旁

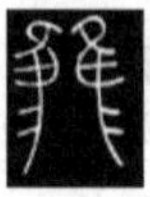

5362・⿱雔心卣・殷

3606・⿱雔心作文父日丁簋・西周早

售		集		𠍤	雥		
奮		亼集	雧	𠍤	𩆶	靃	𩀱
聲旁		聲旁	形旁	形旁	形旁	形旁	聲旁

2803・令鼎・西周早	2298・鑄客爲集脰鼎(蓋)・楚・戰國晚	2623・楚王酓脡鼎・楚・戰國晚	6450・小集母乙觶・殷	近出605・𠍤卣・西周早	10270・叔男父匜・西周晚	文博2014年6期・殺簋・西周中	4466・鬲从盨・西周晚

售

戲 聲旁  銘文選八八〇・中山王嚳鼎・晉・戰國晚	鄉 聲旁  11264・十八年鄉左庫戈・晉・春秋	癰 聲旁 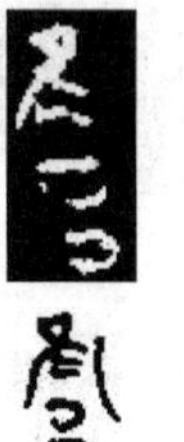 11306・廿一年啓封令癰戈・晉・戰國	饔 聲旁  10112・伯碩贅盤・西周晚  2493・鄭饔原父鼎・鄭・春秋早	鐳 聲旁  192・梁其鐘・西周晚	䜗 聲旁  2531・雍伯鼎・西周早  2721・寓鼎・西周中	雝 聲旁  3568・雍姒簋・西周早	灉 聲旁  260・㝬鐘・西周晚  2841・毛公鼎・西周晚

翟

濯 聲旁

10978・右濯戈・戰國早

⿺走瞿 聲旁

2841・毛公鼎・西周晚

瞿

懼 聲旁

銘文選八八〇・中山王嚳鼎・晉・戰國晚

⿱濉皿 聲旁

6015・麥方尊・西周早

5308・盨作父甲卣・西周早

⿰⿱水目隹

⿰⿱水目隻 聲旁

4317・㝬簋・西周晚

⿰⿱水目隹 聲旁

266・秦公鐘・秦・春秋早

11342・廿一年相邦冉戈・秦・戰國晚

11019・雍之田戈・晉・春秋

近出30・戎生編鐘四・晉・西周晚或春秋早

萑

鑺 聲旁

424・姑馮昏同之子句鑃・越・春秋晚

趯 聲旁

5428・叔趯父卣・西周早

5429・叔趯父卣・西周早

4004・叔多父簋・西周晚

4006・叔多父簋・西周晚

觀 聲旁

2076・觀戲鼎・西周

銘文選八八一・中山王礜方壺・晉・戰國晚

蔑

⿰禾蔑 聲旁

5426・庚嬴卣蓋・西周早

4194・友簋・西周中

10161・免盤・西周中

羊

祥 聲旁

新收1781・陳逆簠蓋・齊・戰國早

牢 形旁

7516・牢爵・殷

羋
形旁

4165・大簋・西周中

196・者𨽍鐘・吳・春秋

譱
形旁

2806・大鼎・西周中

2799・小克鼎・西周晚

2825・膳夫山鼎・西周晚

4304・此簋器・西周晚

4149・膳夫梁其簋・西周晚

2602・郜伯祀鼎・郜・春秋早

174・鄘叔之仲子平鐘・莒・春秋晚

4691・魯大司徒厚氏元簠・魯・春秋

羖
形旁

4931.1・羖父乙卣・殷

羔
形旁

9091・索諆爵・西周早

9726・三年㾜壺・西周中

美
形旁

9087・美爵・西周早

銘文選八八一・中山王譽方壺・晉・戰國晚

羍	聲旁		10350・羍氏簷鑰・西周晚		
羝	形旁		2831・九年衛鼎・西周中		
辜	形旁		金文通鑒 19026・辜車器・殷晚		近出二 436・一式𣪘簋・西周中
			4328・不其簋・西周晚		近出 1130・淳于左造戈・淳于・春秋早
			新收 1627・益余敦・春秋中		4645・齊侯作孟姜敦・齊・春秋晚
			11124・辜于公戈・淳于・春秋晚		4638・齊侯敦・齊・春秋
羕	聲旁		5811・羕史尊・西周早		近出 96・遷邟鉦鐘（3）・舒・春秋早
			圖像 3036・競孫旟也鬲・楚・春秋晚		4616・許子妝簠・許・春秋

		 4096・陳逆簋・齊・戰國早	 銘文選八八一・中山王𰯼方壺・晉・戰國晚
鮮	形旁	 2143・鮮父鼎・西周早	 10166・鮮簋・西周中
		 4361・伯鮮盨・西周晚	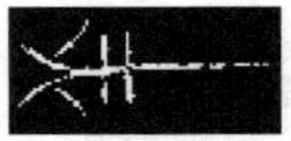 銘文選八八二・好盗壺・晉・戰國晚
姜	聲旁	 1710・婦姘告鼎・殷	 9408・魯侯盉蓋・西周早
		 2191・王作仲姜鼎・西周中	 606・王伯姜鬲・西周晚
		 660・鄭羌伯鬲・鄭・春秋早	 271・𬯀鎛・齊・春秋中或晚
		 10318・齊侯盂・齊・春秋晚	 金文通鑒19232・叔子穀戟・戰國早
義	形旁	 近出843・子義爵・殷晚	 6015・麥方尊・西周早

4171・瘨簋蓋・西周中

9964・仲義父鑷・西周晚

269・秦公鎛・秦・春秋早

271・黏鎛・齊・春秋中或晚

6513・徐王義楚觶・徐・春秋晚

絴 聲旁

近出219・絴葡鼎・殷晚

1405・亞絴鼎・殷

羞 形旁

近出二1325・羞斧・殷晚期

1072・羞方鼎・殷

1770・羞鼎・西周中

新收890・楊姞壺・西周晚

691・魯伯愈父鬲・魯・春秋早

近出21・子犯編鐘四・晉・春秋中

詳 聲旁

銘文選八八〇・中山王礐鼎・晉・戰國晚

享

⿰金羊 聲旁

上博8期・亢鼎・西周早

敦 聲旁

10371・陳純釜・齊・戰國

匡

⿰爿匡 聲旁

2546・輔伯⿰爿匡父鼎・西周晚

美

⿰阝美 聲旁

10176・散氏盤・西周晚

鳥

鸞 形旁

4057・叔鄂父簋・西周晚

鳩 形旁

303・曾侯乙鐘(中一6)・曾・戰國早

314・曾侯乙鐘(中二6)・曾・戰國早

鳴 形旁

6034・鳴觶・殷

上博11期・楚大師登編鐘2・楚・春秋早

261・王孫遺者鐘・楚・春秋晚

字頭	字	偏旁	字形	出處
	䳐	形旁		4330・沈子它簋蓋・西周早
	嚮	形旁		近出96・遷邟鈕鐘（3）・舒・春秋早
鳴	鳷	聲旁		5985・鳴士卿尊・西周早
烏	顧	形旁		4330・沈子它簋蓋・西周早
				銘文選八八一・中山王嚳方壺・晉・戰國晚
畢	戰	聲旁		4330・沈子它簋蓋・西周早
冓	顜	聲旁	 	2831・九年衛鼎・西周中
				9713・殳季良父壺・西周晚
爯	偁	聲旁		2662・或者鼎・西周中
幺	幼	亦聲		2833・禹鼎・西周晚

丝

字	類	字形	出處	字形	出處
亂	形旁		4075・𨚕簋・西周晚		262・秦公鐘・秦・春秋早
			銘文選八八二・好盗壺・晉・戰國晚		
畜	形旁		265・秦公鐘・秦・春秋早		10008・欒書缶・楚・戰國
幽	亦聲		5344・盠司徒幽卣・西周早		5917・盠司徒幽尊・西周早或中
			10175・史墻盤・西周中		近出490・宰獸簋・西周晚
慈	聲旁		銘文選八八一・中山王嚳方壺・晉・戰國晚		

幽

字	類	字形	出處	字形	出處
學	聲旁		銘文選八八〇・中山王嚳鼎・晉・戰國晚		
曾	聲旁		近出二1223・廿四年㕣令州㛤戈・戰國晚		11554・七年鄭令矛・晉・戰國晚

叀

遷 聲旁

12098・王命龍節・戰國

使 聲旁

考古學報 2018 年 2 期・鳥形盉・西周中

專 聲旁

1100・專鼎・殷

363・□鐃・殷

惠 聲旁

9456・裘衛盉・西周中

4317・㝬簋・西周晚

261・王孫遺者鐘・楚・春秋晚

銘文選八八一・中山王嚳方壺・晉・戰國晚

僡 聲旁

10176・散氏盤・西周晚

玄

玆 形旁

近出 1044・鄭玆盒・戰國晚

妶 聲旁

近出 623・弔妶父己尊・西周早

予

鉉 聲旁

427・配兒鉤鑃・吳・春秋晚

舒 亦聲

近出1179・十一年皐落戈・楚・戰國晚

字 聲旁

圖像2387・春平相邦葛得鼎・晉・戰國晚

按：讀爲「序」。

山東金文741頁・齊宮銅量大・齊・戰國

敖

熬 聲旁

671・兮熬壺・西周晚

受

受 形旁

近出179・受鼎・殷晚

6936・受𠀀觚・殷

4984・𢀖父辛卣蓋・西周早

㝵 形旁

5997・商尊・西周早

近出二433・羚簋・西周中

				4249・楚簋・西周晚		9648・四升㔾客方壺・晉・戰國
	再	形旁		2773・信安君鼎・晉・戰國晚		
寽	鄅	聲旁		11360・元年鄅令戈・晉・戰國晚		
	虢	形旁		9727・三年瘐壺・西周中	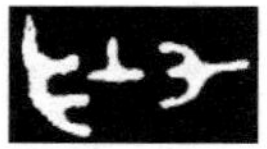	10307・虢叔盂・西周中
			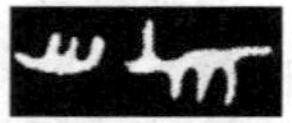	4498・虢叔作叔殷穀簠蓋・西周晚		5914・虢叔尊・西周晚
				2599・鄭虢仲鼎・春秋早		
				梁帶彩版一七六第3圖・虢季鼎・春秋早		
爭	靜	聲旁		4273・靜簋・西周中		2835・多友鼎・西周晚

		267・秦公鎛・秦・春秋早 10361・國差罎・齊・春秋
		4315・秦公簋・秦・春秋早
爰	𤔔 形旁	10175・史牆盤・西周中
	𤔲 形旁	246・瘓鐘・西周中 商周金文編624・四十三年逑鼎乙・西周晚
𤔑	嚻 聲旁	近出二587・五年琱生尊甲・西周晚
	𤔲 形旁	2837・大盂鼎・西周早 4276・豆閉簋・西周中
		2841・毛公鼎・西周晚 10116・魯司徒仲齊盤・魯・春秋早
受	綬 聲旁	10175・史牆盤・西周中

歺

列 聲旁

近出40・晉侯蘇編鐘六・西周晚

奴 形旁

6015・麥方尊・西周早

死 形旁

2837・大盂鼎・西周早

4222・追簋蓋・西周中

9731・頌壺・西周晚

圖像續432・賈叔簠・春秋早

271・𩛥鎛・齊・春秋中或晚

銘文選八八一・中山王嚳方壺・晉・戰國晚

殍 形旁

銘文選八八〇・中山王嚳鼎・晉・戰國晚

㱉 形旁

銘文選八八二・妤𧊒壺・晉・戰國晚

偏旁	字	類	字形	出處	字形	出處
肖	宵	聲旁		10544・宵作旅彝器・西周早		
	趙	聲旁		11719・叔趙父禹・西周中或晚		9679・趙孟庎壺・晉・春秋晚
冎	虢	聲旁		2831・九年衛鼎・西周中		
	過	聲旁		8991・過伯作彝爵・西周早		3907・過伯簋・西周早
骨	滑	聲旁		1947・滑庎鼎・晉・戰國晚		
肉	祭	形旁		2473・史喜鼎・西周		6513・徐王義楚觶・徐・春秋晚
				銘文選八八一・中山王嚳方壺・晉・戰國晚		10008・欒書缶・楚・戰國
	胤	形旁		4075・遣簋・西周晚		262・秦公鐘・秦・春秋早

銘文選八八二・好蚉壺・晉・戰國晚

盌 形旁

考古學報2018年1期・霸伯方簋・西周中

[illegible] 形旁

近出1168・郾左戈・齊・戰國早

11815・齊城右造刀・齊・戰國晚

有 形旁

9091・索諆爵・西周早

10175・史牆盤・西周中

2631・南公有司鼎・西周晚

2805・南宮柳鼎・西周晚

267・秦公鎛・秦・春秋早

文物2014年1期・宋公𦡞鼎・宋・春秋晚

122・者沪鐘・楚・戰國早

4649・陳侯因資敦・齊・戰國晚

夗 形旁

商周金文編626・四十三年逨鼎丁・西周晚

膚 形旁	 5950・引尊・西周早或中	 2831・九年衛鼎・西周中
	 156・能原鎛・越・春秋晚	 4605・嘉子伯昜簠・春秋晚
	 新收 975・玄膚戈・春秋	 11358・羕陵公戈・楚・戰國
胃 形旁	 11697・少虡劍・晉・春秋晚	
資 形旁	 4649・陳侯因資敦・齊・戰國晚	
脽 形旁	 11402・柭里瘟戈・燕・戰國晚	
贛 形旁	 新收 1627・益余敦・春秋中	 4645・齊侯作孟姜敦・齊・春秋晚
胡 形旁	 11712・七年陽安君鈹・晉・戰國晚	

脩	形旁	 9939・脩武府梧・秦・戰國晚	
齎	形旁	 中原文物 2009 年 3 期 11 頁圖二・鄬夫人孀鼎・楚・春秋晚	
膩	形旁	 銘文選八八一・中山王譽方壺・晉・戰國晚	
肘	形旁	 2481・二年寧鼎・晉・戰國晚	 2746・梁十九年亡智鼎・晉・戰國
然	形旁	 銘文選八八〇・中山王譽鼎・晉・戰國晚	
脰	形旁	 新收 501・曾大師奠鼎・曾・春秋晚	 2297・鑄客爲集脰鼎(蓋)・楚・戰國晚
		 10577・鑄客爲集脰器・楚・戰國晚	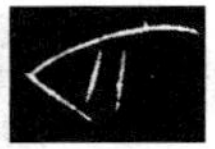 2623・楚王酓朏鼎・楚・戰國晚
[illegible]	形旁	 考古 2014 年 7 期・曾𦎫公臣鼎・曾・戰國中	

胃

肙

胅 形旁

2232・右卜胅鼎・晉・戰國晚

2103・眉胅鼎・晉・戰國

脙 形旁

5421・士上卣・西周早

5365・豚卣・西周中

腴 形旁

2738・蔡大師鼎・蔡・春秋晚

䏶 形旁

圖像續 461・宗人簋・西周中

10172・寰盤・西周晚

膚 聲旁

2590・十三年上官鼎・晉・戰國晚

中國歷史文物 2006 年 2 期・廿三年襄平鼎・戰國

痟 聲旁

4341・班簋・西周中

猒 聲旁

4330・沈子它簋蓋・西周早

2841・毛公鼎・西周晚

272・叔夷鐘・齊・春秋晚

鄁 聲旁

4016・鄁公簋・春秋

刀

謂	聲旁	 銘文選八八一・中山王譻方壺・晉・戰國晚		
班	形旁	 4341・班簋・西周中	 4430・弭叔作叔班盨蓋・西周晚	
		 140・鄀公孫班鎛・鄀・春秋晚		
分	形旁	 6372・鴜分父甲觶・西周早	 3977・己侯貉子簋蓋・西周中	
		 2818・鬲攸从鼎・西周晚	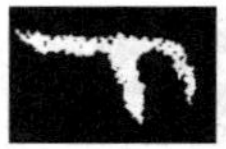 150・鄀公䪫鐘・鄀・春秋晚	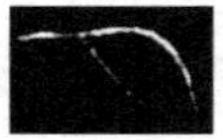 1808・四分鼎・戰國晚
剴	形旁	 717・郳友父鬲・小邾・春秋早		
利	形旁	 2804・利鼎・西周中	 4474・史利簠・西周晚	
		 2750・上曾大子鼎・曾・春秋早	 10812・利戈・齊・春秋晚	

初 形旁

9104・盉爵・西周早

2670・旂鼎・西周早

6516・趩觶・西周中

2765・𧊒鼎・西周中

10175・史牆盤・西周中

4275・元年師[illegible]簋・西周晚

2650・陳侯鼎・陳・春秋早

2715・庚兒鼎・春秋中

53・楚王領鐘・楚・春秋晚

10007・郘伯缶・戰國早

𠟭 形旁

6014・何尊・西周早

10175・史牆盤・西周中

10176・散氏盤・西周晚

9963・黄君孟鐳・黄・春秋早

4528・曾子屖簠蓋・春秋晚

銘文選八八一・中山王嚳方壺・晉・戰國晚

釗	聲旁		新收900・叔父甗・西周晚
剛	形旁		10175・史牆盤・西周中
			10176・散氏盤・西周晚
⿱剛凵	形旁		9033・剛爵・西周早
辨	形旁		3716・辨作文父己簋・西周早
列	形旁		近出40・晉侯蘇編鐘六・西周晚
剢	形旁		圖像2211・伯上父鼎・西周晚
割	形旁		2814・無叀鼎・西周晚
			4443・紀伯子 父盨・紀・春秋
			328・曾侯乙鐘(中三8)・曾・戰國早

魝	形旁		4206 • 小臣傳簋 • 西周早		2789 • 㝬方鼎 • 西周中
[illegible]	形旁		 2072 • 䣙鼎 • 西周早		
割	形旁		10176 • 散氏盤 • 西周晚		
則	形旁		2660 • 辛鼎 • 西周早		新收 1409 • 自鐘 • 楚 • 春秋
[illegible]	形旁		考古學報 2018 年 1 期 • 霸伯方簋 • 西周中		
			10176 • 散氏盤 • 西周晚		銘文選八八二 • 好盗壺 • 晉 • 戰國晚
罰	形旁		2837 • 大盂鼎 • 西周早		2809 • 師旂鼎 • 西周中
刺	形旁		銘文選一四二 • 作册益卣 • 西周早		復旦網 2014 年 6 月 22 日 • 晉公盤 • 晉 • 春秋

⿰自刂	形旁	 2107・寧女方鼎・西周早	
⿰前刂	形旁	 10373・郾客問量・楚・戰國	
⿰豕刂	形旁	 2970・⿰豕刂簋・殷	 4273・靜簋・西周中
㓞	形旁	 2779・師同鼎・西周晚	
㓝	形旁	 10176・散氏盤・西周晚	 10374・子禾子釜・齊・戰國
汈	聲旁	 122・者沪鐘・楚・戰國早	
⿰𣶒刂	形旁	 9091・索諆爵・西周早	
剌	形旁	 5338・剌作兄丁辛卣・殷	 10175・史牆盤・西周中

4459・翏生盨・西周晚

10152・宗婦鄁嫛盤・春秋

123・者沪鐘・楚・戰國早

貂 聲旁

4331・乖伯歸夆簋・西周晚

冶 聲旁

10118・蘇冶妊盤・蘇・春秋

11355・十二年趙令戈・晉・戰國早

10941・冶痍戈・晉・戰國晚

11327・六年格氏令戈・晉・戰國

匄 形旁

5410・啓卣・西周早

6511・曩仲觶・西周中

2630・伯陶鼎・西周中

4317・㝬簋・西周晚

4601・召叔山父簠・鄭・春秋早

	刉	形旁		7614・刉爵・殷		4262・格伯簋蓋・西周中
	𢇍	形旁	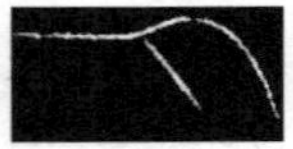	銘文選八八一・中山王譻方壺・晉・戰國晚		
則	側	聲旁		考古學報 2018 年 1 期・霸伯盂・西周中		2814・無叀鼎・西周晚
	測	聲旁		2750・上曾大子鼎・曾・春秋早		
	賊	聲旁		10176・散氏盤・西周晚		
刃	利	形旁		4473・史利簠・西周晚		
	鼎刂	形旁		銘文選八八一・中山王譻方壺・晉・戰國晚		圖像 19182・鄂君啓舟節・楚・戰國
	軔	聲旁		9665・十四朱方壺・戰國早		10441・十四朱銅牛・戰國晚

解	剌	忍	刅 梁	㓫	刑 䎛	型	型
形旁	形旁	聲旁	聲旁	聲旁	聲旁	聲旁	聲旁

銘文選八八一・中山王譽方壺・晉・戰國晚	銘文選八八二・𧊒盗壺・晉・戰國晚	銘文選八八一・中山王譽方壺・晉・戰國晚	2746・梁十九年亡智鼎・晉・戰國	4615・叔家父簠・春秋早	新收1203・曾伯陭鉞・西周晚或春秋早	4642・㺇公孫敦・春秋	銘文選八八二・𧊒盗壺・晉・戰國晚

							銘文選八八〇・中山王譽鼎・晉・戰國晚

㓞

⿱㓞曰 聲旁

4624・邾大宰簠・春秋早

38・⿱㓞曰篙鐘・楚・春秋晚

10391・徐令尹者旨⿱㓞曰盧・徐・春秋

契 形旁

9715・杕氏壺・晉・春秋晚

㓞 形旁

2779・師同鼎・西周晚

丯

⿰丯戈 聲旁

新收525・𨛭子受戟・楚・春秋晚

11181・曾侯邎雙戈戟3・曾・戰國早

11158・平阿左戟・齊・戰國

⿰金丯 聲旁

11214・肵君戟・楚・戰國早

耒

⿱丯耒 形旁

8689・耒父癸爵・殷

3328・𢍜作父己簋・西周早

角

耤 形旁

2803·令鼎·西周早

4343·牧簋·西周中

4257·弭伯師耤簋·西周晚

𧢳 聲旁

新收1737·滎陽上官皿·晉·戰國

𧣴 形旁

9448·十一苿盉·晉·戰國早

觸 形旁

11294·丞相觸戈·秦·戰國

解 形旁

2345·𣪘子作宮團宮鼎·西周早

銘文選八八一·中山王譽方壺·晉·戰國晚

𧤗 形旁

874·解子甗·西周早

衡 形旁

10246·戴伯匜·戴·春秋

字	類別	字形一	出處一	字形二	出處二
⿰角從	形旁		11373・廿一年鄭令戈・晉・戰國		11382・十七年彘令戈・晉・戰國晚
斛	聲旁		2701・公朱左師鼎・晉・戰國晚		
羸	形旁		290・曾侯乙鐘(下二2)・曾・戰國早		近出二1020・曾侯乙鐘架掛件・曾・戰國早
婁	聲旁		3537・伯婁簋・西周早		3911・是婁簋・西周中
			圖像三539・曾伯克父盨乙・春秋早		9452・長陵盉・晉・戰國晚

商周金文偏旁譜　卷五

竹

箭　形旁

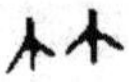

12110・郾王職戈・燕・戰國

笱　形旁

4350・伯笱父盨・西周晚

2513・伯笱父鼎・西周晚或春秋早

節　形旁

銘文選八八一・中山王嚳方壺・晉・戰國晚

12112・噩君啓車節・楚・戰國

筡　形旁

2306・筡鼎・晉・戰國

籥　形旁

近出1177・十八年莆坂令戈・晉・戰國晚

符　形旁

12108・新郪虎符・秦・戰國晚

簡　形旁

新收736・有司簡簋蓋・西周晚

⿱竹外 形旁  銘文選八八一・中山王嚳方壺・晉・戰國晚

笲 形旁 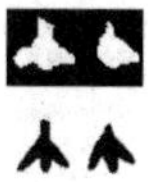 9714・史懋壺・西周中

簟 形旁  2841・毛公鼎・西周晚

⿱竹少 形旁  9580・鑄大□壺・齊・戰國早

 10370・郢大府量・楚・戰國

⿱竹宫 形旁  4037・筥小子簋・西周晚

簷 形旁  2732・鄘大史申鼎・莒・春秋晚

⿱竹甫 形旁  4681・微伯瘨簠・西周中

 文物2014年1期・宋公𪕾簠・宋・春秋晚

⿱竹⿷匚隹 形旁  銘文選八八一・中山王嚳方壺・晉・戰國晚

字	形旁	字形	出處
笭	形旁		6487・征作笭觶・西周早
			4321・訇簋・西周晚
箭	形旁	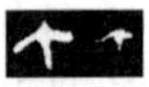	10820・箭戈・齊・春秋
筋	形旁	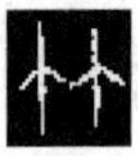	銘文選八八一・中山王嚳方壺・晉・戰國晚
簧	形旁		4317・㝬簋・西周晚
籥	形旁		271・𬶍鎛・齊・春秋中或晚
劉	形旁		318・曾侯乙鐘(中二10)・曾・戰國早
篙	形旁		38・𨸘篙鐘・楚・春秋晚
笉	形旁		文物1985年5期・笉止鼎・戰國

幵

字	偏旁	字形	出處
筹	形旁		12110・郾王職戈・燕・戰國
簾	形旁		10898・[illegible]子戈・滕・春秋晚
笅	形旁	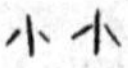	1473・笅佚鼎・戰國
笄	形旁		1799・荓鼎蓋・晉・戰國
[illegible]	聲旁		江漢考古2014年4期・曾侯臧編鐘M1.1・曾・春秋晚
			2611・卅五年鼎・晉・戰國
笄	聲旁		1799・荓鼎蓋・晉・戰國

畀

字	偏旁	字形	出處
萛	聲旁		9083・萛大父辛爵・西周早
			5370・亞束萛卣・西周早
淠	聲旁		2213・孟淠父鼎・西周晚
			11065・[illegible]淠需散戈・齊・春秋早

其

諆

聲旁

9091・索諆爵・西周早

4021・寧簋蓋・西周早

5952・叀啓諆父甲尊・西周早

6515・萬諆觶・西周中

近出二327・柞伯鼎・西周晚

2071・旁肇鼎・西周

古24・與兵方壺・楚・春秋中或晚

4618・樂子簠・宋・春秋晚

㫷

聲旁

圖像5166・有兒簋・陳・春秋早

近出1009・郙公典盤・郙・春秋中

2551・褱鼎・楚・春秋中或晚

期

聲旁

圖像3036・競孫旟也鬲・楚・春秋晚

祺

聲旁

1563・祺父乙鼎・西周早

基	聲旁	 117・子璋鐘・許・春秋晚	
欺	聲旁	 710・仲斯鬲・西周晚	
斯	聲旁	 2833・禹鼎・西周晚	
		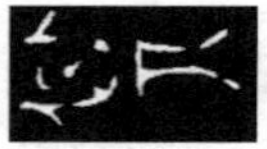 185・余贎徼兒鐘・徐・ 春秋晚	
㠱	聲旁	 2262・䢅作母癸鼎・殷	 3505・亞㠱吳作父乙簋・西周早
		 6511・㠱仲觶・西周中	
		 10240・㠱孟姜匜・西周晚	 4120・旹仲之孫簋・春秋早
		 10211・ 㠱伯寍父匜・春秋	 文博 2008 年 2 期 8 頁圖 13 、封 2.5・衮鼎器・戰國早

左

綨

聲旁

3906・攸簋・西周早

嬰

聲旁

5429・叔趩父卣・西周早

2776・剌鼎・西周中

4328・不其簋・西周晚

269・秦公鎛・秦・春秋早

⿰左犬

聲旁

銘文選八八二・好盗壺・晉・戰國晚

差

形旁

272・叔夷鐘・齊・春秋晚

11289・宋公差戈・齊・春秋晚

10361・國差𦉜・齊・春秋

考古 2014 年 7 期・曾工差臣㐰・戰國中

10158・楚王酓忎盤・楚・戰國晚

11915・悍距末・晉・戰國

着

形旁

2811 王子午鼎・楚・春秋中或晚

差　工

痓 聲旁

11546・七年宅陽令矛・晉・戰國

䡨 聲旁

6010・蔡侯尊・蔡・春秋晚

杠 聲旁

金文通鑒 2997・競之定鬲甲・楚・春秋晚

文物 2008 年 1 期・競之定豆・楚・春秋晚或戰國早

2623・楚王酓朏鼎・楚・戰國晚

攻 聲旁

95・臧孫鐘・吴・春秋晚

巩 亦聲

10175・史牆盤・西周中

2841・毛公鼎・西周晚

琟 聲旁

3950・鴻叔簋・西周早

10176・散氏盤・西周晚

空 聲旁

新收 364・季姬方尊・西周中

2608・十一年庫嗇夫鼎・晉・戰國晚

㠭

寨 形旁

4524・塞簠・西周晚

10276・塞公孫瘖父匜・楚・春秋早

按：「塞」字初文。

矩 亦聲

9412・伯矩盉蓋・西周早

9456・裘衛盉・西周中

圖像 19182・鄂君啓舟節・楚・戰國

江 聲旁

2391・江小仲母生鼎・江・春秋早

79・敬事天王鐘・楚 春秋晚

項 聲旁

古 24・與兵方壺・楚・春秋中或晚

忑 聲旁

銘文選八八〇・中山王譽鼎・晉・戰國晚

9706・孫叔師父壺・邛・春秋

2693・廿三年𩁹朝鼎・晉・戰國

邛 聲旁

4598・曾侯簠・曾・西周晚

圖像續 535・濫（監）盂・春秋中

巫

筮 形旁

近出二1097・塞公屈顙戈・楚・春秋中

9714・史懋壺・西周中

甘

敢 聲旁

2837・大盂鼎・西周早

4252・大師虘簋・西周中

181・南宮乎鐘・西周晚

427・配兒鉤鑃・吴・春秋晚

銘文選八八一・中山王嚳方壺・晉・戰國晚

銘文選八八二・好盗壺・晉・戰國晚

拑 聲旁

9673・寺工師初壺・秦・戰國

曆 形旁

4239・小臣謎簋蓋・西周早

2721・𣪘鼎・西周中

按：本从口旁，加點飾成甘形。

⿱林甘 形旁

4194・友簋蓋・西周中

甚 形旁

6497・甚父戊觶・西周早

近出 504・晉侯𩏂盨・西周晚

旨 形旁

考古 2014 年 7 期・曾旨尹𩰫缶・楚・戰國中

某 形旁

4041・禽簋・西周早

考古學報 2018 年 2 期・鳥形盉・西周中

4285・諫簋・西周晚

曆 形旁

5417・小子𠭰卣・殷

新收 1592・曆簋・西周早

敢

黜 聲旁

近出 102・黜編鎛（五）・楚・春秋晚

厥 聲旁

146・士父鐘・西周晚

復旦網 2014 年 6 月 22 日・晉公盤・晉・春秋

曰

曶 形旁

2330・姞曶母方鼎・西周早

4252・大師虘簋・西周中

2838・曶鼎・西周中

204・克鐘・西周晚

曷

暍 聲旁

2832・五祀衛鼎・西周中

偈 聲旁

6458・叔偈父觶・西周早

渴 聲旁

銘文選八八一・中山王嚳方壺・晉・戰國晚

簮

譖 聲旁

近出30・戎生編鐘四・晉・春秋早

乃

艿 聲旁

陝西金文集成28・昔雞簋・西周早

2809・師旂鼎・西周中

546・姬艿母鬲・西周中或晚

10176・散氏盤・西周晚

丂

萼 聲旁

5977・犅劫尊・西周早

[丂木] 聲旁

2504・作册𬎞鼎・西周早

[曲丂] 形旁

4341・班簋・西周中

63・逆鐘・西周晚

[丂又] 聲旁

6513・徐王義楚觶・徐・春秋晚

[旦丂] 形旁

5409・貉子卣・西周早

4271・同簋・西周中

可 亦聲

9087・美爵・西周早

4324・師嫠簋・西周晚

271・鞄鎛・齊・春秋中或晚

2738・蔡大師鼎・蔡・春秋晚

銘文選八八一・中山王嚳方壺・晉・戰國晚

考 聲旁

9034・癸叜爵・西周早

246・瘋鐘・西周中

訶 聲旁	苛 聲旁	何 聲旁	騁 聲旁		昜 形旁		
 184・余贎徲兒鐘・徐・春秋晚	 9931・秦苛膳勺・秦・戰國晚	 近出1180・宜安戈・秦・戰國晚	 7824・亞騁爵・西周早	 銘文選八八二・好盗壺・晉・戰國晚	 11289・宋公差戈・齊・春秋晚	 245・邾公華鐘・邾・春秋晚  175・鄘叔之仲子平鐘・莒・春秋晚	 4118.2・宴簋・西周晚  2811・王子午鼎・楚・春秋中或晚

可　粤

㓤

[illegible] 形旁		2841・毛公鼎・西周晚
		9516・𫌫孝子壺・晉・戰國
柯 聲旁		新收1484・春成侯盉・晉・戰國晚
考 聲旁		3959・叔角父簋・西周晚
歌 聲旁		新收508・𨜏子受編鐘・楚・春秋晚
阿 聲旁		商周金文編621・四十二年逑鼎甲・西周晚
		11158・平阿左戟・齊・戰國
㴒 聲旁		9733・庚壺・齊・春秋晚
㹢 聲旁		4271・同簋・西周中

奇	崎	聲旁	 考古 2014 年第四期・奇之升鼎・楚・春秋晚
			 考古 2014 年第四期・奇之尊壺・楚・春秋晚
	踦	聲旁	 427・配兒鉤鑃・吴・春秋晚
	盉	聲旁	 4662・㚸方豆・樊・春秋晚
	騎	聲旁	 12091・騎傳侯馬節・燕・戰國
	陭	聲旁	 9712・曾伯陭壺・曾・春秋
	猗	亦聲	 11405・十五年上郡守壽戈・秦・戰國晚　 11363・□年上郡守戈・秦・戰國
兮	羲	聲旁	 9852・亞羲方彝・殷

乎	虖	聲旁	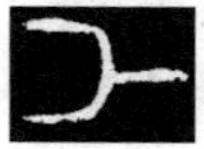 5428・叔趯父卣・西周早	 2824・㦰方鼎・西周中
			 2082・虖北鼎・春秋早	
	虖	聲旁	 2841・毛公鼎・西周晚	 銘文選八八一・中山王𰯌方壺・戰國晚
号	陽	聲旁	 新收 1597・陽仲卣・西周早	
于	玗	聲旁	 5373・𪉡卣・西周	
	芋	聲旁	 江漢考古 2014 年 4 期・曾侯𩵦編鐘 M1.6・曾・春秋晚	
	訏	聲旁	 9715・杕氏壺・晉・春秋晚	
	盱	聲旁	 9715・杕氏壺・晉・春秋晚	

邘 聲旁

11270・非欽戈・戰國早

11335・四年邘令戈・晉・戰國

⿱⿰矢于日 形旁

62・逆鐘・西周晚

10289・智君子鑑・晉・春秋晚

銘文選八八一・中山王嚳方壺・晉・戰國晚

980・魚鼎匕・晉・戰國

⿱亏日 形旁

2746・梁十九年亡智鼎・晉・戰國

⿰龠于 聲旁

近出101・䣄編鎛（四）・楚・春秋晚

盂 聲旁

商周金文編9475・寢小室盂蓋・殷

近出307・盂方鼎・西周早

10306・虢叔盂・西周中

新收669・丹叔番盂・西周晚

海岱37・256・囂所獻盂・春秋晚

4643・王子申盞・楚・春秋

釪 聲旁

考古學報 2018 年 1 期・伯釪鼎・西周中

2358・宋君夫人鼎蓋・宋・春秋晚

5430・繁卣蓋・西周中

911・𢆶仲雩父甗・西周晚

銘文選八八〇・中山王𰯼鼎・晉・戰國晚

雩 聲旁

7746・雩爵・殷

集釋 44 頁・太保盉蓋・西周早

2837・大盂鼎・西周早

玗 聲旁

11207・王子于戈・吴・春秋晚

4611・彭子仲盆・楚・春秋

宇 聲旁

10175・史牆盤・西周中

4317・㝬簋・西周晚

夸 聲旁

791・夸甗・殷

4345・伯夸父盨・西周晚

䙆 聲旁

2216・蔡侯䙆・蔡・春秋晚

吁

竽 聲旁

287・曾侯乙鐘（下一2）・曾・戰國早

河 聲旁

銘文選八八二・好盜壺・晉・戰國晚

旨

嘗 形旁

5433・效卣・西周中

2681・姬鼎・西周晚

10171・蔡侯盤・蔡・春秋晚

4649・陳侯因資敦・齊・戰國晚

䛗 聲旁

9035・伯䛗爵・西周早

洎 聲旁

4071・孟姬洎簋・西周晚

䭫 聲旁

考古2015年4期96頁圖一・䭫鼎・西周早

9726・三年𤼈壺・西周中

4328・不其簋・西周晚

壴　　喜

嚭	憙	譆	𡔷	鼓	徝	喜	
聲旁	亦聲	形旁	形旁	亦聲	聲旁	形旁	
 4331・乖伯歸夆簋・西周晚	 近出 1179・十一年皐落戈・楚・戰國晚	 2841・毛公鼎・西周晚  4328・不其簋・西周晚  274・叔夷鐘・齊・春秋晚	 4503・西替簠・楚・戰國	 326・曾侯乙鐘(中三6)・曾・戰國早	 9647・徝公左師方壺・戰國	 4261・天亡簋・西周早  246・瘐鐘・西周中	 3999・伯喜簋・西周晚  上博 11 期・楚大師登編鐘 9・春秋早

261・王孫遺者鐘・楚・春秋晚

320・曾侯乙鐘(中二12)・曾・戰國早

11351・十六年喜令戈・晉・戰國晚

11523・郾王喜矛・燕・戰國晚

尌 形旁

10056・尌仲作盤・西周早

4124・仲簋蓋・西周晚　按：或認爲从木从寸，豆聲。

彭 形旁

殷新161・彭尊・殷晚

856・彭女甗・殷

1907・彭女鼎・西周早

2612・揚方鼎・西周早

3890・廣簋蓋・西周晚

12113・鄂君啓舟節・楚・戰國

嘉 形旁

3680・伯嘉父簋・西周晚

3903・陳侯作嘉姬簋・陳・春秋早

102・邾公釛鐘・邾・春秋

銘文選八八〇・中山王䰜鼎・晉・戰國晚

鼓	亦聲		金文通鑒 8476・唐鼓爵・殷晚		6500・鼓臺作父辛觶・西周早
		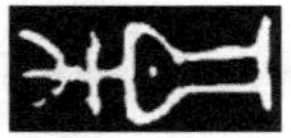	249・㾊鐘・西周中		4324・師嫠簋・西周晚
			上博 11 期・楚大師登編鐘 6・楚・春秋早		近出 67・王孫誥編鐘八・楚・春秋晚
豊	形旁		2625・豊作父丁鼎・西周早		9455・長由盉・西周中
			1805・客豊愆鼎・戰國晚		
豐	形旁	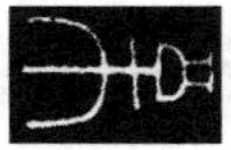	5357・㝨季遽父卣・西周早	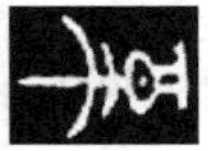	246・㾊鐘・西周中
			4280・元年師旋簋・西周晚		3923・豐井叔簋・西周晚
豐	形旁		2152・豐公鼎・西周早		考古 2010 年 08 期 33 頁圖八：1・豐簋・西周早

豆

			5403・豐卣・西周中		668・右戲仲嚶父鬲・春秋早
昇	亦聲		近出二 829・鄧共盉・殷		9104・盂爵・西周早
			9622・鄧孟壺蓋・西周晚		3590・鄧公牧簋・鄧・春秋早
弇	亦聲		9771・登屰罍・殷		1491・裘登鼎・楚・西周早
			近出二 436・一式獄簋・西周中		4216・五年師旋簋器・西周晚
			10176・散氏盤・西周晚		上博 11 期・楚大師登編鐘 4・楚・春秋早
			194・者𣴎鐘・吴・春秋		4649・陳侯因資敦・齊・戰國晚
豆	聲旁		11350・郾王詈戈・燕・戰國晚		

字	偏旁	字形及出處	
弄	形旁	 2837・大盂鼎・西周早	 4208・段簋・西周中
		 4692・大師盧豆・西周晚	 文物 2012 年 7 期・束中（仲）䇾父簋・春秋早
盧	形旁	 考古學報 2018 年 1 期・霸伯方簋・西周中	
豎	形旁	 近出 223・井𢀜方鼎・殷晚	
豉	聲旁	 近出 163・陳樂君甗・陳・春秋晚	
頭	聲旁	 2223・蔡侯殘鼎蓋・蔡・春秋晚	
脰	聲旁	 新收 501・曾太師奠鼎・曾・春秋晚	 2297・鑄客爲集脰鼎（蓋）・楚・戰國晚
		 2623・楚王酓䏾鼎・楚・戰國晚	

豊

軆 聲旁

銘文選八八一・中山王嚳方壺・晉・戰國晚

澧 聲旁

圖像19182・噩君啓舟節・楚・戰國

醴 聲旁

9727・三年瘨壺・西周中

新收890・楊姞壺・西周晚

小邾國文化銘文41頁・郳君慶壺・小邾・春秋

豐

數 聲旁

49・𣪕狄鐘・西周中或晚

近出108・逨編鐘三・西周晚

虘

戲 聲旁

850・作戲甗・西周早

4276・豆閉簋・西周中

666・戲伯鬲・西周晚

668・右戲仲嚶父鬲・春秋早

10362・戲㑹量・戰國

虍

字	偏旁	字形	出處	字形	出處
⿸虍鼎	聲旁		818・見作甗・西周早		總集 10・7976・之利殘片・春秋中或晚
鬳	聲旁		946・王孫壽甗・春秋		
⿸虍⿱日木	形旁		2831・九年衛鼎・西周中		
虔	形旁		4224・追簋・西周中		192・梁其鐘・西周晚
			262・秦公鐘・秦・春秋早		222・蔡侯鎛・蔡・春秋晚
虞	形旁		4200・恆簋・西周中		9694・虞司寇壺・西周晚
			9696・虞侯政壺・虞・春秋晚		
虖	聲旁		5428・叔趩父卣・西周早		2824・戜方鼎・西周中

 2841・毛公鼎・西周晚

 2082・虘北鼎・春秋早

 銘文選八八一・中山王譽方壺・晉・戰國晚

虡 形旁

 226・邵黛鐘・晉・春秋晚

 11696・少虡劍・晉・春秋晚

 12105・鷹節・燕・戰國

虗 聲旁

 9710・曾姬無卹壺・楚・戰國

虘 形旁

 8952・虘作父辛爵・西周早

 4252・大師虘簋・西周中

 4111・魯士商獻簋・西周晚

 423・嵩君鉦鋮・春秋晚

虜 聲旁

 2784・十五年趞曹鼎・西周中

 新收1205・發孫虜鼎・春秋晚

虎

康	亦聲		4167・康簋・西周中		
虘	聲旁		6447・虘作父丁觶・西周早		10174・兮甲盤・西周晚
			271・𬴃鎛・齊・春秋中或晚		
			銘文選八八一・中山王嚳方壺・晉・戰國晚		10008・欒書缶・楚・戰國
虐	形旁		考古學報2018年2期・霸姬盤・西周中		4469・𤼈盨・西周晚
彪	形旁		文博2007年2期17頁・䜌鼎・西周晚		
			10145・毛叔盤・毛・春秋早		
虢	形旁		2841・毛公鼎・西周晚		4315・秦公簋・秦・春秋早

		 268・秦公鎛・秦・春秋早	
囂	形旁	 9102.1・葡亞作父癸角器・殷	 9102.2・葡亞作父癸角器・殷
虢	形旁	 10307・虢叔盂・西周中	 新收1962・頌壺・西周晚
		 梁帶彩版一七六第3圖・虢季鼎・春秋早	
		 9727・三年㾓壺・西周中	 5914・虢叔尊・西周晚
號	形旁	 2831・九年衛鼎・西周中	
虓	聲旁	 14・己侯虓鐘・西周晚	
[illegible]	形旁	 9024・[illegible]父癸爵・西周早	

字	偏旁	字形	出處
⿸虎皿	聲旁		5857・叔⿸虎皿尊・西周早
椃	聲旁		9105・宰椃角・殷
			8637・椃父辛爵・殷或西周早
			4073・伯椃簋・西周早
			4093・伯椃虘簋・西周晚
⿸虎鬼	聲旁		5432・作册⿸虎鬼卣・西周早
淲	聲旁		423・𦰩君鉦鋮・春秋晚
⿸虎力	形旁		金文通鑒 18065・攻敔王者彶叡⿸虎力劍・春秋晚
虒	聲旁		4237・臣諫簋・西周中
			10175・史墻盤・西周中
		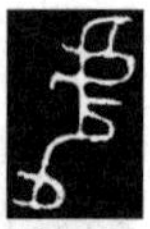	109・井人妄鐘・西周晚
			11718・姑發𦝩反劍・吴・春秋晚

部首	字頭	偏旁	字形	出處	字形	出處
				銘文選八八二・好盗壺・晉・戰國晚		980・魚鼎匕・晉・戰國
虤	贙	聲旁		611・王作贙母鬲・春秋早		
皿	盤	形旁		3375・舟作寶簋・西周中		3588・叚作聳伯簋・西周中
				4047・叟貯簋・西周中		
	盂	形旁		商周金文編 9475・寰小室盂蓋・殷		近出 307・盂方鼎・西周早
				10306・虢叔盂・西周中		新收 669・丹叔番盂・西周晚
				海岱 37・256・畧所獻盂・春秋晚		4643・王子申盞・楚・春秋
	盌	形旁		金文通鑒 19232・叔子穀栽・戰國早		

盛	形旁	 4579·史免簠器·西周晚	 4632·曾伯霥簠·曾·春秋早
		 銘文選八八二·好盗壺·晉·戰國晚	
[illegible]	形旁	 249·癲鐘·西周中	 4176·癲簋 西周中
盝	形旁	 1768·瘍盝方鼎·西周早	
盧	形旁	 4628·伯公父簠·西周晚	 10386·王子嬰次盧·楚·春秋晚
[illegible]	形旁	 文物2011年3期·彭子射簠·楚·春秋晚	
盄	形旁	 4327·卯簋蓋·西周中	 109·井人妄鐘·西周晚
		 9719·令狐君嗣子壺·晉·戰國中	 近出31·戎生編鐘五·晉·西周晚或春秋早

字頭		字形	出處	字形	出處
盆	形旁		圖像集成6258・仲𣪘父盆甲・西周		10329・樊君盆・樊・春秋早
⿱鉈皿	形旁		10279・陳子匜・陳・春秋早		近出1011・滕大宰得匜・春秋中或晚
盨	形旁		4414・攺盨・西周中		4466・鬲从盨・西周晚
			4424・單子伯盨・春秋早		
盉	形旁		9367・員作盉・西周早		9398・伯矩盉・西周早
			9416・畬父盉・西周中		4424・單子伯盨・春秋早
			9442・毳盉・西周中		10285・𠑇匜・西周晚
盡	形旁		銘文選八八一・中山王譽方壺・晉・戰國晚		

盅	形旁	 2286・盅子臧鼎蓋・春秋晚	 2356・盅之噂鼎・邺・春秋
盥	形旁	 4819・亞盥卣・殷	 10163・夆叔盤・夆・春秋早
		 近出1009・邿公典盤・邿・春秋中	 10004・蔡侯缶・蔡・春秋晚
		 10125・楚季苟盤・楚・春秋	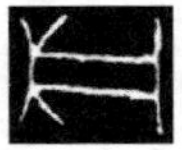 文物2008年01期　楚王酓恷盤・楚・春秋晚或戰國早
盨	形旁	 10099・徐王義楚盤・徐・春秋	
盈	形旁	 10334・杞伯每亡盆・杞・春秋早	
盚	形旁	 4273・靜簋・西周中	
盞	形旁	 4643・王子申盞・楚・春秋	 4634・大府盞・楚・戰國晚

⿱宧皿	形旁	 10250・伯⿱彐乚匜・西周晚	 10207・曾子伯父匜・曾・春秋早
		 10281・鄭大内史叔上匜・鄭・春秋	
盜	形旁	 9625・盜叔壺・春秋晚	
蓋	形旁	 10341・邛仲之孫伯戔盆・邛・春秋	
盦	形旁	 4213・鳳敖簋蓋・西周晚	
⿱⿰金中皿	形旁	 近出1016・叔良父匜・西周晚	
⿱湄皿	形旁	 近出二390・伯湄父豆・西周晚	
⿱糯皿	形旁	 2807・大鼎・西周中	

⿰氵⿱虘皿 形旁

近出313・楚叔之孫倗鼎・楚・春秋晚

⿰木⿱金皿 形旁

9709・公子土斧壺・齊・春秋晚

⿱無皿 形旁

近出462・許季姜簋・西周晚

⿰氵⿱隹皿 形旁

6015・麥方尊・西周早

5308・壅作父甲卣・西周早

⿱戲皿 形旁

4267・申簋蓋・西周中

盧 形旁

近出二587・五年琱生尊甲・西周晚

盉 形旁

2782・哀成叔鼎・晉・春秋晚

⿱登皿 形旁

新收528・伆子受鼎・楚・春秋晚

鋁	形旁	 4661・卲方豆・楚・春秋	
盇	形旁	 4662・䀇方豆・樊・春秋晚	
盍	形旁	 2794・楚王酓忎鼎・楚・戰國晚	
[illegible]	形旁	 近出537・𤞷公孫敦・春秋晚	
[illegible]	形旁	 銘文選一四二・作册益卣・西周早	 2835・多友鼎・西周晚
[illegible]	形旁	 2018・子作鼎盟彝鼎・殷	 4241・榮作周公簋・西周早
盟	形旁	 9811・𢦏父丁罍・西周早	 2812・師望鼎・西周中
		 2811・王子午鼎・楚・春秋中或晚	

盤 形旁

10127・般彀盤・西周中

10173・虢季子白盤・虢・西周晚

上博10期・伯遊父盤・黃・春秋中

975・但盤埜匕・楚・戰國晚

盄 形旁

5940・季盄尊・西周早

近出二458・燹公盨・西周中

銘文選八八一・中山王嚳方壺・晉・戰國晚

盜 形旁

10175・史牆盤・西周中

2841・毛公鼎・西周晚

210・蔡侯紐鐘・蔡・春秋晚

盜 形旁

近出二1145・許公盜戈・許・春秋

監 形旁

6207・監祖丁觶・殷

近出二458・燹公盨・西周中

 10296·攻吳王夫差鑑·吳·春秋晚
 10894·監戈·春秋

⿱亘皿 形旁
 新收 1447·仲枏父鬲·西周中
 4203·曾仲大父螽簋·曾·西周晚

瀘 形旁
 194·者瀘鐘·吳·春秋

⿱缾皿 形旁
 9976·蔡侯瓶·蔡·春秋晚

⿱卤皿 形旁
 考古學報 2018 年 1 期·霸伯山簋蓋·西周中

盂 聲旁
 7099·父乙盂觚·殷
 3577·卜盂簋· 西周早

 9705·番匊生壺·西周中
 商周金文編 612·單叔鬲丁·西周晚
 4574·鑄公簠蓋·鑄·春秋早

 10004·蔡侯缶·蔡·春秋晚
 3939·禾簋·齊·春秋晚
 金文通鑒 19232·叔子穀戟·戰國早

皿

鈿 聲旁

9997・廿七年鈿・晉・戰國

賁 形旁

4061・畢鮮簋・西周中

近出二422・大師小子𢍜簋・西周中

首陽114頁・應侯簋・西周晚

4628・伯公父簠・西周晚

9687・杞伯每亡壺蓋・杞・春秋早

717・邾友父鬲・小邾・春秋早

4586・番君召簠・番・春秋晚

4625・長子沫臣簠・楚・春秋晚

去

𡊼 聲旁

銘文選八八二・好盜壺・晉・戰國晚

盍 形旁

2794・楚王酓忎鼎・楚・戰國晚

魼 聲旁

11352・秦子戈・秦・春秋早

血

濾 省聲

2837・大盂鼎・西周早

4289・師酉簋・西周中　按：「盍」省聲。

63・逆鐘・西周晚

海岱 153.15・司馬楙編鎛・齊・戰國早

鈇 聲旁

珍秦（秦銅器篇）42 頁・秦政伯喪戈・秦・春秋早

盛 形旁

4494・盛君縈簠・楚・戰國早

益 形旁

4268・王臣簋・西周中

10322・永盂・西周中

4282・元年師旋簋・西周晚

圖像 2387・春平相邦葛得鼎・晉・戰國晚

新收 1737・滎陽上官皿・晉・戰國

9616・春成侯壺・晉・戰國

盇 形旁

544・仲[illegible]父鬲・西周中

監 形旁

883・應監甗・西周早

9731・頌壺・西周晚

無 形旁

5963・許仲尊・西周早

近出二475・許公買簠・許・春秋晚

瀘 形旁

海岱153.15・司馬楙編鎛・齊・戰國早

盍

蓋 聲旁

4315・秦公簋・秦・春秋早

郄 聲旁

2597・伯郄父鼎・西周晚

䕩 聲旁

268・秦公鎛・秦・春秋早

丹

鴅 聲旁

4330・沈子它簋蓋・西周早

彤 形旁

圖像續461・宗人簋器1・西周中

10173・虢季子白盤・虢・西周晚

青

青 形旁

9898・吴方彝蓋・西周中

10175・史牆盤・西周中

近出943・匍盉・西周中

請 聲旁

銘文選八八一・中山王嚳方壺・晉・戰國晚

靜 形旁

4273・靜簋・西周中

2835・多友鼎・西周晚

4315・秦公簋・秦・春秋早

10361・國差𦉜・齊・春秋

清 聲旁

195・者㴬鐘・吴・春秋

井

荆 亦聲

3907・過伯簋・西周早

3976・扰馭簋・西周中

近出20・子犯編鐘三・晉・春秋中

皀

⿰井刂	⿰王井	郉	⿱大井	⿰木暴	⿱艹皀	𣪘	
聲旁	形旁	聲旁	形旁	形旁	聲旁	形旁	
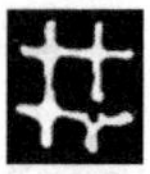 10176・散氏盤・西周晚	 3686・⿰王井□冀作父癸簋・西周早	 4615・叔家父簠・春秋早	 4300・作册矢令簋・西周早	 2675・徐王⿰木暴鼎・徐・春秋早	 1799・⿱艹皀鼎蓋・晉・戰國	 3904・小子䍙簋・殷	 3370・央作寶簋・西周早
 10374・子禾子釜・齊・戰國						 6001・小子生尊・西周早	 3353・伯作寶簋・西周早

3500・作祖戊簋・西周早

3863・录簋・西周早

3866・城虢遣生簋・西周中

3552・叔虢簋・西周中

3491・伯尚簋・西周中

4220・追簋・西周中

4338・頌簋蓋・西周晚

3709・内公簋蓋・西周晚

3815・陳侯簋・西周晚

4428・滕侯穌盨・滕・春秋早

金文通鑒4056・仲姜簋・芮・春秋早

即

形旁

2837・大盂鼎・西周早

9723・十三年㾓壺・西周中

4275・元年師𩛥簋・西周晚

9731・頌壺・西周晚

	 265・秦公鎛・秦・春秋早	 銘文選八八一・中山王譽方壺・晉・戰國晚
既 形旁	 5412・二祀切其卣・殷	 5426・庚贏卣蓋・西周早
	 2748・庚贏鼎・西周早	 2749・害鼎・西周早
	 2791・伯姜鼎・西周早	 10175・史墻盤・西周中
	 2807・大鼎・西周中	 9731・頌壺・西周晚
	 4631・曾伯霥簠・曾・春秋早	 2782・哀成叔鼎・晉・春秋晚
亯 形旁	 8722・[illegible]父癸爵・殷	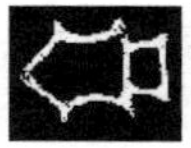 文物2011年11期・亯父癸觶・西周早
	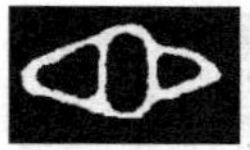 4302・彔伯𢦚簋蓋・西周中	 4318・三年師兌簋・西周晚

⿰皀尸 形旁	 新收910・晉侯豬尊・西周早或中		
⿰皀柰 形旁	 3628・旃簋・西周早		
饗 亦聲	 2709・遷方鼎・殷	 6001・小子生尊・西周早	
	 2706・麥方鼎・西周早	 4020・天君簋・西周早	
	 9726・三年瘨壺・西周中	 新收41・罟叔奂父盨・西周晚	
	 10173・虢季子白盤・虢・西周晚	 圖像續535・邍盂・春秋中	

鬯

⿱亶鬯 形旁	 上博8期・亢鼎・西周早	
⿰矩鬯 形旁	 9728・曶壺蓋・西周中	 4302・录伯㦰簋蓋・西周中

既

形旁

考古學報 2018 年 1 期・霸伯盂・西周中

近出 971・晉侯㪿馬方壺・西周晚

4654・公簋豆・莒・春秋

4096・陳逆簋・齊・戰國早

4141・圅皇父簋・西周晚

3974・魯伯大父作季姬簋・春秋早

食

餕

形旁

3356・伯作寶簋・西周早

3771・晉人簋・西周中

3945・鰟姬簋蓋・西周晚

爵

鬺

形旁

新收 707・鰟仲鼎・西周中

9572・鬺仲多壺・西周晚

䵼

形旁

近出二 436・一式獄簋・西周中

4318・三年師𩛥簋・西周晚

商周金文編 627・四十三年逨鼎戊・西周晚

餴	形旁		2332・穆父作姜懿母鼎・西周中		3886・散車父簋・西周晚
			3590・鄧公牧簋・鄧・春秋早		第四屆 116 頁・宋君夫人鼎蓋・宋・春秋晚
			4502・慶孫之子蛛簠・春秋晚		4596・齊陳曼簠・齊・戰國早
饔	形旁		10112・伯碩簃盤・西周晚		2493・鄭饔原父鼎・鄭・春秋早
飯	形旁		9709・公子土斧壺・齊・春秋晚		
飤	亦聲		9348・父乙飤盉・西周早		圖像續 461・宗人簋器 1・西周中
			2468・陳生隺鼎・陳・西周晚		2520・鄭勇句父鼎・鄭・春秋早
			考古 2009 年 7 期 43 頁圖二・童麗君簠・鍾離 M377 内底・鍾離・春秋中晚		

字	偏旁	字形	出處	字形	出處
飧	形旁		9602・飧車父壺・西周晚		
饉	形旁		2838・曶鼎・西周中		
			銘文選八八一・中山王嚳方壺・晉・戰國晚		
			4160・伯康簋・西周晚		4155・仲枏父簋・西周晚或春秋早
饗	形旁		6009・效尊・西周早		新收1958・𠔉簋・西周中
餳	形旁		2803・令鼎・西周早		
[illegible]	形旁		10175・史牆盤・西周中		
			1980・卲之飤鼎・戰國早		銘文選八八一・中山王嚳方壺・晉・戰國晚

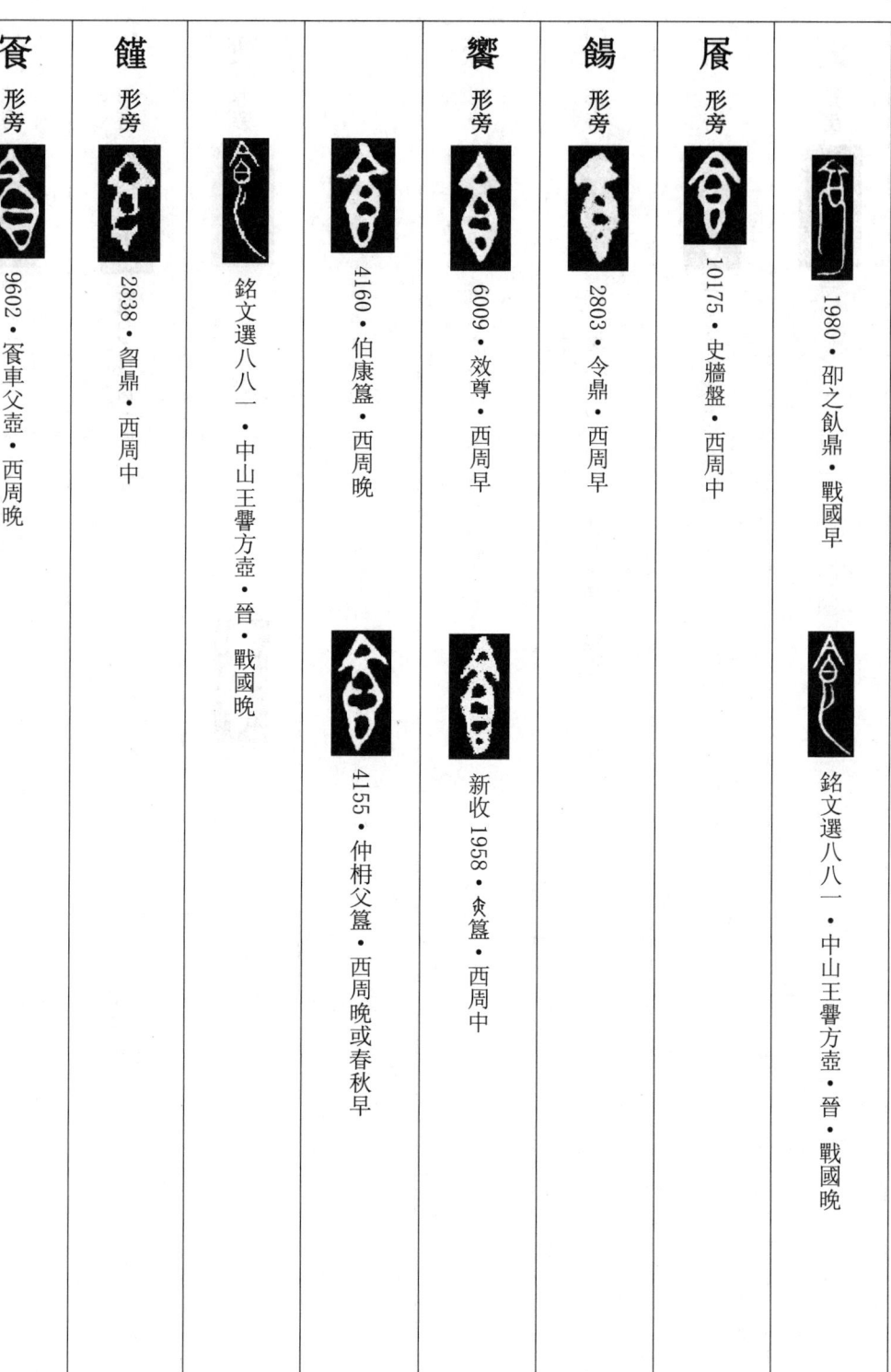

鈇	形旁	 5312・鈇作父戊卣・西周早
鍭	形旁	 4317・㝬簋・西周晚
饔	形旁	 2708・戍嗣鼎・殷  5421・士上卣・西周早
		 2754・吕方鼎・西周中
饍	形旁	 新收41・䙷叔奂父盨・西周晚
餕	形旁	 銘文選八八〇・中山王嚳鼎・晉・戰國晚
鑠	形旁	 4399・仲鑠盨・西周中
鐙	形旁	 11546・七年宅陽令矛・晉・戰國

會

飬 形旁

4585・番君召簠蓋・番・春秋晚

⿰食楚 形旁

新收 857・晉侯㮚鋪・西周晚

⿰食阝 聲旁

圖像 2387・春平相邦葛得鼎・晉・戰國晚

⿰食頁 形旁

10890・戈・春秋

遺 聲旁

新收 1209・唐子仲瀕兒匜・唐・春秋中

近出 56・𪗑編鐘（六）・楚・春秋晚

銘文選八八二・好盗壺・晉・戰國晚

10190・王子造匜・楚・戰國

儈 聲旁

銘文選八八〇・中山王譽鼎・晉・戰國晚

癐 聲旁

2773・信安君鼎・晉・戰國晚

倉

[illegible]	鎗	蒼	鎗	余	合		僉
聲旁	聲旁	聲旁	聲旁	聲旁	聲旁		形旁
 10336・曾太保盆・曾（山東）・春秋	 10350・𡨦氏䲷鎗・西周晚	 1992・宜陽右蒼鼎・晉・戰國	 188・梁其鐘・西周晚	 4140・太保簋・西周早	 11880・合青・殷	 4292・五年召伯虎簋・西周晚	 11704・越王劍・越・春秋晚或戰國早
	 3710・西替簋・楚・戰國		 近出31・戎生編鐘五・晉・西周晚或春秋早		 7300・亞馱皿合觚・西周早		

人

合

龠 形旁

 銘文選八八〇・中山王譽鼎・晉・戰國晚

 11322・七年龠氏戈・晉・戰國

弇 聲旁

 銘文選八八〇・中山王譽鼎・晉・戰國晚

 262・秦公鐘・秦・春秋早

 4649・陳侯因資敦・齊・戰國晚

酓 聲旁

 429・九里墩鼓座・鍾離・春秋晚

 10342・晉公盆・晉・春秋

 2693・廿三年㝅朝鼎・晉・戰國

會 亦聲

 2516・鄶媍鼎・西周晚

 10196・蔡子匜・蔡・春秋

 157・驫羌鐘・晉・戰國早

 12108・新郪虎符・秦・戰國晚

敆 亦聲

 近出 489・史密簋・西周中

郃 聲旁

 11379・十七年丞相啓狀戈・秦・戰國

今

韐	聲旁		9456・裘衛盉・西周中		近出347・焂戎鼎・西周晚
匌	亦聲		251・㾓鐘・西周中		2833・禹鼎・西周晚
郃	聲旁		4197・郃彡簋・西周晚		
鼎卩	聲旁		2803・令鼎・西周早		復旦網2014年6月22日・晉公盤・晉・春秋
領	聲旁		53・楚王領鐘・楚・春秋晚		
念	聲旁		近出694・念觚・殷晚		銘文選一四二・作册益卣・西周早
			2824・㦰方鼎・西周中		中國書法2016.10・射壺乙頸內・西周晚
			122・者沪鐘・楚・戰國早		

龕 聲旁

10175・史牆盤・西周中

188・梁其鐘・西周晚

酓 聲旁

3975・麗簋・殷

6457・邢叔觶・西周早

6456・伯作姬觶・西周中

江漢考古 2008 年 1 期 85 頁圖 5・楚王酓恙匜・楚・春秋晚

85・楚王酓璋鎛・楚・戰國早

4551・楚王酓脡簠・楚・戰國晚

含

念 聲旁

銘文選八八〇・中山王譽鼎・晉・戰國晚

酓

⿰酓阝 聲旁

4573・曾子原魯簠・曾・春秋

歙 聲旁

6511・㠱仲觶・西周中

2825・膳夫山鼎・西周晚

		 203 • 沇兒鐘 • 徐 • 春秋晚	 184 • 余購遜兒鐘 • 徐 • 春秋晚
		 銘文選八八一 • 中山王嚳方壺 • 晉 • 戰國晚	
	⿷匚酓 聲旁	 5431 • 高卣 • 西周早	
	⿰氵酓 聲旁	 10322 • 永盂 • 西周中	
人	汭 聲旁	 2390 • 徐子汆鼎 • 徐 • 春秋中	
缶	⿱缶皿 聲旁	 文物 2011 年 3 期 • 彭子射盥 • 楚 • 春秋晚	
	匋 聲旁	 5984 • 能匋尊 • 西周早	 4167 • 㝨簋 • 西周中
		 4422 • 筍伯大父盨 • 西周晚	 新收 1211 • 唐子仲瀕兒盤 • 唐 • 春秋中

		 中國歷史文物 2009 年 2 期・鮑子鼎・齊・春秋晚	
		 11354・三年□匋令戈・晉・戰國	
⿱宀缶	聲旁	 圖像 2219・曾侯⿱宀缶鼎・楚・春秋早	 珍秦（吳越三晉篇）240 頁・廿二年屯留戟・晉・戰國晚
⿱父缶	聲旁	 10371・陳純釜・齊・戰國	 10374・子禾子釜・齊・戰國
⿰缶靁	形旁	 9962・膳夫吉父⿰缶靁・西周晚	 上博 10 期・伯遊父⿰缶靁・楚・春秋中
⿰缶比	形旁	 9980・孟城瓶・鄀・春秋	
⿰缶詹	形旁	 10361・國差⿰缶詹・齊・春秋	
寶	聲旁	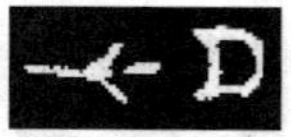 2648・小子射鼎蓋・殷	 金文通鑒 13795 太保罍蓋・西周早

	 9532・𡰥作寶彝壺・西周早	 5224・𨝙伯卣・西周早
	 5130・作寶尊彝卣・西周早	 540・大作𣪕鬲・西周早
	 2126・𠫑作父己鼎・西周早	 考古學報 2018 年 2 期・鳥形盉・西周中
	 3491・伯尚簋・西周中	 1953・舟作寶鼎・西周中
	 2469・大師人鼎・西周晚	 3893・齊巫姜簋・齊・西周晚
	 4567・魯伯俞父簠・魯・春秋早	 上博 10 期・伯遊父盤・黄・春秋中
	 10318・齊侯盂・齊・春秋晚	 9982・喪史寘瓶・戰國
庿 聲旁	 3952・格伯作晉姬簋・西周中	

匋

⿰亻⿱呆缶 聲旁

4648・十年陳侯午敦・齊・戰國晚

陶 聲旁

2630・伯陶鼎・西周中

4328・不其簋・西周晚

矢

⿰女匋 聲旁

5375・子作婦⿰女匋卣・殷

⿱罒矢 聲旁

7637・眣爵・殷

4269・縣妃簋・西周中

10175・史牆盤・西周中

188・梁其鐘・西周晚

⿱自矢 形旁

2098・無戮鼎・楚・戰國晚

銘文選八八一・中山王嚳方壺・晉・戰國晚

弦 形旁

圖像19182・噩君啓舟節・楚・戰國

矰 形旁

11285・相公子矰戈・戰國

侯 形旁	 2702・嬰方鼎・殷晚期	 3127・正侯簋・殷
	 9439・亞㠱侯父乙盉・殷	 6015・麥方尊・西周早
	 9893・邢侯方彝・西周早	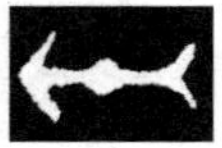 2505・圉方鼎・西周早
	 新收 79・應侯見工簋（乙）・西周中	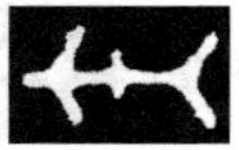 9579・魯侯壺・西周晚
	 3929・鄂侯簋・西周晚	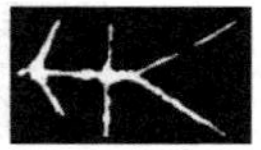 271・𬭚鎛・齊・春秋中或晚
	 近出 20・子犯編鐘三・晉・春秋中	 近出 63・王孫誥編鐘四・楚・春秋晚
	 10361・國差𦉜・齊・春秋	 17・麃侯鎛・戰國早
	 11168・曾侯乙戈・曾・戰國早	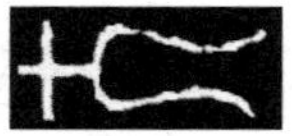 9930・曾侯乙勺・曾・戰國早

字	偏旁	字形	出處	字形	出處
族	形旁		4029・明公簋・西周早		金文通鑒5293・剛簋蓋・西周早
矢	形旁		金文通鑒18067・工吴王歔佚工吴劍・春秋晚	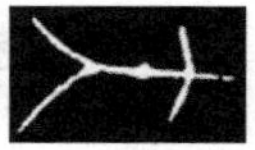	銘文選八八〇・中山王礨鼎・晉・戰國晚
叔	亦聲	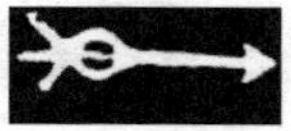	8330・叔祖戊爵・殷		542・樝叔叔父鬲・西周早
知	聲旁		2766・徐𧊒尹譬鼎・徐・戰國早		
		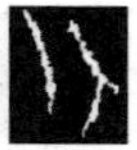	11707・四年春平侯鈹・晉・戰國晚	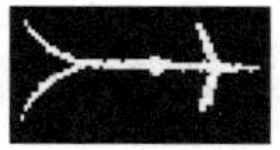	銘文選八八一・中山王礨方壺・晉・戰國晚
			11758・中山侯鉞・晉・戰國中		4646・十四年陳侯午敦・齊・戰國晚
			11179・曾侯㢑雙戈戟・曾・戰國早	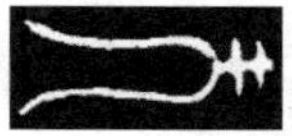	974・曾侯乙匕・曾・戰國早
		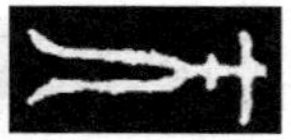	11096・曾侯邸雙戈戟・曾・戰國早		3642・曾侯乙簋・曾・戰國早

𩰲 形旁

6654·𩰲觚·殷

9727·三年瘨壺·西周中

欤 聲旁

2780·師湯父鼎·西周中

陜 聲旁

11486·辛邑矛·殷

浃 聲旁

4007·浃伯寺簋·西周晚

11341·四年咎奴蓸令戈·晉·戰國晚

疾 形旁

江漢考古2012年3期13頁拓片四:2·曾公子去疾之登甗·曾·春秋晚

11547·秦子矛·秦·春秋

326·曾侯乙鐘(中三6)·曾·戰國早

4289·師酉簋·西周中

2841·毛公鼎·西周晚

医

殹 聲旁

4265・格伯簋・西周中

新收1203・曾伯陭鉞・西周晚或春秋早

2811・王子午鼎・楚・春秋中或晚

12108・新郪虎符・秦・戰國晚

姬 聲旁

總集01.0927・若𨑐姬宗鼎・殷

弜

榭 聲旁

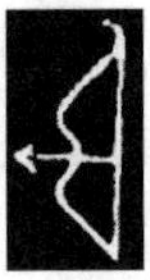
6316・榭父辛觶・西周早

闢 聲旁

854・闢作寶彝甗・西周早

廚 聲旁

10173・虢季子白盤・虢・西周晚

智

暂 聲旁

62・逆鐘・西周晚

10289・智君子鑑・晉・春秋晚

銘文選八八一・中山王嚳方壺・晉・戰國晚

980・魚鼎匕・晉・戰國

亯

𣅀 聲旁	 2746・梁十九年亡智鼎・晉・戰國		
𠪚 聲旁	 近出 490・宰獸簋・西周晚		
䓯 聲旁	 2661・德方鼎・西周早	 11785・𢼄司徒斧・西周	
	 9710・曾姬無卹壺・楚・戰國		
亳 省形	 7253・乙亳戈册觚・殷	 考古與文物 2010 年 2 期・内史亳觚・西周早	
	 11085・亳庭戈・春秋晚		
槀 省聲	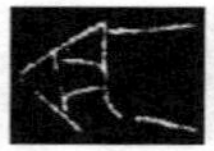 2693・廿三年𠪚朝鼎・晉・戰國		
𥞤 聲旁	 3762・伯𥞤父簋・西周	 考古 2014 年 7 期・曾孫𥞤壺・曾・戰國中	

			 2794・楚王酓忎鼎・楚・戰國晚	 銘文選八八〇・中山王嚳鼎・晉・戰國晚
	蒿	聲旁	 423・蒿君鉦鋮・春秋晚	
	鎬	聲旁	 10291・集脰鎬・楚・戰國晚	
冘	莽	聲旁	 4326・番生簋蓋・西周晚	
	沈	聲旁	 4330・沈子它簋蓋・西周早	
央	英	聲旁	 江漢考古2014年4期・曾侯𦣻編鐘M1.6・曾・春秋晚	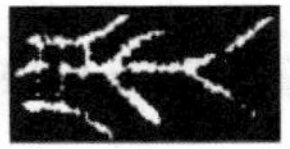 224・蔡侯墓殘鐘・蔡・春秋晚
	怏	聲旁	 10478・兆域圖銅版・晉・戰國晚	
𠷎	䡞	形旁	 新收1566・坂方鼎・殷	

⿰亯者 形旁

近出 22・子犯編鐘五・晉・春秋中

225・邵鱶鐘・晉・春秋晚

⿰亯斤 形旁

5425・競卣・西周中

⿰亯成 形旁

國博館刊 2012 年 9 期・疑卣・西周早

3866・城虢遣生簋・西周中

4275・元年師□簋・西周晚

11024・武城戈・齊・春秋晚

⿰亯匕 形旁

9100・𣪘作父癸角・殷

5355・⿰亯匕卣・西周早

⿰亯冓 形旁

2782・哀成叔鼎・晉・春秋晚

⿱亯乇 形旁

1313・子⿱亯乇鼎・殷

3975・麗簋・殷

京

4318・三年師□簋・西周晚

 4318・三年師兌簋・西周晚　 4324・師嫠簋・西周晚

亯

𧶠 形旁  1313・子𧶠鼎・殷　 3975・麗簋・殷

孰 形旁 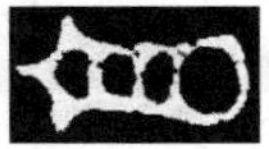 3490・伯侄簋・西周中　 427・配兒鉤鑃・吴・春秋

騡 聲旁 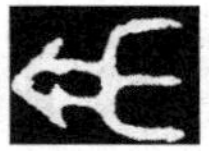 2491・居卿騡鼎・西周中或晚　 10176・散氏盤・西周晚

殑 聲旁  金文通鑒 5272・公登父簋・西周早　 9456・裘衛盉・西周中

𣥺 形旁 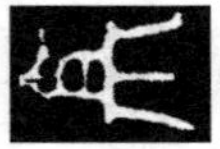 5987・臣衛宋尊・西周早　 4199・恆簋蓋・西周中

 圖像 19182・鄂君啓舟節・楚・戰國

 4324・師嫠簋・西周晚　 新收 757・逨盤・西周晚

新收757・逨盤・西周晚

圖像19182・噩君啓舟節・楚・戰國

𩫏 形旁

金文通鑒19026・𩫏車器・殷晚

6500・鼓𩫏作父辛觶・西周早

5392・寡子卣・西周中

近出二436・一式獄簋・西周中

4328・不其簋・西周晚

近出1130・淳于左造戈・淳于・春秋早

新收1627・益余敦・春秋中

4645・齊侯作孟姜敦・齊・春秋晚

4638・齊侯敦・齊・春秋

⿱亯木 聲旁

金文通鑒2327・相室郭嬰鼎・晉・戰國中

11693・卅三年鄭令劍・晉・戰國晚

11661・三年鈹・晉・戰國

𦎫

亯 省聲

近出537・狦公孫敦・春秋晚

淳 聲旁

近出1016・叔良父匜・西周晚

⿰𦎫廾 聲旁

247・𤼷鐘・西周中

4176・𤼷簋　西周中

錞 聲旁

4646・十四年陳侯午敦・齊・戰國晚

近出543・桀可忌豆・齊・戰國

㫗

厚 聲旁

3665・戈𠩺作兄日辛簋・殷

2730・厚趠方鼎・西周早

10175・史牆盤・西周中

110・井人妄鐘・西周晚

4690・魯大司徒厚氏元簠・魯・春秋

畐

⿱穴畐 聲旁

文博2008年2期9頁圖16,17・伯寶父盨・西周晚

			近出 527・蔡侯簠・蔡・春秋晚		
富	聲旁		11545・七年邦司寇矛・晉・戰國晚		4688・上官豆・晉・戰國
			11589・富鄭劍・晉・戰國		
福	聲旁		4021・寧簋蓋・西周早		246・瘐鐘・西周中
			10175・史墻盤・西周中	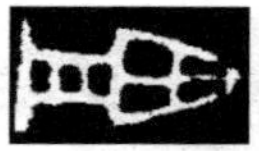	263・秦公鐘・秦・春秋早
			近出 62・王孫誥編鐘二・楚・春秋晚		
[illegible]	聲旁		2280・[illegible]鼎・西周中	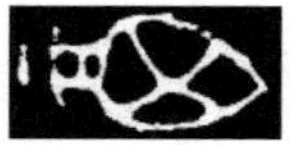	10361・國差䥶・齊・春秋
			銘文選八八一・中山王譽方壺・晉・戰國晚		

福

⿱⿰畐畐示 聲旁

5406・周乎卣・西周中

良

琅 聲旁

文物1986年1期・子黄尊・殷晚

根 聲旁

10176・散氏盤・西周晚

亩

嗇 聲旁

4330・沈子它簋蓋・西周早

10175・史牆盤・西周中

9686・十三苿壺・晉・戰國早

12045・私庫嗇夫衡飾・晉・戰國中或晚

⿱林㐭 聲旁

92・叡鐘・西周中

新收757・逵盤・西周晚

9973・鄭義伯鑘・鄭・春秋

⿰巳亩 聲旁

圖像19182・鄂君啓舟節・楚・戰國

复 形旁

文物2014年1期・⿰酉凡卣・西周中

部首	字	關係	字形及出處
	亶	省聲	 3526・亶伯簋・西周早  2028・嬗姜鼎・西周中
	稟	亦聲	 4293・六年召伯虎簋・西周晚
嗇	⿰金嗇	聲旁	 246・㾓鐘・西周中
稟	⿰麥稟	聲旁	 68・兮仲鐘・西周晚
啚	⿱亼啚	形旁	 10075・⿱亼啚父盤・西周早  9416・⿱亼啚父盉・西周中
	⿱吅啚	聲旁	 10174・兮甲盤・西周晚
嗇	牆	形旁	 10175・史牆盤・西周中  4313・師寰簋蓋・西周晚
來	⿱來土	聲旁	  10168・守宮盤・西周中

夊

字		
畬 亦聲	 4330・沈子它簋蓋・西周早	 10175・史牆盤・西周中
	 9686・十三苿壺・晉・戰國早	 12045・私庫嗇夫衡飾・晉・戰國中或晚
麥 亦聲	 6015・麥方尊・西周早	
蘩 聲旁	 2815・趞鼎・西周晚	
各 形旁	 9105・宰椃角・殷	 2730・厚趠方鼎・西周早
	 246・癲鐘・西周中	 9731・頌壺・西周晚
	 4315・秦公簋・秦・春秋早	
麥 形旁	 6015・麥方尊・西周早	

各

复 形旁  文物2014年1期・𤮊卣・西周中

咎 形旁  5396・毓祖丁卣器・殷

圣 形旁  2795・楚王酓忎鼎・楚・戰國晚  12040・陳共車飾・齊・戰國晚

夆 形旁  5412・二祀𠨘其卣・殷  近出996・夆盤・西周早

 近出二436・一式𤞷簋・西周中  2831・九年衛鼎・西周中

 文博2007年2期17頁・𧽊鼎・西周晚   10282・夆叔匜・夆・春秋早

⿱雨夂 省聲  529・⿱雨夂人守鬲・西周早

畟

⿰衤畟 聲旁  銘文選八八〇・中山王嚳鼎・晉・戰國晚

按：本从「鬼」旁。

10374・子禾子釜・齊・戰國

要

瓔 聲旁

4411・項爕盨・西周晚

醦 聲旁

2837・大盂鼎・西周早

韋

諱 聲旁

4213・圅敖簋蓋・西周晚

10171・蔡侯盤・蔡・春秋晚

韩 聲旁

3848・遣小子韩簋・西周晚

韍 形旁

6516・趩觶・西周中

5418・免卣・西周中

135・柞鐘・西周晚

新收1874・虎簋蓋・西周晚

⿰韋襄 形旁	圍 聲旁	韓 聲旁	⿰韋巳 形旁	幃 聲旁	衛 聲旁		
 2831・九年衛鼎・西周中	 近出二327・柞伯鼎・西周晚  9733・庚壺・齊・春秋晚	 2830・師訊鼎・西周中	 2816・伯晨鼎・西周中或晚	 2816・伯晨鼎・西周中或晚	 4044・御正衛簋・西周早    9456・裘衛盉・西周中	 2831・九年衛鼎・西周中  4104・賢簋・西周中	 2381・蘇衛妃鼎・西周晚  新收1700・衛文君夫人叔姜鬲・春秋早

韐 形旁

9456・裘衛盉・西周中

近出 347・焂戒鼎・西周晚

湋 聲旁

3821・湋伯簋・西周晚

襄

纕 聲旁

2831・九年衛鼎・西周中

弟

霦 聲旁

銘文選八八二・好盜壺・晉・戰國晚

商周金文偏旁譜　卷六

木

杲　形旁

3764・叔杲父簋・西周早

11006・杲之造戈・戰國晚

相　形旁

5147・亞虎梠父乙卣・殷

6002・作册旂尊・西周早

9733・庚壺・齊・春秋晚

144・越王者旨於賜鐘・越・戰國早

金文通鑒2327・相室郭婴鼎・晉・戰國中

銘文選八八一・中山王譽方壺・晉・戰國晚

故宫文物月刊272期（2005年）・元年安平相邦戈・戰國晚

㳒　形旁

2504・作册䰧鼎・西周早

枏　形旁

746・仲枏父鬲・西周中

4154・仲枏父簋・西周晚或春秋早

棄 形旁

3644・史梅兄作祖辛簋・西周早

李 形旁

2832・五祀衛鼎・西周中

亲 形旁

9667・中伯壺蓋・西周中

3946・中伯簋・西周晚

11210・羊角戈・齊・戰國早

獻 形旁

4205・獻簋・西周早

獻 形旁

近出二237・楷仲鼎・西周中

檔 形旁

近出二859・楷侯宰𩰫壺・西周晚

棠 形旁

近出1195・十年洱陽令戈・晉・戰國

穌	形旁		4232・史頌簋・西周晚		4014・蘇公子簋・蘇・春秋早
杢	形旁		近出二297・夨鼎・西周中		
杜	形旁		4263・格伯簋・西周中		4450・杜伯盨・西周晚
			12109・杜虎符・秦・戰國晚		
眔	形旁		10176・散氏盤・西周晚		
柞	形旁		3908・量侯簋・西周早		近出486・柞伯簋・西周早
		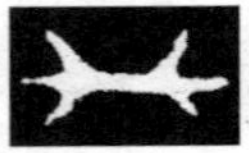	134・柞鐘・西周晚		
[illegible]	形旁		246・𤼈鐘・西周中		10175・史牆盤・西周中

字	類	字形	出處
枸	形旁		江漢考古 2014 年 4 期・曾侯腆編鐘 M1.8・曾・春秋晚
枋	形旁		銘文選八八二・好螸壺・晉・戰國晚
楊	形旁		考古學報 2018 年 1 期・霸伯簋一器・西周中
			2835・多友鼎・西周晚
			近出 960・楊姞壺・西周晚
			近出二 1198・十年寺工戈・戰國晚
柳	形旁		2805・南宮柳鼎・西周晚
			10176・散氏盤・西周晚
櫟	形旁		11361・四年櫞菸戈・秦・戰國晚
槐	形旁		近出 353・蒷陽鼎・秦・戰國晚
杞	形旁		5097・亞醜杞婦卣・殷
			2654・亳鼎・西周早

			2495・杞伯敏亡鼎・杞・西周晚或春秋早
			9687・杞伯每亡壺蓋・杞・春秋早
榮	形旁		11322・七年侖氏戈・晉・戰國
喬	形旁		4460・翏生盨・西周晚
			10320・宜桐盂・徐・春秋
松	形旁		圖像19182・鄂君啓舟節・楚・戰國
柏	形旁		新收900・叔剑父甗・西周晚
			考古2009年7期43頁圖二・童麗君簠・鍾離M377内底・鍾離・春秋中晚
			近出1102・柏人戈・戰國晚
某	亦聲		4041・禽簋・西周早
			考古學報2018年2期・鳥形盉・西周中
			4285・諫簋・西周晚

根

形旁

10176・散氏盤・西周晚

樛

形旁

11361・四年樛斿戈・秦・戰國晚

杕

形旁

9715・杕氏壺・晉・春秋晚

2701・公朱左師鼎・晉・戰國晚

格

形旁

4264・格伯簋蓋・西周中

11327・六年格氏令戈・晉・戰國

稾

形旁

2693・廿三年稾朝鼎・晉・戰國

柴

形旁

文物1994年2期・柴内右戈・戰國晚

榦

形旁

銘文選八八二・好盗壺・晉・戰國晚

桴

形旁

銘文選八八〇・中山王嚳鼎・晉・戰國晚

柖	形旁	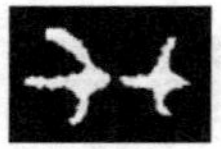 10137・中子化盤・楚・春秋	 10459・大攻尹圜器・戰國
檐	形旁	 12098・王命龍節・戰國	
植	形旁	 10407・鳥書箴銘帶鈎・楚・戰國	
狀	形旁	 10442・十四朱銅犀・晉・戰國晚	
柯	形旁	 新收 1484・春成侯盉・晉・戰國晚	
橧	形旁	 9633・陳侯壺・陳・春秋早	
梁	形旁	 2746・梁十九年亡智鼎・晉・戰國	
校	形旁	 近出 347・姣戒鼎・西周晚	

采	形旁	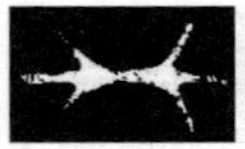 5402・遣卣・西周早	 ・上海文博論叢 2009 年 3 期・采獲簋・西周
析	形旁	 11871・析弓形器・殷	 4265・格伯簋・西周中
桒	形旁	 4205・獻簋・西周早	 6516・趩觶・西周中
		 古 24・與兵方壺・楚・春秋中或晚	 新收 1409・自鐸・楚・春秋
休	形旁	 7386・休爵・殷或西周早	 2748・庚嬴鼎・西周早
		 10175・史墻盤・西周中	 2836・大克鼎・西周晚
		 銘文選八八〇・中山王譽鼎・晉・戰國晚	
棺	形旁	 10478・兆域圖銅版・晉・戰國晚	

槀	形旁	 金文通鑒2327・相室郭爰鼎・晉・戰國中	 11693・卅三年鄭令劍・晉・戰國晚
		 11661・三年鈹・晉・戰國	
樹	形旁	 6316・樹父辛觶・西周早	
柦	形旁	 2242・垣上官鼎・晉・戰國	
余	形旁	 4140・太保簋・西周早	
杴	形旁	 9422・[illegible]作父乙盉・殷	 2314・士作父乙方鼎・西周早
和	形旁	 10352・史孔鉌・春秋	 4190・陳昉簋蓋・齊・戰國早
桿	形旁	 10374・子禾子釜・齊・戰國	

榠	形旁	 4401・鄭井叔康盨・西周中	
椃	形旁	 9105・宰椃角・殷	 8637・椃父辛爵・殷或西周早
		 4073・伯椃簋・西周早	 4093・伯椃虘簋・西周晚
榥	形旁	 10478・兆域圖銅版・晉・戰國晚	
宋	形旁	 5987・臣衛宋尊・西周早	 10322・永盂・西周中
		 近出 1013・鄭伯匜・西周晚	 601・宋眉父鬲・春秋早
		 2588・趣亥鼎・宋・春秋中	 文物 2014 年 1 期・宋公䜌鼎・春秋晚
		 11345・八年新城大令戈・晉・戰國	

片　⿰片斤　爿

閑　形旁

271・同簋・西周中

林　形旁

918・孚公杖甗・西周中

杉　形旁

4437・乘父士杉盨・西周晚

⿰片斤　形旁

11214・⿰片斤君戟・楚・戰國早

按：「⿰片斤」爲「析」字或體。

⿱⺮⿰片斤　聲旁

銘文選八八一・中山王䜌方壺・晉・戰國晚

壯　聲旁

銘文選八八〇・中山王䜌鼎・晉・戰國晚

⿰爿立　聲旁

127・者沪鐘・楚・戰國早

牆　聲旁

10175・史牆盤・西周中

4313・師寰簋蓋・西周晚

牀 聲旁

10442・十四茉銅犀・晉・戰國晚

⿱宀爿 聲旁

1478・⿱宀爿叉鼎・殷

⿷匚壬 聲旁

金文通鑒 2129・史惠鼎・西周晚

⿰爿旨 聲旁

4608・考叔⿰爿旨父簠・楚・春秋早

9979・陳公孫⿰爿旨父瓶・陳・春秋早

⿸爿皿 聲旁

2841・毛公鼎・西周晚

⿰爿酋 聲旁

2588・趞亥鼎・宋・春秋中

⿰爿酉 聲旁

近出二 855・曾仲姬壺・曾・春秋晚

銘文選八八一・中山王嚳方壺・晉・戰國晚

㮘　朱

字	偏旁	字形	出處	字形	出處
寢	形旁		近出二322・𣪘鼎・西周中		
㾓	聲旁		10478・兆域圖銅版・晉・戰國晚		
⿰朱殳	聲旁		近出二438・二式𤞞簋器・西周中		2494・杞伯每亡鼎・杞・西周晚或春秋
邾	聲旁		10221・尋伯匜・西周晚		102・邾公釛鐘・邾・春秋
⿰山朱	聲旁		4502・慶孫之子⿰山朱簠・春秋晚		
⿸广朱	聲旁		2105・上樂⿸广朱鼎・戰國晚		
⿰朱戈	聲旁		銘文選八八一・中山王嚳方壺・晉・戰國晚		
鼄	聲旁		669・邾伯鬲・邾・西周中或晚		9687・杞伯每亡壺蓋・杞・春秋早

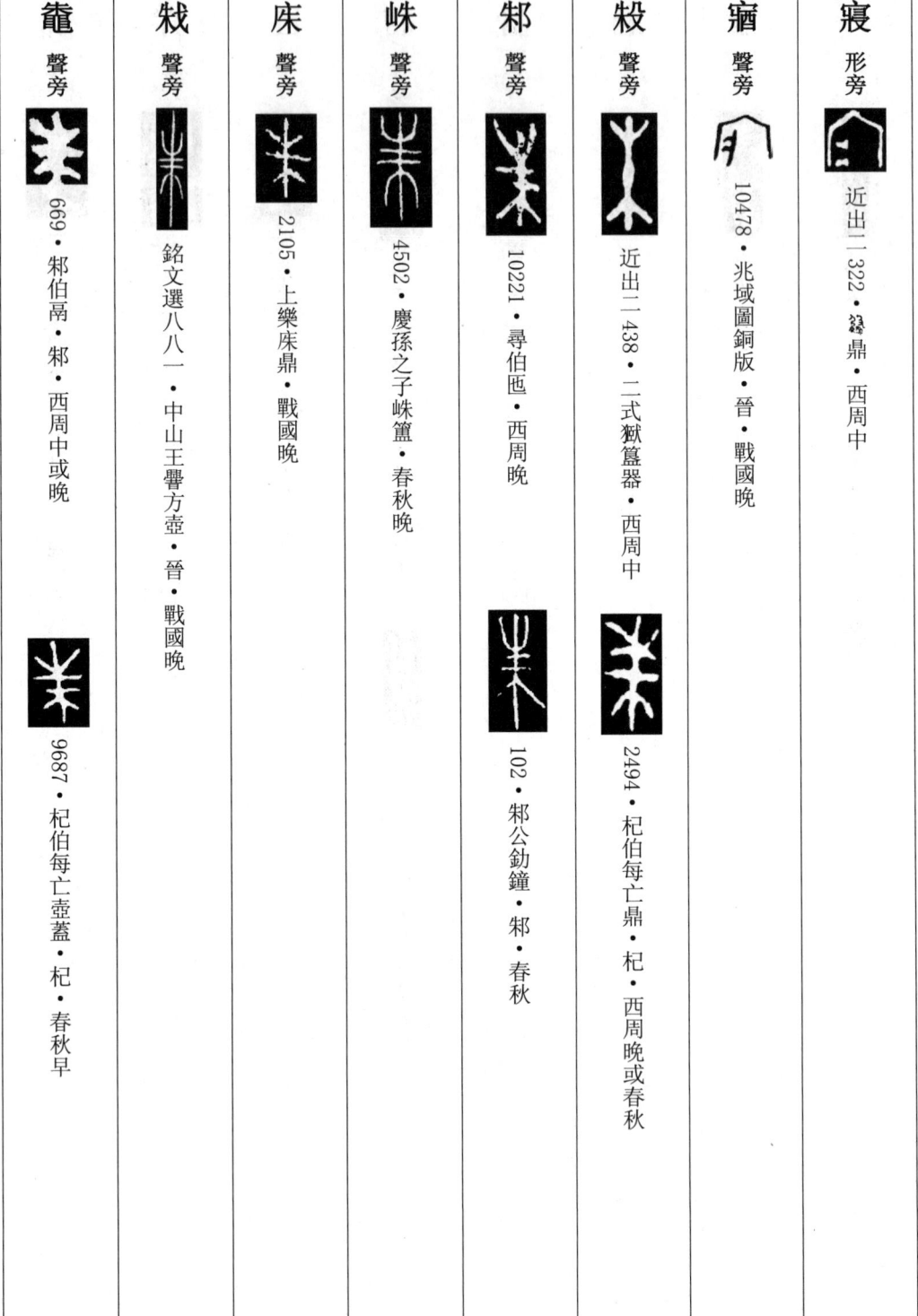

樂

245・郙公華鐘・郙・春秋晚

10236・郙□匜・郙・春秋

讌 聲旁

4413・讌季獻盨・西周晚

4376・叔讌父盨・西周晚

濼 聲旁

88・盧鐘・西周中

175・鄦叔之仲子平鐘・莒・春秋

鑠 聲旁

4399・仲鑠盨・西周中

櫟 形旁

11361・四年穋斿戈・秦・戰國晚

葉

葉 聲旁

11294・丞相觸戈・秦・戰國

䏲 聲旁

12113・鄂君啓舟節・楚・戰國

東

敕 形旁

7798・亞敕爵・殷

量	形旁	 西安 47・量伯丞父爵・西周中	 2836・大克鼎・西周晚
倲	亦聲	 6325・重父癸觶・殷	 4241・棨作周公簋・西周早　　按：釋作「重」。
韊	聲旁	 4284・師瘨簋蓋・西周中	 2841・毛公鼎・西周晚
練	聲旁	 4649・陳侯因資敦・齊・戰國晚	
陳	聲旁	 2831・九年衛鼎・西周中	 10157・陳侯盤・陳・春秋
		 706・陳侯鬲・陳・春秋早	 11034・陳[illegible]造戈・齊・春秋晚
		 新收 1781・陳逆簠蓋・齊・戰國早	 11653・廿九年高都令劍・戰國晚
蝀	形旁	 8956・大蝀父癸爵・殷	

林

萃

形旁

新收1206・新城戈・戰國晚

楚

形旁

3950・鴻叔簋・西周早

10175・史牆盤・西周中

42・楚公豖鐘・西周中或晚

2841・毛公鼎・西周晚

10273・楚嬴匜・楚・春秋早

近出20・子犯編鐘三・晉・春秋中

38・⿰甾刂篙鐘・楚・春秋晚

287・曾侯乙鐘(下一2)・曾・戰國早

10158・楚王酓忎盤・楚・戰國晚

楙

形旁

4172・瘨簋器・西周中

9631・鄭楙叔賓父壺・西周晚

海岱153.15・司馬楙編鎛・齊・戰國早

[illegible]	形旁	 2775・小臣夌鼎・西周早	
[illegible]	聲旁	 92・𠭯鐘・西周中	 新收 757・逨盤・西周晚
		 9973・鄭義伯罍・鄭・春秋	
[illegible]	形旁	 9697・散車父壺・西周中	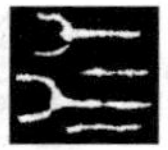 2699・散伯車父鼎・西周晚
		 3886・散車父簋・西周晚	
[illegible]	形旁	 11902・廿四年銅梃・燕・戰國	
[illegible]	形旁	 10175・史墻盤・西周中	
[illegible]	形旁	 187・梁其鐘・西周晚	

	樸	形旁	 2835・多友鼎・西周晚	 12112・鄂君啓車節・楚・戰國
	埜	形旁	 金文通鑒 14782・柬盉蓋・西周中	 2836・大克鼎・西周晚
			 2794・楚王酓忎鼎・楚・戰國晚	 976・但盤埜匕・楚・戰國晚
無	鄦	聲旁	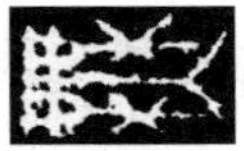 4616・許子妝簠・許・春秋	
	𤡾	聲旁	 10210・鑄子𤡾匜・鑄・春秋	
才	財	聲旁	 2481・二年寧鼎・晉・戰國晚	 2793・平安君鼎・晉・戰國晚
			 2746・梁十九年亡智鼎・晉・戰國	
	杙	形旁	 近出 98・𪓐鎛（二）・楚・春秋晚	

鼒	聲旁	 2578・嫊作父庚鼎・殷或西周早	 2617・番昶伯者君鼎・番・春秋早
		 文物 2011 年 8 期・叔左鼎・春秋中	
閉	形旁	 4276・豆閉簋・西周中	 梁帶・登簋・西周晚
		 商周金文編 621・四十二年逨鼎甲・西周晚	
		 10374・子禾子釜・齊・戰國	按：門中不是才，是關門鍵之形。
⿱才車	聲旁	 銘文選八八一・中山王嚳方壺・晉・戰國晚	 11219・郾侯載戈・燕・戰國晚
𢦏	聲旁	 5428・叔趩父卣・西周早	 金文通鑒 5256・遣伯簋・西周中
		 4466・𩰫从盨・西周晚	 608・戴叔慶父鬲・春秋早

之

980・魚鼎匕・晉・戰國

在 聲旁

2837・大盂鼎・西周早

4046・㜸簋・西周中

9715・杕氏壺・晉・春秋晚

銘文選八八一・中山王嚳方壺・晉・戰國晚

雪齋二集72頁附圖二・枼可忌豆・齊・戰國

𡳿 形旁

7732・𡳿爵・殷

5322・𨶹卣・西周早

近出36・晉侯蘇編鐘二・西周晚

中國歷史文物2009年2期・鮑子鼎・齊・春秋晚

4096・陳逆簋・齊・戰國早

銘文選八八二・㝅螸壺・晉・戰國晚

時 聲旁

11786・吕大叔斧・晉・春秋

銘文選八八一・中山王嚳方壺・晉・戰國晚

先　形旁

5417・小子𧊒卣・殷

2837・大盂鼎・西周早

250・㾓鐘・西周中

2841・毛公鼎・西周晚

268・秦公鎛・秦・春秋早

158・𬳚羌鐘・晉・戰國早

銘文選八八二・𧈑盜壺・晉・戰國晚

志　聲旁

銘文選八八一・中山王𰯼方壺・晉・戰國晚

珍秦（吴越三晉篇）237頁・七年王子戈・戰國晚

蚩　聲旁

10190・王子造匜・戰國

按：釋作「蚩」。

䡍　形旁

3848・遣小子䡍簋・西周晚

帀

出

師	聲旁	 4144・𩐨作父乙簋・殷	 文物 2011 年 11 期・師𩁹鼎・西周早
		 4206・小臣傳簋・西周早	 4252・大師虘簋・西周中
		 4116・師害簋・西周晚	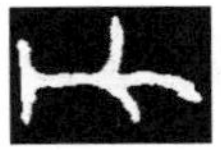 9706・孫叔師父壺・邛・春秋
		 銘文選八八二・𧊒盗壺・晉・戰國晚	 11406・廿五年上郡守戈・戰國晚
詘	聲旁	 11406・廿五年上郡守戈・戰國晚	 10384・高奴禾石權・秦・戰國
朏	聲旁	 2831・九年衛鼎・西周中	
屈	聲旁	 11393・楚屈叔佗戈・楚・春秋早	 近出二 1097・塞公屈顙戈・楚・春秋中
		 38・𨚕篙鐘・楚・春秋晚	

索

[illegible] 聲旁

2831・九年衛鼎・西周中

[illegible] 聲旁

10847・[illegible]戈・殷晚

9091・索諆爵・西周早

10317・伯索史盂・春秋早

孛

郣 聲旁

11508・廿二年左郣矛・戰國

𣎵

秭 聲旁

2838・曶鼎・西周中

姊 聲旁

新收1601・公仲簋・西周中

4572・季宮父簠・西周晚

師 聲旁

2648・小子射鼎蓋・殷

10174・兮甲盤・西周晚

生

眚

聲旁

5394・小子省卣器・殷

7234・省作父丁觚・西周早

4276・豆閉簋・西周中

4295・揚簋・西周晚

4120・眚仲之孫簋・春秋早

青

聲旁

近出943・訇盉・西周中

10175・史牆盤・西周中

産

形旁

2782・哀成叔鼎・晉・春秋晚

11602・蔡侯産劍・蔡・戰國早

10407・鳥書箴銘帶鉤・楚・戰國

姓

亦聲

271・𬭚鎛・齊・春秋中或晚

丰

姓	亦聲	 新收 1409・自鐸・楚・春秋	
奉	聲旁	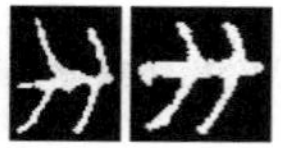 10176・散氏盤・西周晚	
夆	聲旁	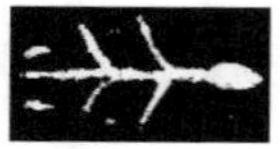 5412・二祀切其卣・殷	 近出 996・夆盤・西周早
		 2831・九年衛鼎・西周中	 近出二 436・一式瘋簋・西周中
		 文博 2007 年 2 期 17 頁・譽鼎・西周晚	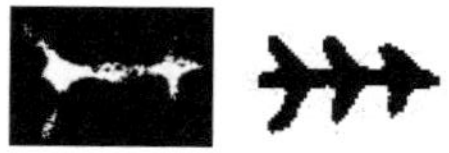 10282・夆叔匜・夆・春秋早
邦	聲旁	 2837・大盂鼎・西周早	 2837・大盂鼎・西周早
		 10175・史牆盤・西周中	 4313・師寰簋蓋・西周晚
		 271・𦎫鎛・齊・春秋中或晚	 2782・哀成叔鼎・晉・春秋晚

10361・國差𦉜・齊・春秋
11758・中山侯鉞・晉・戰國中

銘文選八八二・好盜壺・晉・戰國晚
圖像2387・春平相邦葛得鼎・晉・戰國晚

11395・八年呂不韋戈・秦・戰國晚

蚗 形旁
3630・兄簋・西周
按：或認爲从「玉」旁。

畫 聲旁
4880・䀠𤰇卣・殷

埶 聲旁
1981・作埶从彝方鼎・殷
6435・作埶從彝觶・西周早
9384・作𢀛從彝盉・西周早

粠 聲旁
4287・伊簋・西周晚
4293・六年召伯虎簋・西周晚

垶 聲旁
10154・魯少司寇盤・魯・春秋

甾		丯丯		乇			
⿰甾寸 聲旁  銘文選八八一・中山王嚳方壺・晉・戰國晚	 銘文選八八〇・中山王嚳鼎・晉・戰國晚	豐 聲旁  5357・㡘季遽父卣・西周早 按：或認爲从「玨」旁。	 246・𤼈鐘・西周中  4280・元年師旋簋・西周晚	託 聲旁  6010・蔡侯尊・蔡・春秋晚  11267・單諎託戈・晉・戰國早	⿰音乇 聲旁  10171・蔡侯盤・蔡・春秋晚	⿰乇攴 聲旁  11238・郾王戎人戈・燕・戰國晚	亳 聲旁  7253・乙亳戈册觚・殷  10876・亳册戈・殷

束

諫	聲旁	 2837・大盂鼎・西周早	 2836・大克鼎・西周晚	
霥	聲旁	 4632・曾伯霥簠・曾・春秋早		

桼

漆	聲旁	 11405・十五年上郡守壽戈・秦・戰國晚	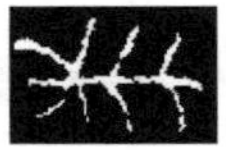 11363・□年上郡守戈・秦・戰國
鈓	聲旁	 102・邾公釛鐘・邾・春秋	
厇	聲旁	 銘文選八八〇・中山王譽鼎・晉・戰國晚	
		 268・秦公鎛・秦・春秋早	
宅	聲旁	 新收 1166・宅止癸爵・殷晚	 4201・小臣宅簋・西周早
		 考古與文物 2010 年 2 期・内史亳觚・西周早	 11085・亳庭戈・春秋晚

朿

敕	涑	朿屯	勅	刺			
形旁	聲旁	形旁	形旁	聲旁			
 4315・秦公簋・秦・春秋早	 11213・涑鄙戈・晉・戰國早	 銘文選八八一・中山王譽方壺・晉・戰國晚	 2346・勅[illegible]作丁侯鼎・西周早	 5338・剌作兄丁辛卣・殷	 10175・史牆盤・西周中	 267・秦公鎛・秦・春秋早	 123・者沪鐘・楚・戰國早
 10371・陳純釜・齊・戰國				 2807・大鼎・西周中	 4459・翏生盨・西周晚	 10152・宗婦鄁嬰盤・春秋	 銘文選八八二・好蚉壺・晉・戰國晚

柬	闌	聲旁	 2810・鄂侯鼎・西周晚	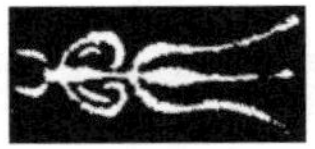 2811・王子午鼎・楚・春秋中或晚
			 261・王孫遺者鐘・楚・春秋晚	
	諫	聲旁	 江漢考古 2014 年 1 期 ,66 頁-4・曾侯諫盉・西周早	
			 4237・臣諫簋・西周中	 4285・諫簋・西周晚
			 10332・曾孟嬭諫盆・曾・春秋	
口	圖	形旁	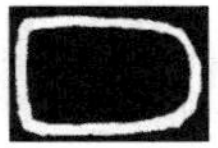 9870・子廟圖方彝・殷	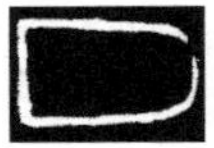 5005・子廟圖卣・西周早
			 2814・無叀鼎・西周晚	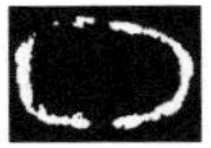 2825・膳夫山鼎・西周晚
			 10176・散氏盤・西周晚	 11396・五年呂不韋戈・秦・戰國晚

國	形旁	 5420・录刻卣器・西周中	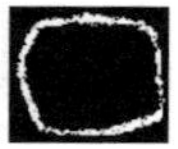 10167・綴伯盤・西周晚
		 4086・宗婦鄁嬰簋蓋・春秋	
囿	形旁	 4315・秦公簋・秦・春秋早	
圃	形旁	 3990・亞鄧父乙簋・殷	 5416・召卣・西周早
		 4402・圃盨・西周晚	
固	形旁	 9686・十三朱壺・晉・戰國早	 10447・十四朱雙翼神獸・晉・戰國晚
[illegible]	聲旁	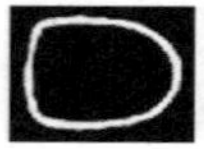 10175・史牆盤・西周中	
圍	形旁	 近出二327・柞伯鼎・西周晚	 9733・庚壺・齊・春秋晚

貝

圂	形旁	 6653・圂觚・殷	 2841・毛公鼎・西周晚
困	形旁	 7737・困爵・西周早	
囝	形旁	 1048・囝鼎・殷	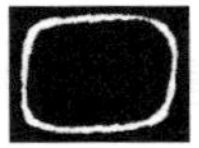 7321・囝爵・西周早
圉	形旁	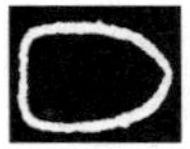 10175・史牆盤・西周中	
貹	聲旁	 近出 1168・郾左戈・齊・戰國早	 11815・齊城右造刀・齊・戰國晚
賓	聲旁	 9982・喪史賓瓶・戰國	
賔	聲旁	 4283・師賔簋蓋・西周中	
媍	聲旁	 考古 2012 年 07 期 37 頁圖十八：1・亞簋・西周早	 4141・圅皇父簋・西周晚

貝

2546・輔伯雁父鼎・西周晚

10281・鄭大内史叔上匜・鄭・春秋

勛 聲旁

銘文選八八一・中山王嚳方壺・晉・戰國晚

隕 聲旁

銘文選八八〇・中山王嚳鼎・晉・戰國晚

對 形旁

4302・录伯𢦚簋蓋・西周中

具 形旁

5380・馭卣器・殷

1549・具父乙鼎・西周早

2341・叔具鼎・西周早

2838・曶鼎・西周中

2831・九年衛鼎・西周中

2818・鬲攸从鼎・西周晚

268・秦公鎛・秦・春秋早

4631・曾伯霥簠・曾・春秋早

9706・孫叔師父壺・邛・春秋

貧 形旁

2809・師旂鼎・西周中

10285・儹匜・西周晚

贎 形旁

184・余贎逨兒鐘・徐・春秋晚

賢 形旁

4104・賢簋・西周中

贊 形旁

銘文選八八二・好盗壺・晉・戰國晚

賀 形旁

銘文選八八一・中山王嚳方壺・晉・戰國晚

貣 形旁

99・黝編鎛（二）・楚・春秋晚

11788・吕大叔斧・晉・春秋

144・越王者旨於賜鐘・越・戰國早

貿 形旁

2719・公貿鼎・西周中

賸 形旁

9705・番匊生壺・西周中

2546・輔伯雁父鼎・西周晚

近出 458・鄧公簋・西周晚

2526・蘇冶妊鼎・蘇・春秋早

4625・長子沫臣簠・楚・春秋晚

賞 形旁

2838・曶鼎・西周中

158・厵羌鐘・晉・戰國早

銘文選八八一・中山王嚳方壺・晉・戰國晚

賜 形旁

10373・郾客問量・楚・戰國

新收 386・公賜盉・晉・戰國中

銘文選八八〇・中山王嚳鼎・晉・戰國晚

贏	形旁	 5426・庚贏卣器・西周早	 2027・贏氏鼎・西周中
貳	形旁	 4292・五年召伯虎簋・西周晚	 近出二588・五年琱生尊乙・西周晚
賓	形旁	 5415・保卣蓋・西周早	 4195・𧻚簋・西周中
		 4232・史頌簋・西周晚	 261・王孫遺者鐘・楚・春秋晚
		 347・曾侯乙鐘(上三5)・曾・戰國早	
質	形旁	 考古與文物2013年1期27頁圖二・二十九年弩機・戰國晚	
		 11321・卅四年頓丘戈・晉・戰國	
賸	形旁	 11345・八年新城大令戈・晉・戰國	

責

形旁

2653・小臣缶方鼎・殷

2555・旂鼎・西周早

10174・兮甲盤・西周晚

4315・秦公簋・秦・春秋早

貯

形旁

金文通鑒 12341・貯壺・殷晚

4330・沈子它簋蓋・西周早

2832・五祀衛鼎・西周中

2827・頌鼎・西周晚

銘文選八八二・好蚉壺・晉・戰國晚

銘文選八八二・好蚉壺・晉・戰國晚

商

形旁

復旦網 2014 年 7 月 29 日・遡尊・殷

3906・攸簋・西周早

5425・競卣蓋・西周中

飛諾藏金・陳贎子戈・戰國中

買 形旁

1168・買鼎・殷

5590・買車尊・殷

4874・買車卣・殷

上博8期・亢鼎・西周早

新收1554・任鼎・西周中

4129・□叔買簋・西周晚

4129・□叔買簋・西周晚

近出二475・許公買簠・許・春秋晚

賤 形旁

新收1412・王四年相邦張儀戈・秦・戰國

貣 形旁

2841・毛公鼎・西周晚

按：釋作「賦」。

戝 形旁

11671・六年安平守鈹・晉・戰國

按：釋作「賦」。

賃 形旁

12098・王命龍節・戰國

銘文選八八一・中山王嚳方壺・晉・戰國晚

賣	形旁		2838・曶鼎・西周中		
貴	形旁		10407・鳥書箴銘帶鉤・楚・戰國		
𧵍	形旁	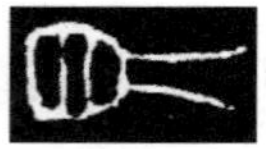	4190・陳𧵍簋蓋・齊・戰國早		
貧	形旁		2719・公貿鼎・西周中		
貞	形旁		10174・兮甲盤・西周晚		
責	形旁		9773・責甲罍・殷		9288・責引觥・殷
			新收1794・責尊・殷晚		3209・責父辛簋・西周早
			3868・祖辛簋・西周中		

[illegible]	形旁	 2839・小盂鼎・西周早	
[illegible]	形旁	 12113 鄂君啓舟節・楚 戰國	
[illegible]	形旁	 10373・郾客問量・楚・戰國	
[illegible]	形旁	 近出二6・文公之母弟鐘・春秋晚	
[illegible]	形旁	 1933・中脯王鼎・戰國晚	
貿	形旁	 出土文獻（第一輯）170頁圖三・叔子穀盤・春秋	 金文通鑒19232・叔子穀栽・戰國早
實	形旁	 10176・散氏盤・西周晚	 近出526・邿召簠・邿・西周晚
		 4317・䵼簋・西周晚	 10361・國差𦉜・齊・春秋

寶　形旁	 2648・小子射鼎蓋・殷	 國博館刊 2012 年 1 期・史寶卣器・西周早
	 5130・作寶尊彝卣・西周早	 5224・𨸏伯卣・西周早
	 2126・𠂔作父己鼎・西周早	 6478・伯旚觶・西周早
	 540・大作𣪘鬲・西周早	 金文通鑒 13795　太保罍蓋・西周早
	 9532・办作寶彝壺・西周早	 考古學報 2018 年 2 期・鳥形盉・西周中
	 3491・伯尚簋・西周中	 1953・舟作寶鼎・西周中
	 2469・大師人鼎・西周晚	 3785・𪒠君妊簋・西周晚
	 3893・齊巫姜簋・齊・西周晚	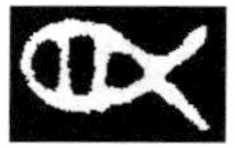 4567・魯伯俞父簠・魯・春秋早

10145・毛叔盤・毛・春秋早

上博10期・伯遊父盤・黄・春秋中

10318・齊侯盂・齊・春秋晚

9982・喪史寘瓶・戰國

⿱宀⿰貝畐 形旁

文博2008年2期9頁圖16, 17・伯寶父盨・西周晚

近出527・蔡侯簠・蔡・春秋晚

貢 形旁

銘文選八八二・好盗壺・晉・戰國晚

狽 聲旁

5278・狽元作父戊卣器・殷或西周早

9242・宁狽父丁斝・西周早

10539・作狽寶彝器・西周早

臯 形旁

2812・師朢鼎・西周中

10175・史牆盤・西周中

109・井人妄鐘・西周晚

238・虢叔旅鐘・西周晚

	晏	形旁	 10386・王子嬰次盧・楚・春秋晚	
	鼂	聲旁	 4159・鼂簋・西周中	
	助	形旁	 4261・天亡簋・西周早	
賏	嬰	亦聲	 52・王子嬰次鐘・楚・春秋晚	
員	敗	形旁	 管子學刊 2015 年 3 期・申簋・西周早	 4216・五年師旋簋・西周晚
			 圖像 19182・鄂君啓舟節・楚・戰國	
邑	𨛫	形旁	 4313・師寰簋蓋・西周晚	 11295・章子戈・楚・春秋早
	邦	形旁	 2837・大盂鼎・西周早	 10175・史牆盤・西周中

郡 形旁

近出二1197・王七年上郡守疾戈・秦・戰國中

11405・十五年上郡守壽戈・秦・戰國晚

鄉 形旁

11264・十八年鄉左庫戈・晉・春秋

4613・上鄀府簠・楚・春秋晚

鄀 形旁

2771・鄀公平侯鼎・鄀・春秋早

4569・鄀公簠蓋・鄀・春秋早

圖像2387・春平相邦葛得鼎・晉・戰國晚

11395・八年呂不韋戈・秦・戰國晚

11758・中山侯鉞・晉・戰國中

銘文選八八二・好盗壺・晉・戰國晚

2782・哀成叔鼎・晉・春秋晚

10361・國差罐・齊・春秋

4313・師寰簋蓋・西周晚

271・黔鎛・齊・春秋中或晚

都 形旁

260・㝬鐘・西周晚

271・𬍩鎛・齊・春秋中或晚

10906・中都戈・齊・春秋

11404・十二年上郡守壽戈・秦・戰國晚

11653・廿九年高都令劍・晉・戰國晚

11302・廿九年高都令戈・晉・戰國

11909・庚都司馬鐓・燕・戰國

10461・洵都小器・齊・戰國

邙 形旁

11291・十年邙令差戈・晉・戰國

鄘 形旁

289・曾侯乙鐘(下二1)・曾・戰國早

郘 形旁

11379・十七年丞相啓狀戈・秦・戰國

鄭 形旁

古24・與兵方壺・楚・春秋中或晚

10994・鄭左庫戈・晉・戰國

鄩	形旁	 271・綸鎛・齊・春秋中或晚		
鄆	形旁	 10828・鄆戈・齊・戰國晚		
邗	形旁	 11270・非鈙戈・戰國早	 11335・四年邗令戈・晉・戰國	
郤	形旁	 近出1117・郤氏左戈・戰國晚		
邵	形旁	 近出二458・敹公盨・西周中	 銘文選八八一・中山王譽方壺・晉・戰國晚	
鄲	形旁	 2574・鄲孝子鼎・晉・戰國中		
鄾	形旁	 2738・蔡大師鼎・蔡・春秋晚	 金文通鑒17126・鄾子戈・戰國早	
鄦	形旁	 4616・許子妝簠・許・春秋		

郾	形旁	 銘文選八八二・郾盗壺・晉・戰國晚	 11109・郾王右庫戈・燕・戰國晚
		 11226・郾王職戈・燕・戰國晚	 11272・郾侯脮戈・燕・戰國晚
鄭	形旁	 12108・新郪虎符・秦・戰國晚	
鄧	形旁	 2573・鄧公乘鼎・楚・春秋中	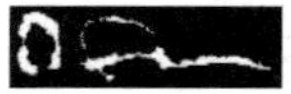 2235・鄧子午鼎・楚・春秋晚
		 近出 348・以鄧鼎・春秋晚	
鄭	形旁	 4113・邢南伯簋・西周中	 古三十年・虎龘公佗戈・春秋晚
鄂	形旁	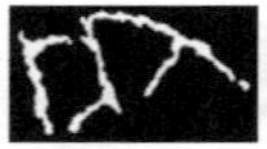 4694・郪陵君王子申豆・楚・戰國晚	 圖像 19182・噩君啓舟節・楚・戰國
		 419・□鄂道鐸・戰國	

鄂 形旁

圖像19182・噩君啓舟節・楚・戰國

邾 形旁

10221・尋伯匜・西周晚

102・邾公釛鐘・邾・春秋

邵 形旁

圖像19182・噩君啓舟節・楚・戰國

邡 形旁

12112・噩君啓車節・楚・戰國

鄱 形旁

新收283・郘子成周鐘・春秋晚

鄙 形旁

圖像19182・噩君啓舟節・楚・戰國

郜 形旁

飛諾藏金93頁・□公之造戈・齊・春秋晚

9730・洹子孟姜壺・齊・春秋

11214・肵君戟・楚・戰國早

11042・郙之新造戈・楚・戰國早

邛 形旁

4598・曾侯簠・曾・西周晚

圖像續 535・濫盂・春秋中

9706・孫叔師父壺・邛・春秋

2693・廿三年𣪘朝鼎・晉・戰國

郐 形旁

2675・徐王攍鼎・徐・春秋早

2715・庚兒鼎・春秋中

203・沇兒鐘・徐・春秋晚

11311・越王者旨於睗戈・越・春秋晚

2766・徐𬫬尹譬鼎・楚・戰國早

飛諾藏金 45 頁・向壽戈・楚・戰國中或晚

郙 形旁

2602・郙伯祁鼎・郙・春秋早

邗 形旁

9678・趙孟庎壺・晉・春秋晚

新收 1870・越王州句劍・越・戰國早

部 形旁

11299・廿三年部令戈・晉・戰國

邪
形旁

11379・十七年丞相啓狀戈・秦・戰國

郳
形旁

596・郳始鬲・小邾・春秋早

郛
形旁

11508・廿二年左郛矛・戰國

戜
形旁

摹本 11334・□鏞用戈・春秋早

摹本 9733・庚壺・齊・春秋晚

俋
形旁

新收 522・俋子孟青嬭簠・楚・春秋晚

邨
形旁

珍秦（吳越三晉篇）109 頁・廿七年頓丘令覭酉戟・晉・戰國中

郙
形旁

11611・郙王劍・吕・春秋

鄙
形旁

4297・鄙簋・西周晚

鄯 形旁

4086・宗婦鄁嫛簋蓋・春秋

邟 形旁

近出96・達邟鈕鐘（3）・舒・春秋早

近出94・達邟編鎛（3）・舒・春秋早

近出95・達邟編鎛（4）・舒・春秋早

𨛜 形旁

10823・梁戈・春秋

2610・廿七年大梁司寇鼎・晉・戰國晚

邶 形旁

11907・邶𨚵庫鐓・戰國

郗 形旁

4501・王孫霝簠・春秋晚

12112・鄂君啓車節・楚・戰國

郕 形旁

近出二257・曾侯郕之飤鼎・曾・春秋晚

11621・越王勾踐劍・越・春秋晚或戰國早

⿰夂阝	⿰𠂤川	鄝	⿰𠂤廣	⿰𠂤中	郾	⿰𠂤侖	
形旁	形旁	形旁	形旁	形旁	形旁	形旁	
 2699・散伯車父鼎・西周晚	 945・邕子良人甗・春秋早	 文物2014年1期・鄝子痎戈・鄝・春秋晚	 4152・鄺侯少子簋・莒・春秋	 9995・邨子賓缶・楚・春秋	 10915・長郾戈・楚・戰國	 4573・曾子原魯簠・曾・春秋	 11094・曾侯邺戈・曾・戰國早  11175・曾侯邺雙戈戟・曾・戰國早

邢	形旁		10175・史牆盤・西周中
⿰阝申	形旁		飛諾藏金 85 頁・⿰阝申右庫矛・晉・戰國
⿰阝兆	形旁		圖像 19182・噩君啓舟節・楚・戰國
⿰阝兒	形旁		1139・⿰兒阝鼎・戰國
⿰阝世	形旁		圖像 5132・賈伯簋丙・西周晚
⿰阝期	形旁		156・能原鎛・越・春秋晚
⿰阝易	形旁		10907・⿰阝易戈・春秋
⿰阝冒	形旁		4016・冒阝公簋・春秋

字	形旁	字形	出處
郲	形旁		10475・十四茉帳橛・晉・戰國晚
⿰羕阝	形旁		11027・⿰羕阝戈・楚・春秋晚
鄙	形旁		近出336・鄙甘𦎫鼎・西周晚
鄭	形旁		4637・楚子敦・楚・春秋晚
⿰盍阝	形旁		2597・伯⿰盍阝父鼎・西周晚
郳	形旁		4245・三兒簋・徐・春秋
⿰曷阝	形旁		圖像2387・春平相邦葛得鼎・晉・戰國晚
⿰秦阝	形旁		11675・三年馬師鈹・晉・戰國

郋 形旁  圖像 2387・春平相邦葛得鼎・晉・戰國晚

邽 形旁  12113・鄂君啓舟節・楚・戰國

鄦 形旁  近出 45・晉侯蘇編鐘十一・西周晚

邪 形旁  11360・元年邪令戈・晉・戰國晚

郘 形旁  228・郘黛鐘・晉・春秋晚

鄆 形旁  10829・鄆戈・戰國

⿰縣阝 形旁  4631・曾伯霥簠・曾・春秋早

⿰⿱罒又阝 形旁  11213・涑⿰⿱罒又阝戈・晉・戰國早

鄵 形旁  12112・鄂君啓車節・楚・戰國

竈 形旁  322・曾侯乙鐘(中三2)・曾・戰國早

 新收 1481・漁陽鈹・戰國早  11717・十八年建信君鈹・晉・戰國晚

䣙 形旁  新收 1692・䣙凡伯怡父鼎・春秋晚

鄗 形旁  12113・鄂君啓舟節・楚・戰國

鄖 形旁  289・曾侯乙鐘(下二1)・曾・戰國早

郪 形旁  10054・太保盤・西周早

鄘 形旁  2732・鄘大史申鼎・莒・春秋晚

鄒	形旁		珍秦（吴越三晉篇）48 頁・亭佐鄒之戈・戰國
鄺	形旁		10897・鄺戈・齊・春秋晚
隓	形旁		江漢考古 2011 年 4 期・隓（隨）仲嬭加鼎・隨・春秋中

商周金文偏旁譜　卷七

日

晝	形旁		4317・㝬簋・西周晚		
時	形旁		11786・吕大叔斧・晉・春秋		銘文選八八一・中山王礜方壺・晉・戰國晚
香	形旁		2839・小盂鼎・西周早		4240・免簋・西周中
			新收 507・𠨘子受編鐘・楚・春秋晚		
星	聲旁		4644・拍敦・齊・春秋		
朙	形旁		銘文選八八一・中山王礜方壺・晉・戰國晚	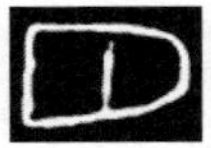	銘文選八八二・好盗壺・晉・戰國晚
昃	形旁		新收 532・𠨘子昃鼎・楚・春秋晚		11123・滕侯昃戈・滕・春秋晚

	 鳥篆字編下 123・曾侯昊戈・戰國早	 11864・私庫嗇夫鑲金銀泡飾・晉・戰國中或晚
昏 形旁	 近出二 327・柞伯鼎・西周晚	
冒 形旁	 10171・蔡侯盤・蔡・春秋晚	 11211・工城戈・齊・戰國早
	 飛諾藏金 21 頁・十三年蜀守戈・秦・戰國晚	 11902・廿四年銅梃・燕・戰國
眭 形旁	 11251・陳旺戟・楚・戰國晚	
[目選] 形旁	 6015・麥方尊・西周早	 考古學報 2018 年 1 期・霸伯盂・西周中
縣 形旁	 金文通鑒 2367・古鼎・西周中	 9562・左使車工嗀壺・戰國早
	 10447・十四枼雙翼神獸・晉・戰國晚	 10451・左使車工嗀山形器・晉・戰國晚

昔	形旁	 6014 • 何尊 • 西周早	 文物 2014 年 1 期 • ⿰臣凡卣 • 西周中
		 商周金文編 627 • 四十二年逨鼎戊 • 西周晚	 銘文選八八二 • 好盗壺 • 晉 • 戰國晚
昊	形旁	 10175 • 史牆盤 • 西周中	 近出二 1219 • 二年平陶令戈 • 戰國晚
⿰日乙	形旁	 2533 • 仲⿰日乙父鼎 • 西周中	
⿱王日	形旁	 9685 • 十二苿扁壺 • 戰國早	
⿱夭日	形旁	 古 23 • 者兒戈 • 春秋晚或戰國早	
⿰言日	形旁	 文物 2008 年 1 期 • 競之定豆 • 楚 • 春秋晚或戰國早	
⿰日臽	形旁	 玫茵堂 117 • 伯⿰日臽盤 • 西周中	

𥉁	形旁	 2676・㴱伯鼎・西周中
𥌒	形旁	 5407・作册睘卣・西周早  4289・師酉簋・西周中  4215・𨾾簋蓋・西周晚
𥃳	形旁	 6015・麥方尊・西周早  4220・追簋・西周中  10173・虢季子白盤・西周晚
𥈴	形旁	 近出 29・戎生編鐘三・西周晚或春秋早  2826・晉姜鼎・春秋早
𣝇	形旁	 11296・王五年上郡疾戈・秦・戰國
𥄕	形旁	 8620・𥄕父辛爵・殷或西周早
𥋐	形旁	 4240・免簋・西周中  新收 507・𨚕子受編鐘・楚・春秋晚
𥌎	形旁	 626・𢐗君鬲・西周晚

衵

形旁

9969・衵鑐・西周晚

咸

形旁

新收1209・唐子仲瀕兒匜・唐・春秋中

10361・國差𦉜・齊・春秋

旨日

形旁

9035・伯□爵・西周

朝

形旁

6016・夨令方尊・西周早

4266・趞簋・西周中

3967・仲殷父簋・西周晚

杲

形旁

吴越文字彙編187・越戈・越・戰國早

旱

形旁

5409・貉子卣・西周早

4271・同簋・西周中

昜

形旁

11289・宋公差戈・齊・春秋晚

銘文選八八二・好蚉壺・晉・戰國晚

昚

形旁

245・邾公華鐘・邾・春秋晚

間 形旁

10974・間右庫戈・晉・戰國早

旻 形旁

123・者沪鐘・楚・戰國早

旦

但 聲旁

12041・上造但車軎・秦・戰國晚

早

桿 聲旁

10374・子禾子釜・齊・戰國

昔

趞 聲旁

2783・七年趞曹鼎・西周中

2784・十五年趞曹鼎・西周中

譜 聲旁

2481・二年寧鼎・晉・戰國晚

譽 聲旁

銘文選八八一・中山王譽方壺・晉・戰國晚

銘文選八八〇・中山王譽鼎・晉・戰國晚

倝

耤	䇎	措	𩏂	韽	雗	𩐁	韐
聲旁	聲旁	聲旁	聲旁	聲旁	聲旁	聲旁	聲旁
 2803・令鼎・西周早  4257・弭伯師耤簋・西周晚	 11267・單䇎託戈・晉・戰國早	 銘文選八八一・中山王譽方壺・晉・戰國晚	 261・王孫遺者鐘・楚・春秋晚	  203・沇兒鐘・徐・春秋晚	 2205・鶾叓父鼎・西周  10342・晉公盆・晉・春秋	 銘文選八八二・妾盗壺・晉・戰國晚	 182・徐王子旃鐘・徐・春秋

㫃

鍬 聲旁

11588・韓鍾劍・晉・春秋晚或戰國早

䡨 聲旁

近出75・王孫誥編鐘十六・楚・春秋晚

11318・三年脩余命韓誰戈・晉・戰國晚

旂 形旁

2555・旂鼎・西周早

4276・豆閉簋・西周中

9731・頌壺・西周晚

近出1009・邿公典盤・邿・春秋中

423・蒿君鉦鋮・春秋晚

102・邾公釛鐘・邾・春秋

旟 形旁

首陽102頁・芮伯簋・西周中

旝 形旁

182・徐王子旊鐘・徐・春秋

旋 聲旁

1340・婦旋鼎・殷

旋鼎・1051・殷

		 10360・召圜器・西周早	
旆	形旁	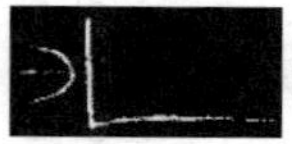 銘文選八八一・中山王譽方壺・晉・戰國晚	
斿	形旁	 2347・斿鼎・西周早或中	
族	形旁	 圖像 11204・婦□孖尊・殷	
[illegible]	形旁	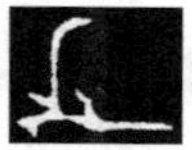 4263・格伯簋・西周中	
旋	形旁	 9901・夨令方彝器・西周早	 4216・五年師旋簋器・西周晚
[illegible]	形旁	 集釋 44 頁・太保盉蓋・西周早	
[illegible]	形旁	 3628・[illegible]簋・西周早	

字	形旁	出處
⿸㫃婁	形旁 	南開學報 2008 年 6 期・衛簋甲蓋・西周中
⿸㫃魚	形旁 	4525・伯⿸㫃魚魚父簠・春秋早
⿸㫃盧	形旁 	2679・⿸㫃盧叔樊鼎・西周晚或春秋早
⿸㫃覃	形旁 	4466・斛从盨・西周晚
⿸㫃童	形旁 	4326・番生簋蓋・西周晚
斿	形旁 	2373・中斿父鼎・西周早
		9628・曾仲斿父方壺・春秋早
		11361・四年㣜斿戈・秦・戰國晚
		980・魚鼎匕・晉・戰國
⿸㫃言	形旁 	9293・⿸㫃言觥・西周早

旄 形旁  4214・師遽簋蓋・西周中		
旅 形旁  新收1430・旅觚・殷晚期	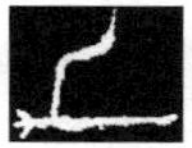 2400・亞若癸鼎・殷	
 8683・旅父癸爵・殷或西周早	 1632・旅父辛鼎・殷或西周早	
 8818・員作旅爵・西周早	 5698・作旅彝尊・西周早	
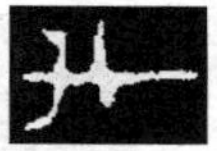 5983・啓作祖丁尊・西周早	 金文通鑒10646・丞仲觶蓋・西周中	
 10306・虢叔盂・西周中	 2816・伯晨鼎・西周中或晚	
 4310・此簋・西周晚	 10240・⿱宀其孟姜匜・西周晚	
 3548・仲言父簋・西周晚	 4428・滕侯蘇盨・滕・春秋早	

		旜 形旁	旃 形旁	旓 形旁	族 形旁		
 9979・陳公孫寣父瓶・陳・春秋早	 小邾國遺珍 43 頁・正叔止士㪟俞簠・小邾・春秋	 6460・事作小旅觶・西周早	 226・邵黛鐘・晉・春秋晚	 9898・吴方彝蓋・西周中	 4029・明公簋・西周早	 2841・毛公鼎・西周晚	 326・曾侯乙鐘(中三6)・曾・戰國早
 4546・薛子仲安簠・薛・春秋早	 11634・郾王職劍・燕・戰國晚				 4289・師酉簋・西周中	 11547・秦子矛・秦・春秋	 9700・陳喜壺・齊・戰國早

旝

形旁

4579・史免簠器・西周晚

4628・伯公父簠・西周晚

4615・叔家父簠・春秋早

⿸㫃袁

形旁

近出31・戎生編鐘五・晉・春秋早

⿸㫃古

形旁

銘文選八八一・中山王譽方壺・晉・戰國晚

⿸㫃康

形旁

3671・⿸㫃康司徒椃簋・西周早

⿸㫃易

形旁

近出72・王孫誥編鐘十三・楚・春秋晚

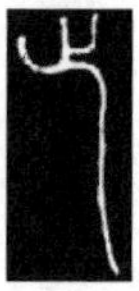

85・楚王酓璋鎛・楚・戰國早

⿸㫃袁

形旁

金文通鑒14782・朿盉蓋・西周中

⿸㫃户

形旁

7306・⿰糸⿸㫃户觚・殷

⿸㫃䖵

形旁

2839・小盂鼎・西周早

旅

旝 形旁

近出744・旅止冈觚・殷晚

旐 形旁

新收1197・楚旐鼎・春秋晚

闟 聲旁

11360・元年邪令戈・晉・戰國晚

嫌 聲旁

1903・作母嫌彝鼎・西周

斿

斿 聲旁

2423・曾侯仲子遊父鼎・曾・春秋早

遊 聲旁

上博10期・伯遊父鐳・楚・春秋中

銘文選八八一・中山王譽方壺・晉・戰國晚

圖像19182・鄂君啓舟節・楚・戰國

晶

游 聲旁

172・鄘叔之仲子平鐘・莒・春秋晚期

壘 形旁

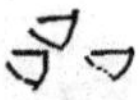
11669・王立事鈹・晉・戰國

疊 形旁

3801・𨟻叔山父簋・西周晚

月

⿱亠月 形旁

5928・薛作日癸尊・西周早

10133・薛侯盤・西周晚

4556・走馬薛仲赤簠・薛・春秋早

10263・薛侯匜・薛・春秋

肖 形旁

2610・廿七年大梁司寇鼎・晉・戰國晚

11388・十五年政令戈・晉・戰國

朙 形旁

江漢考古 2014 年 4 期・曾侯贎編鐘 M1.1・曾・春秋晚

2611・卅五年鼎・晉・戰國

朏 形旁

2831・九年衛鼎・西周中

霸 形旁	 2760・作册大方鼎・西周早	 2806・大鼎・西周中	 2827・頌鼎・西周晚
朘 形旁	 11272・郾侯朘戈・燕・戰國晚		
玥 形旁	 10385・司馬成公權・晉・戰國		
朙 形旁	 近出241・明亞乙鼎・殷晚	 9901・夨令方彝蓋・西周早	
	 566・戒作鎬宫鬲・西周早	 1988・明我作鼎・西周早或中	
	 10175・史墻盤・西周中	 4242・叔向父禹簋・西周晚	
	 267・秦公鎛・秦・春秋早	 203・沇兒鐘・徐・春秋晚	
	 銘文選八八一・中山王譽方壺・晉・戰國晚	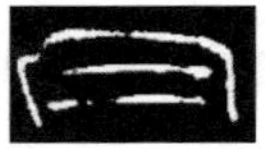 10372・商鞅方升・秦・戰國	

字	偏旁	字形	出處	字形	出處
瓦	形旁		6451・姞瓦母觶・西周早		5431・高卣・西周早
			新收 1394・師道簋・西周中		2380・瓦鼎・西周中或晚
外	聲旁		2186・外叔鼎・西周早或中		4273・静簋・西周中
			2841・毛公鼎・西周晚		近出 28・戎生編鐘二・晉・西周晚或春秋早
			74・敬事天王鐘・楚・春秋晚		新收 276・□□鎛・春秋晚
塱	形旁		5426・庚嬴卣蓋・西周早		2789・𢦚方鼎・西周中
			2815・趞鼎・西周晚		4244・走簋・西周晚
			11131・司馬塱戈・齊・春秋		11313・九年戴丘令瘫戈・戰國早

	字	類別	字形	出處	字形	出處
	肙	形旁		948・遇甗・西周中		187・梁其鐘・西周晚
	閒	亦聲		260・㝬鐘・西周晚		11545・七年邦司寇矛・晉・戰國晚
	股	形旁		98・臧孫鐘・吴・春秋晚		
有	囿	聲旁		4315・秦公簋・秦・春秋早		
	宥	聲旁		908・宥父辛鼎・西周早		商周金文編 626・四十三年逨鼎丁・西周晚
	裒	聲旁		2334・裒𢦏父作瞿姛鼎・西周		
	盟	聲旁		9811・𢦏父丁罍・西周早		2812・師朢鼎・西周中
明				2811・王子午鼎・楚・春秋中或晚		245・邾公華鐘・邾・春秋晚

冏

			102・郑公鉤鐘・郑・春秋		復旦網 2014 年 6 月 22 日・晉公盤・晉・春秋
㮯	聲旁		古 24・㝬兵方壺・楚・春秋中或晚		近出 69・王孫誥編鐘十・楚・春秋晚
			182・徐王子旃鐘・徐・春秋		
㽞	聲旁		9491・盟商壺・殷		
盟	聲旁		2018・子作鼎盟彝鼎・殷		4241・㷱作周公簋・西周早
明	亦聲		近出 241・明亞乙鼎・殷晚		9901・夨令方彝蓋・西周早
			6015・麥方尊・西周早		金文通鑒 13795・太保罍蓋・西周早
			1988・明我作鼎・西周早或中		近出二 458・𩵦公盨・西周中

夕

		 10175・史牆盤・西周中	 187・梁其鐘・西周晚	
		 4242・叔向父禹簋・西周晚	 267・秦公鎛・秦・春秋早	
		 203・沇兒鐘・徐・春秋晚	 海岱153.15・司馬楙編鎛・齊・戰國早	
名	形旁	 7702・⺂爵・殷或西周早	 銘文選一四二・作册益卣・西周早	
		 181・南宫乎鐘・西周晚	 245・邾公華鐘・邾・春秋晚	按：或从「月」旁。
		 11696・少虡劍・晉・春秋		
夜	形旁	 5410・啓卣蓋・西周早	 4291・師酉簋・西周中	
		 2836・大克鼎・西周晚	 4313・師寰簋・西周晚	

		 銘文選八八一・中山王嚳方壺・晉・戰國晚	 11546・七年宅陽令矛・晉・戰國
夵	形旁	 銘文選八八二・好盗壺・晉・戰國晚	按：夵爲「夜」字異寫。
夤	形旁	 4315・秦公簋・秦・春秋早	
外	形旁	 96・臧孫鐘・吴・春秋	 銘文選八八一・中山王嚳方壺・晉・戰國晚
		 420・□外卒鐸・燕・戰國	
夙	形旁	 5410・啓卣・西周早	 2789・𢦚方鼎・西周中
		 4023・伯中父簋・西周中	 4288・師酉簋・西周中
		 63・逆鐘・西周晚	 2836・大克鼎・西周晚

			 2841・毛公鼎・西周晚	 268・秦公鎛・秦・春秋早
			 銘文選八八一・中山王嚳方壺・晉・戰國晚	
多	𡖅	形旁	 9690・周𡖅壺・西周中	
	奓	聲旁	 2605・許奓魯生鼎・春秋	
齊	齋	省聲	 10171・蔡侯盤・蔡・春秋晚	 11717・十八年建信君鈹・晉・戰國晚
			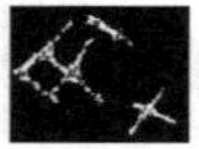 11684・十七年春平侯鈹・戰國晚	 11712・七年陽安君鈹・晉・戰國晚
	齍	聲旁	 544・仲[illegible]父鬲・西周中	
	𪗋	聲旁	 2730・厚趠方鼎・西周早	 2067・鼄鼎・西周早或中

儕 聲旁	齎 聲旁	櫅 聲旁					
 10128・殷穀盤・西周中	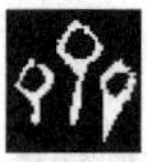 新收 1664・矩方鼎・西周早	 246・癲鐘・西周中	 2764・卌二年坪安君鼎・晉・戰國晚	 2610・廿七年大梁司寇鼎・晉・戰國晚	 546・姬艿母鬲・西周中或晚	 考古學報 2018 年 1 期・伯方鼎一・西周中	 考古學報 2018 年 1 期・伯釪鼎・西周中
 4216・五年師旋簋・西周晚		 10175・史牆盤・西周中	 1507・半齋鼎・晉・戰國		 560・伯邦父鬲・西周晚		

束

濟　聲旁

銘文選八八一・中山王響方壺・晉・戰國晚

⿰酉齊　聲旁

銘文選八八一・中山王響方壺・晉・戰國晚

棗　形旁

10922・酸棗戈・晉・戰國　按：訛爲來。

棘　形旁

2087・蔡子鼎・蔡・春秋晚或戰國早

諫　聲旁

10175・史牆盤・西周中

責　聲旁

2653・小臣缶方鼎・殷

2555・旂鼎・西周早

10174・兮甲盤・西周晚

4315・秦公簋・秦・春秋早

棘

僰　聲旁

5431・高卣・西周早

9723・十三年瘐壺・西周中

棗			近出 971・晉侯對馬方壺・西周晚	
	[門棗]	聲旁	5322・[門棗]卣・西周早	
	[女棗]	聲旁	717・邾友父鬲・小邾・春秋早	
	曩	聲旁	銘文選八八〇・中山王譽鼎・晉・戰國晚	
鼎	[虍鼎]	形旁	818・見作甗・西周早	總集 10・7976・之利殘片・春秋中或晚
	貞	聲旁	10176・散氏盤・西周晚	
	鼑	形旁	8828・鼑作寶爵・西周早	10175・史墻盤・西周中；10176・散氏盤・西周晚
			9963・黃君孟鑪・黃・春秋早	4528・曾子屖簠蓋・春秋晚

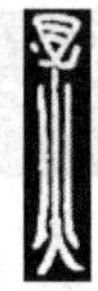
287・曾侯乙鐘(下一2)・曾・戰國早

・銘文選八八一・中山王嚳方壺・晉・戰國晚

贇 形旁

611・王作贇母鬲・春秋早

[illegible] 形旁

2726・歸娸進方鼎・西周早

鼏 形旁

614・叔鼏鬲・西周早

4315・秦公簋・秦・春秋早

近出二16・文公之母弟鐘・春秋晚

10361・國差罎・齊・春秋
按：訛爲貝旁。

鼾 形旁

2216・蔡侯鼾・蔡・春秋晚
按：以貞爲鼎。

盬 形旁
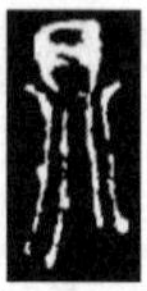
2357・楚叔之孫倗鼎・楚・春秋晚

鼾 形旁

2287・鈇侯之孫陳鼎・春秋

⿰鼎干 形旁	鼐 形旁		⿰石鼎 形旁	⿰鼎它 形旁	⿱緐鼎 形旁	⿱㓞鼎 形旁	
 2215・蔡侯⿰鼎干・蔡・春秋晚	 2578・娕作父庚鼎・殷或西周早	 2617・番昶伯者君鼎・番・春秋早	 2551・褱鼎・楚・春秋中或晚	 2551・褱鼎・楚・春秋中或晚	  近出280・倗鼎・春秋晚	 近出二580・長子口尊・西周早	 4232・史頌簋・西周晚
按：以貞爲鼎。	 2261・王作康季鼎・西周早	 文物2011年8期・叔左鼎・春秋中				 4122・录作辛公簋・西周中	 4235・史頌簋・西周晚

	 2423・曾侯仲子遊父鼎・曾・春秋早	 近出二32・鄖子受鎛鐘・楚・春秋晚
	 10152・宗婦鄁嬰盤・春秋	
⿱肉鼎 形旁	 5395・宰甫卣・殷	 1714・中婦鼎・西周早
	 2681・姬鼎・西周晚	 文物2011年8期・叔左鼎・春秋中　按：訛爲貝旁。
⿱肕鼎 形旁	 2614・曆方鼎・西周早	 2202・孟⿰鼎・西周
⿱將鼎 形旁	 4178・君夫簋蓋・西周中	
⿰爿鼎 形旁	 584・王作親王姬鬲・西周晚	 611・王作饗母鬲・春秋早
⿸户鼎 形旁	 2756・寓鼎・西周早或中	 531・季真鬲・西周中或晚

禾

訴 聲旁

184・余購徬兒鐘・徐・春秋晚

楙 聲旁

2775・小臣夌鼎・西周早

鑰 聲旁

9097・□鑰𨌲爵・西周早

录

親 聲旁

4283・師𤸫簋蓋・西周中

近出二440・親簋・西周中

昆 聲旁

2825・膳夫山鼎・西周晚

克

頗 聲旁

5188・頗卣・西周早

猒 形旁

4646・十四年陳侯午敦・齊・戰國晚

盉 形旁

5251・𪔂益卣・西周早

穌 聲旁

9089・穌父辛爵・西周早

251・㾓鐘・西周中

4275・元年師𩛥簋・西周晚

268・秦公鎛・秦・春秋早

245・邾公華鐘・邾・春秋晚

17・麇侯鎛・戰國早

261・王孫遺者鐘・楚・春秋晚

秉 形旁

6606・秉觚・殷

1809・秉父辛鼎・西周早

248・㾓鐘・西周中

商周金文編624・四十三年逨鼎乙・西周晚

10361・國差罎・齊・春秋

和 聲旁

中原文物2009年3期11頁圖二・鄬夫人嬭鼎・楚・春秋晚

銘文選八八二・妬蛮壺・晉・戰國晚

利 形旁

3580・利簋・西周早

9897・師遽方彝蓋・西周中

		 2804・利鼎・西周中	 4474・史利簠・西周晚
		 2750・上曾大子鼎・曾・春秋早	 10812・利戈・齊・春秋晚
		 171・之利鐘(商鐘四)・楚・戰國早	 11529・郾王喜矛・燕・戰國晚
盉	聲旁	 9398・伯矩盉・西周早	 9416・龠父盉・西周中
		 9442・𪓝盉・西周中	 10285・𠑇匜・西周晚
稟	形旁	 4293・六年召伯虎簋・西周晚	
穖	形旁	 5426・庚嬴卣蓋・西周早	 4194・友簋・西周中
穆	形旁	 中國書法 2016.10・射壺甲頸・西周晚	

私 形旁

金文通鑒 2380・私厂鼎・戰國中

10357・卲宮盉・戰國晚

秡 形旁

上博 8 期・郾王職壺・燕・戰國晚

11916・廿年距末・燕・戰國

季 形旁

2653・小臣缶方鼎・殷

2730・厚趠方鼎・西周早

246・瘋鐘・西周中

9731・頌壺・西周晚

263・秦公鐘・秦・春秋早

2811・王子午鼎・楚・春秋中或晚

近出 80・王孫誥編鐘二十一・楚・春秋晚

102・邾公釛鐘・邾・春秋

珍秦（吴越三晉篇）109 頁・廿七年頓丘令䚢酉戟・晉・戰國中

銘文選八八一・中山王嚳方壺・晉・戰國晚

杲	黍	香	稻	秦	[illegible]	秭	[illegible]
形旁	形旁	形旁	形旁	形旁	形旁	形旁	形旁

吴越文字彙編 187・越戈・戰國早	總集 8・6753・仲䡆父盤・未斷代	金文通鑒 5662・獄盨・西周中	4632・曾伯霥簠・曾・春秋早	3867・洹秦簋・西周中	4288・師酉簋・西周中	2838・曶鼎・西周中	5876・𠈇作父丁尊・西周早

斨	聲旁	 4152・鄦侯少子簋・莒・春秋	 10895・伯斨戈・春秋
医	亦聲	 新收 1870・越王州句劍・戰國早	 銘文選八八〇・中山王嚳鼎・晉・戰國晚
秺	形旁	 3751・秺父甲簋・西周	
季	形旁	 2335・亞䣄季作兄己鼎・殷	 5860・嬴季尊・西周早
		 5240・嬴季卣・西周中	 5241・瀛季卣・西周中
		 4113・邢南伯簋・西周中	 10048・季作寶盤・西周中
		 4454・叔專父盨・西周晚	 2836・大克鼎・西周晚
		 2799・小克鼎・西周晚	 2585・鑢季鼎・西周晚

秝

3987・魯大宰原父簋・魯・春秋早

2644・郈季伯歸鼎・春秋早

10282・夆叔匜・夆・春秋早

圖像續 535・虆君季䵼盂・春秋中

上博 10 期・伯遊父鐳・楚・春秋中

4590・宋公緣簠・宋・春秋晚

新收 1781・陳逆簠蓋・齊・戰國早

10008・欒書缶・楚・戰國

鱻 形旁

468・史秦鬲・殷

2739・塱方鼎・西周早

269・秦公鎛・秦・春秋早

37・秦王鐘・秦・春秋晚

文物 2008 年 1 期・競之定豆・楚・春秋晚或戰國早

975・但盤埜匕・楚・戰國晚

厤 聲旁

2841・毛公鼎・西周晚

䅘 亦聲

10175・史牆盤・西周中

兼

鬑 聲旁  182・徐王子旃鐘・徐・春秋

黍

⿱黍皿 聲旁  2782・哀成叔鼎・晉・春秋晚

香 形旁  近出二436・一式獄簋・西周中

米

⿱⿰米須皿 形旁  4374・苗𡜃盨・西周晚  4451・杜伯盨・西周晚

粯 聲旁  銘文選八八〇・中山王嚳鼎・晉・戰國晚

⿰米粦 形旁  2681・姬鼎・西周晚

粪 形旁   2837・大盂鼎・西周早  4208・段簋・西周中

 4692・大師虘豆・西周晚  文物 2012 年 7 期・束中（仲）豈父簋・春秋早

⿰米舀
形旁

新收 41・嚣叔盨・西周晚

947・陳公子叔原父甗・陳・春秋早

⿰米刅
形旁

新收 41・嚣叔盨・西周晚

近出 526・郝召簠・郝・西周晚

⿱利米
形旁

4628・伯公父簠・西周晚

9733・庚壺・齊・春秋晚

粱
形旁

4632・曾伯霥簠・曾・春秋早

⿰米隹
形旁

4628・伯公父簠・西周晚

⿰米焦
形旁
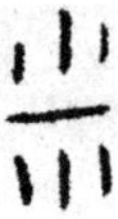
4627・弭仲簠・西周晚

糧
形旁

10320・宜桐盂・徐・春秋

糖
形旁

圖像 19182・噩君啓舟節・楚・戰國

舀

稻 聲旁

新收 41・瞿叔盨・西周晚

947・陳公子叔原父甗・陳・春秋早

料 形旁

10326・司料盆蓋・春秋

糜 聲旁

3995・伯偈父簋・西周晚

匊 形旁

9705・番匊生壺・西周中

粺 聲旁

865・粺甗・西周中

4360・录盨・西周晚

粫 形旁

680・成伯孫父鬲・西周晚

糊 形旁

近出 1046・梁姬罐・西周晚

粦 形旁

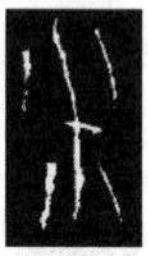

914・鑄𢍰客甗・戰國晚

稻

稻 聲旁

4632・曾伯霥簠・曾・春秋早

旛

旛 聲旁

4628・伯公父簠・西周晚

旛 聲旁

4579・史免簠器・西周晚

4615・叔家父簠・春秋早

旛 聲旁

3945・鴅姬簋蓋・西周晚

3874・稻嫼簋蓋・西周晚

尗

叔 聲旁

2052・叔鼎・西周早

2054・叔鼎・西周早

4132・叔簋・西周早

1923・叔作寶彝鼎・西周

9898・吴方彝蓋・西周中

2836・大克鼎・西周晚

鉥 聲旁

4257・弭伯師耤簋・西周晚

耑

瓜

宀

寠 聲旁
5353・寠卣・殷

鍴 聲旁
6513・徐王義楚觶・徐・春秋晚

湍 聲旁
首陽 183 頁・商鞅鈹・秦・戰國中或晚

狐 聲旁
10916・陽狐戈・晉・戰國早

弧 聲旁
9683・十朱扁壺・晉・戰國早
537・左使車工兵甬・戰國晚

鈲 聲旁
11758・中山侯鉞・晉・戰國中

牢 形旁
5409・貉子卣・西周早
3979・呂伯簋・西周中
新出 416・淮伯鼎・春秋

竉 形旁
文博 2008 年 2 期 9 頁圖 16,17・伯寶父盨・西周晚
近出 527・蔡侯簋・蔡・春秋晚

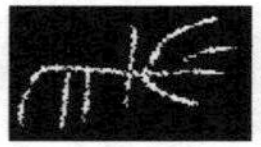

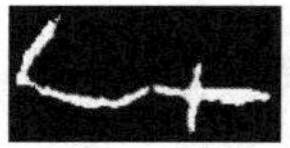

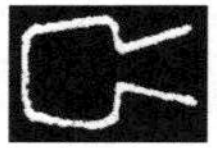

寇 形旁

2838・曶鼎・西周中

4295・揚簋・西周晚

寡 形旁

888・寡史𡚱甗・西周早

5988・斱尊・西周中

𡫸 形旁

158・𠪚羌鐘・晉・戰國早

㝑 形旁

2524・㝑𠬝生鼎・春秋早

𡨦 形旁

4524・塞簠・西周晚

10276・塞公孫𣪘父匜・楚・春秋早

近出二1097・塞公屈顙戈・楚・春秋中

盜 形旁

10175・史牆盤・西周中

2841・毛公鼎・西周晚

210・蔡侯紐鐘・蔡・春秋晚

銘文選八八二・好盜壺・晉・戰國晚

10361・國差罎・齊・春秋

宕 形旁

圖像 2219・曾侯宕鼎・楚・春秋早

珍秦（吴越三晉篇）240 頁・廿二年屯留戟・戰國晚

寶 形旁

2648・小子射鼎蓋・殷

國博館刊 2012 年 1 期・史䜌卣器・西周早

3491・伯尚簋・西周中

2469・大師人鼎・西周晚

10145・毛叔盤・毛・春秋早

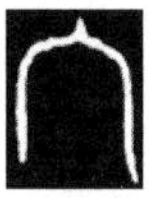
上博 10 期・伯遊父盤・黄・春秋中

10318・齊侯盂・齊・春秋晚

9982・喪史賓瓶・戰國

寰 形旁

2280・[illegible]鼎・西周中

[illegible] 形旁

10176・散氏盘・西周晚

家

形旁

8235・家戈爵・殷

2660・辛鼎・西周早

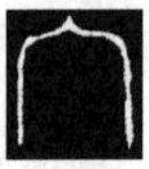
633・塱肇家鬲・西周中

9731・頌壺・西周晚

近出531・原氏仲簠・陳・春秋早

近出1009・郜公典盤・郜・春秋中

9715・杕氏壺・晉・春秋晚

新收1781・陳逆簠蓋・齊・戰國早

銘文選八八〇・中山王嚳鼎・晉・戰國晚

室

形旁

文物1986年1期・子黄尊・殷晚

3907・過伯簋・西周早

9723・十三年𤼈壺・西周中

2829・頌鼎・西周晚

近出1009・郜公典盤・郜・春秋中

4678・鑄客豆・楚・戰國晚

宅	形旁	 新收 1166・宅止癸爵・殷晚	 4201・小臣宅簋・西周早	
		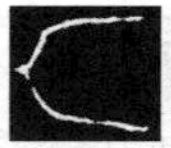 268・秦公鎛・秦・春秋早		
向	形旁	 西安 94 頁・向䵼・殷晚期	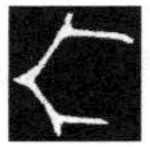 2180・向方鼎・西周早	 流散 141・向壺・西周中
		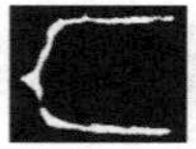 4242・叔向父禹簋・西周晚	 飛諾藏金 54 頁・王之一年戈・晉・戰國中	 1349・向斿鼎・晉・戰國晚
定	形旁	 9456・裘衛盉・西周中	 金文通鑒 3002・競之定鬲己・楚・春秋晚	
		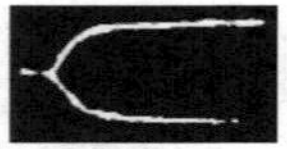 37・秦王鐘・秦・春秋晚	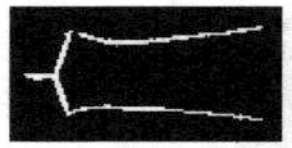 銘文選八八〇・中山王𰯼鼎・晉・戰國晚	
安	形旁	 3561・安父簋・西周早	 2824・䧹方鼎・西周中	
		 3891・邢戈叔安父簋・西周晚	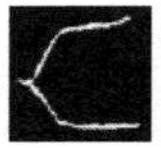 4546・薛子仲安簠・薛・春秋早	

宀 形旁

3082・守婦簋・殷

9018・守宮爵・西周早

9706・孫叔師父壺・邛・春秋

969・宰秦匕・戰國

3896・邢姜大宰巳簋・春秋早

曾國351頁・黄仲酉匜・曾・春秋晚

4252・大師虘簋・西周中

2829・頌鼎・西周晚

宰 形旁

9105・宰椃角・殷

1712・宰女彝鼎・西周早

宦 形旁

2442・仲宦父鼎・西周晚

11368・廿六年蜀守武戈・秦・戰國

宋 形旁

4254・弭叔師宋簋・西周晚

2782・哀成叔鼎・晉・春秋晚

近出1180・宜安戈・秦・戰國晚

宣 形旁

10173・虢季子白盤・虢・西周晚

293・曾侯乙鐘（下二5）・曾・戰國早

寵 形旁

187・梁其鐘・西周晚

2550・曾伯從寵鼎・曾・春秋早

穹 形旁

5412・二祀邲其卣・殷

2431・乃孫作祖己鼎・殷

88・虘鐘・西周中

102・邾公釛鐘・邾・春秋

寑 形旁

5379・小臣𢀛卣・殷

6015・麥方尊・西周早

9897・師遽方彝・西周中

宵 形旁

10544・宵作旅彝器・西周早

寢 形旁

4292・五年召伯虎簋・西周晚

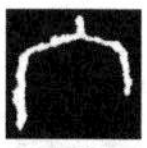
4128・復公仲簋蓋・楚・春秋晚

寑

形旁

近出二 588・五年琱生尊乙・西周晚

寢

形旁

近出二 322・𤔲鼎・西周中

11167・曾侯乙戈・曾・戰國早

寡

形旁

銘文選一四二・作册益卣・西周早

5392・寡子卣・西周中

2841・毛公鼎・西周晚

商周金文編 624・四十三年逨鼎乙・西周晚

客

形旁

2804・利鼎・西周中

10131・干氏叔子盤・春秋早

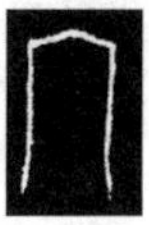

2732・鄘大史申鼎・莒・春秋晚

144・越王者旨於賜鐘・楚・戰國早

2299・鑄客爲集𦲸鼎・楚・戰國晚

10373・郾客問量・楚・戰國

寒

形旁

2836・大克鼎・西周晚

宋	形旁		5987・臣衛宋尊・西周早	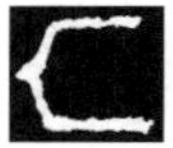	10322・永盂・西周中
			近出 1013・鄭伯匜・西周晚		601・宋眉父鬲・春秋早
		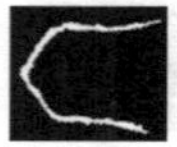	2588・趞亥鼎・宋・春秋中		文物 2014 年 1 期・宋公鬬鼎・宋・春秋晚
			11345・八年新城大令戈・晉・戰國		
𡨦	形旁		10175・史墻盤・西周中	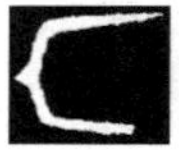	2782・哀成叔鼎・晉・春秋晚
寍	形旁		第四屆 116 頁・宋君夫人鼎蓋・宋・春秋晚		
宗	形旁	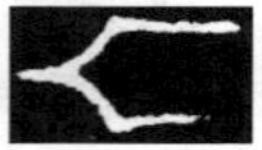	9057・𢆶父庚爵・殷		5043・作宗彝卣・西周早
			5430・繁卣・西周中		260・㝬鐘・西周晚

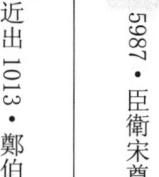

寑	形旁	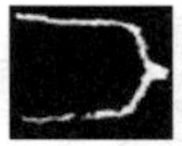 2722・寬兒鼎・蘇・春秋晚	
竈	形旁	 225・郘黛鐘・晉・春秋晚	 11319・三年脩余令韓譙戈・晉・戰國晚
宜	形旁	 4294・揚簋・西周晚	
實	形旁	 10176・散氏盤・西周晚	 10361・國差𦉜・齊・春秋
宕	形旁	 2824・茲方鼎・西周中	 商周金文編621・四十二年逑鼎甲・西周晚
宰	形旁	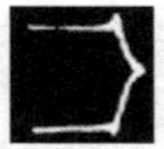 5804・宰作父辛尊・西周早	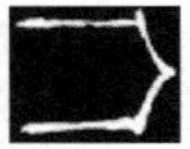 3608・宰口作父丁簋・西周早
		 158・驫羌鐘・晉・戰國早	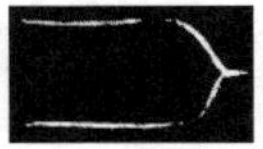 85・楚王酓璋鎛・楚・戰國早
		 4315・秦公簋・秦・春秋早	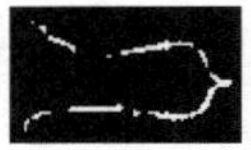 古24・與兵方壺・楚・春秋中或晚

窑

形旁  文物 1982 年 11 期・陳璋圓壺（鑘）・戰國晚

弘

形旁  10175・史牆盤・西周中

索

形旁  10847・[illegible]戈・殷晚  9091・索諆爵・西周早  10317・伯索史盂・春秋早

㝊

形旁  4313・師㝊簋・西周晚  銘文選八八一・中山王嚳方壺・晉・戰國晚

寮

形旁  9901・矢令方彝蓋・西周早  10321・趞盂・西周中

 2841・毛公鼎・西周晚  273・叔夷鐘・齊・春秋晚

穸

形旁  1478・穸叉鼎・殷

賓

形旁  4067・䣄叔䣄姬簋・西周晚

字	形旁	字形	出處	字形	出處
字	形旁		圖像 2387・春平相邦葛得鼎・晉・戰國晚		山東金文 741 頁・齊宫銅量大・齊・戰國
𡩋	形旁		9730・洹子孟姜壺・齊・春秋		
穹	形旁		近出 8861・穹父癸爵・殷晚		8716・穹父癸爵・西周早
官	形旁		5986・𨻰作父乙尊・西周早		4289・師酉簋・西周中
			新收 1962・頌壺・西周晚		4695・郙陵君王子申豆・楚・戰國晚
字	形旁		6270・字父己觶・殷		新收 1939・字父己觶・殷或西周早
			4150・膳夫梁其簋・西周晚		184・余購逨兒鐘・徐・春秋晚
宮	形旁		5971・執尊・殷		5391・執卣・西周早
			2806・大鼎・西周中		2828・頌鼎・西周晚

			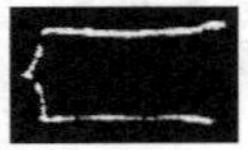 4644・拍敦・齊・春秋	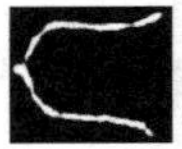 326・曾侯乙鐘(中三6)・曾・戰國早	
㝉	賓	聲旁	 9299・般觥・西周早	 考古學報 2018 年 1 期・霸伯盂・西周中	 4232・史頌簋・西周晚
			 261・王孫遺者鐘・楚・春秋晚	 347・曾侯乙鐘(上三5)・曾・戰國早	
吕	宫	聲旁	 5971・執尊・殷	 新收 1567・楶仲方鼎・西周早　按：从二城邑相连，典籍用作「雝」（雍）。	
			 5391・執卣・西周早	 2531・雍伯鼎・西周早	
			 2806・大鼎・西周中	 2828・頌鼎・西周晚	
			 4644・拍敦・齊・春秋	 326・曾侯乙鐘(中三6)・曾・戰國早	
	雔	聲旁	 11093・雍王戈・燕・戰國		

宮

亮 聲旁

新出金文8頁圖二：1 叔尊・西周早

近出二413・𤔲簋・西周中

4232・史頌簋・西周晚

141・師臾鐘・西周晚

宊 聲旁

4073・伯梡簋・西周早

4289・師酉簋・西周中

窅 聲旁

5298・鬩作宮伯卣・西周早

新收1796・竈鼎・西周

宄

弆 聲旁

2838・曶鼎・西周中

安 聲旁

10174・兮甲盤・西周晚

亮

宴 聲旁

3619・義伯簋・西周

吕

鋁 聲旁

184・余購逨兒鐘・徐・春秋晚

宛　害

字		字形	出處
筥	聲旁		4037・筥小子簋・西周晚
梠	聲旁		10137・中子化盤・楚・春秋
			10459・大攻尹圜器・戰國
郘	聲旁		228・郘黛鐘・晉・春秋晚
邑	聲旁		銘文選八八〇・中山王譽鼎・晉・戰國晚
⿱宛食	聲旁		2708・戍嗣鼎・殷
			5421・士上卣・西周早
			2754・吕方鼎・西周中
⿸广害	聲旁		868・伯⿸广害甗・西周早
⿰氵害	聲旁	 	10176・散氏盤・西周晚
⿱害心	聲旁		262・秦公鐘・秦・春秋早

官	綰	聲旁	 10372・商鞅方升・秦・戰國	
	䠠	聲旁	 246・𤼈鐘・西周中	 188・梁其鐘・西周晚
宜	𠚤	聲旁	  2072・𠚤鼎・西周早	
	疊	形旁	 3801・𨟻叔山父簋・西周晚	
害	䈪	聲旁	 4241・滎作周公簋・西周早	
	𩇊	形旁	 2063・𩇊鼎・周早或中	 2721・𠭰鼎・西周中
			 4067・𩇊叔𩇊姬簋・西周晚	 近出75・王孫誥編鐘十六・楚・春秋晚
	割	聲旁	 2814・無叀鼎・西周晚	 4443・紀伯子庭父盨・紀・春秋

328・曾侯乙鐘(中三8)・曾・戰國早

割

劏 聲旁

318・曾侯乙鐘(中二10)・曾・戰國早

穴

空 形旁

新收364・季姬方尊・西周中

2608・十一年庫嗇夫鼎・晉・戰國晚

穾 形旁

2278・強伯作井姬鼎・西周中

窀 形旁

10218・周窀匜・西周晚

窅 形旁

4438・伯窅父盨・西周晚

寏 形旁

5777・寏尊・西周早期或中

窒 形旁

12023・陳𦒻車轄・齊・戰國

疒

疾 亦聲

近出603・否叔卣・西周早

痟	形旁		4341・班簋・西周中
瘨	形旁		4283・師瘨簋蓋・西周中
疣	形旁		10361・國差𦉜・齊・春秋
疥	形旁		10445・十四朱雙翼神獸・晉・戰國晚
癰	形旁		11306・廿一年啓封令癰戈・晉・戰國
疴	形旁		11712・七年陽安君鈹・晉・戰國晚
			2590・十三年上官鼎・晉・戰國晚
			11341・四年咎奴蓸令戈・晉・戰國晚
			江漢考古 2012 年 3 期 13 頁拓片四:2・曾公子去疾之登甗・曾・春秋晚

疕 形旁

46・昆疕王鐘・賈・西周晚

瘳 聲旁

11318・三年脩余命韓譙戈・晉・戰國晚

⿸疒色 形旁

9684・十一茉壺・戰國早

10446・十四茉雙翼神獸・晉・戰國晚

瘨 形旁

9726・三年瘨壺・西周中

⿸疒客 形旁

10361・國差⿰金詹・齊・春秋

⿸疒余 形旁

2569・⿸疒余鼎・春秋

⿸疒召 形旁

10478・兆域圖銅版・晉・戰國晚

癐 形旁
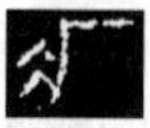
2773・信安君鼎・晉・戰國晚

一

字	偏旁	字形	出處
疒	形旁		11695・四年建信君鈹・晉・戰國晚
亘	亦聲		8722・[glyph]父癸爵・殷
			文物2011年11期・亘父癸觶・西周早
			4302・录伯㦰簋蓋・西周中
			4318・三年師[glyph]簋・西周晚
飠	聲旁		9602・飠車父壺・西周晚
鼏	聲旁		614・叔鼏鬲・西周早
			4315・秦公簋・秦・春秋早
			近出二16・文公之母弟鐘・春秋晚
			10361・國差𦉜・齊・春秋
亡	形旁		5696・双亡[glyph]尊・殷
			9549・𠩺册父庚壺・齊・西周早
覓	省形		8418・覓父乙爵・殷

按：或从「冃」省形。

同

興 形旁

文物2014年1期・䣄卣・西周中

首陽114頁・應侯簋・西周晚

12108・新郪虎符・秦・戰國晚

按：初文从「凡」，加口繁化爲「同」旁。

桐 聲旁

首陽107頁・伯戔父簋・西周中

4460・翏生盨・西周晚

10320・宜桐盂・徐・春秋

銅 聲旁

9452・長陵盉・晉・戰國晚

2794・楚王酓忎鼎・楚・戰國晚

冃

曼 聲旁

4431・曼龏父盨蓋・西周晚

冒

冑 形旁

4322・㦰簋器・西周中

网

罰 形旁

2837・大盂鼎・西周早

2809・師旂鼎・西周中

10176・散氏盤・西周晚

銘文選八八二・好盜壺・晉・戰國晚

買 形旁

1168・買鼎・殷

上博8期・亢鼎・西周早

新收1554・任鼎・西周中

4129・□叔買簋・西周晚

4129・□叔買簋・西周晚

近出二475・許公買簠・許・春秋晚

䍙 形旁

5417・小子𠭯卣・殷

4047・𢦚貯簋・西周中

𦌾 形旁

4297・鄦簋・西周晚

䍿 形旁

10174・兮甲盤・西周晚

罔 聲旁

226・邵黛鐘・晉・春秋晚

巾

帥	形旁	 248・㝬鐘・西周中  187・梁其鐘・西周晚	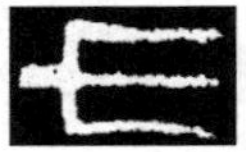 4315・秦公簋・秦・春秋早
常	形旁	 故宫文物月刊 13 卷 1 期・子犯編鐘・春秋中	
席	形旁	 2831・九年衛鼎・西周中	
布	形旁	 5407・作册睘卣・西周早	 10168・守宫盤・西周中
芾	形旁	 4331・乖伯歸夆簋・西周晚	
佩	形旁	 2718・寓鼎・西周早或中	 250・㝬鐘・西周中
		 9731・頌壺・西周晚	 近出 21・子犯編鐘四・晉・春秋中
帛	形旁	 2629・舍父鼎・西周早	 2831・九年衛鼎・西周中

字	類	字形與出處
		 4298・大簋蓋・西周晚  196・者減鐘・吳・春秋
		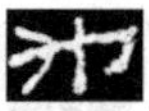 考古與文物 2013 年 1 期 27 頁圖二・二十九年弩瞿・戰國晚  980・魚鼎匕・晉・戰國
帍	形旁	 新收 1394・師道簋・西周中

帚

字	類	字形與出處
糄	聲旁	 680・成伯孫父鬲・西周晚
歸	省聲	 1933・中鵃王鼎・戰國晚　按：歸省聲。
寑	聲旁	 5379・小臣茲卣・殷  6015・麥方尊・西周早  9897・師遽方彝・西周中
敹	形旁	  3746・數琭敹簋・西周早
婦	聲旁	 3082・守婦簋・殷  8984.2・聑𤇈婦𢀛爵・殷

金文通鑒 12351・㚇作婦日庚壺・齊・西周早

4076・宗婦鄁嬰簋蓋・春秋

寢 省聲

近出二 322・⿰糸糸鼎・西周中

11167・曾侯乙戈・曾・戰國早

㡀

敝 聲旁

10176・散氏盤・西周晚

黹

⿰黹虘 形旁

5929・⿰黹虘作母甲尊・殷或西周早

⿰黹且 形旁

2830・師訊鼎・西周中

⿰黹虎 形旁

10175・史牆盤・西周中

4215・⿰黹虎簋・西周晚

⿰女黹 聲旁

2536・鄭鄧伯鼎・西周晚

597・鄭登伯鬲・鄭・春秋早

商周金文偏旁譜　卷八

人

字	偏旁	字形	出處
衜	形旁		新收632・仲滋鼎・秦・春秋晚　按：人在行中會意，「道」之異文。
千	聲旁		2837・大盂鼎・西周早
			10176・散氏盤・西周晚
			近出51・𪾞編鐘（一）・楚・春秋晚
			文物1997年9期・千金銅鏡・戰國早或中
信	聲旁		新收1559・貴將軍信節・戰國中或晚
			12107・辟大夫虎符・齊・戰國
及	形旁		5415・保卣蓋・西周早
			269・秦公鎛・秦・春秋早
			近出80・王孫誥編鐘二十一・楚・春秋晚
			銘文選八八一・中山王譽方壺・晉・戰國晚
攸	形旁		3906・攸簋・西周早
			9728・曶壺蓋・西周中

		 4339・頌簋・西周晚	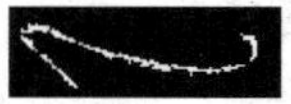 4695・鄬陵君王子申豆・楚・戰國晚
便	形旁	 10285・𠑇匜・西周晚	
偈	形旁	 6458・叔偈父觶・西周早	
死	形旁	 2837・大盂鼎・西周早	 4222・追簋蓋・西周中
		 9731・頌壺・西周晚	 圖像續 432・賈叔簋・春秋早
		 271・綸鎛・齊・春秋中或晚	 銘文選八八一・中山王嚳方壺・晉・戰國晚
㐁	形旁	 10322・永盂・西周中	 上博 11 期・楚大師登編鐘 1・楚・春秋早
		 2811・王子午鼎・楚・春秋中或晚	 近出 63・王孫誥編鐘四・楚・春秋晚

季 聲旁

2653・小臣缶方鼎・殷

2730・厚趠方鼎・西周早

侄 形旁

3490・伯侄簋・西周中

4331・乖伯歸夆簋・西周晚

1980・卲之飤鼎・戰國早

銘文選八八一・中山王譽方壺・晉・戰國晚

考古 2009 年 7 期 43 頁圖二・童麗君簠・鍾離 M377 内底・鍾離・春秋中晚

2468・陳生寉鼎・陳・西周晚

2520・鄭勇句父鼎・鄭・春秋早

飤 形旁

9348・父乙飤盉・西周早

圖像續 461・宗人簋器 1・西周中

儥 形旁

4178・君夫簋蓋・西周中

2766・徐𩰫尹譖鼎・楚・戰國早

2508・伯考父鼎・西周中或晚

10129・伯侯父盤・西周晚

3893・齊巫姜簋・齊・西周晚

4567・魯伯俞父簠・魯・春秋早

2811・王子午鼎・楚・春秋中或晚

245・邾公華鐘・邾・春秋晚

使

形旁

考古學報 2018 年 2 期・鳥形盉・西周中

伸

形旁

新收 924・寐孳方鼎・殷晚

新收 1579・子伸觚・殷

9795・冊伸父乙方罍・西周早

傳

形旁

5925・傳作父戊尊・西周早

僡

形旁

10176・散氏盤・西周晚

㫖	形旁	 260・㝬鐘・西周晚	
寒	形旁	 2836・大克鼎・西周晚	
保	形旁	 殷新 106・保父癸斝・殷晚	 1002・保鼎・殷
		 8769・亼保爵・殷	 2364・亞俞父鼎・殷或西周早
		 2837・大盂鼎・西周早	 9900・盠方彝・西周中
		 10175・史牆盤・西周中	 260・㝬鐘・西周晚
		 芮國金玉 82・芮太子白鬲・芮・春秋早	 圖像 5166・有兒簋・陳・春秋早
		 圖像 3036・競孫旟也鬲・楚・春秋晚	 4649・陳侯因資敦・齊・戰國晚

伐	形旁	 1011・伐鼎・殷	
佩	形旁	 2718・寓鼎・西周早或中	 250・癲鐘・西周中
		 9731・頌壺・西周晚	 近出21・子犯編鐘四・晉・春秋中
伊	形旁	 3631・伊生簋・西周早	 9584・鬼作父丙壺・西周中
		 4287・伊簋・西周晚	 276・叔夷鐘・齊・春秋晚
仅	形旁	 1016・付鼎・殷	 文物2014年1期・賏卣・西周中
俗	形旁	 2781・庚季鼎・西周中	 2841・毛公鼎・西周晚
		 2766・徐𧊒尹鬻鼎・楚・戰國早	

字	偏旁	字形	出處
咎	形旁		5396・毓祖丁卣・殷
			近出117・十一年皐落戈・楚・戰國晚
侜	形旁		2176・鳥壬侜鼎・西周早
𠇷	形旁		271・𩡧鎛・齊・春秋中或晚
⿰亻酉	形旁		9647・徝公左師方壺・戰國
化	形旁		1014・化鼎・殷
			金文通鑒2129・史惠鼎・西周晚
			10137・中子化盤・楚・春秋
			11322・七年侖氏戈・晉・戰國
重	形旁		6325・重父癸觶・殷
			4241・榮作周公簋・西周早
			9683・十苿扁壺・晉・戰國早
		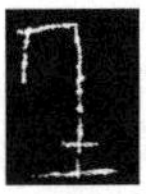	9707・安邑下官壺・晉・戰國晚

先	形旁	 5417・小子畬卣・殷	 2837・大盂鼎・西周早
		 250・𤼈鐘・西周中	 2841・毛公鼎・西周晚
		 268・秦公鎛・秦・春秋早	 158・驫羌鐘・晉・戰國早
		 銘文選八八二・好盜壺・晉・戰國晚	
㐱	亦聲	 5942・㐱尊・西周中	
側	形旁	 考古學報 2018 年 1 期・霸伯盂・西周中	 2814・無叀鼎・西周晚
倂	形旁	 新收 1611・虎叔簋・西周中或晚	
戍	形旁	 2694・戍甬鼎・殷	 4300・作册夨令簋・西周早

付

字	偏旁	字形	出處	字形	出處
符	聲旁		12108・新郪虎符・秦・戰國晚		
倫	形旁		新收1481・漁陽鈹・戰國早		11351・十六年喜令戈・晉・戰國晚
旅	形旁		1632・旅父辛鼎・殷或西周早		2816・伯晨鼎・西周中或晚
臾	形旁		近出二1223・廿四年㫗令州㥆戈・戰國晚	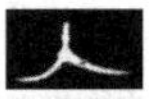	11327・六年格氏令戈・晉・戰國
			2811・王子午鼎・楚・春秋中或晚		10336・曾太保盆・春秋
亟	形旁		10175・史牆盤・西周中		4446・伯梁其盨・西周晚
㑴	形旁		2810・鄂侯鼎・西周晚		
			6008・𠭰尊・西周中		4321・訇簋・西周晚

字頭	字	偏旁	字形	出處
	府	聲旁		4613・上都府簠・楚・春秋晚
				11106・少府戈・秦・戰國
	⿱竹任	聲旁		11319・三年脩余令韓譙戈・晉・戰國晚
				銘文選八八一・中山王譽方壺・晉・戰國晚
任	⿰亻⿻壬木	聲旁		5876・𠈁作父丁尊・西周早
	賃	聲旁		銘文選八八一・中山王譽方壺・晉・戰國晚
				12098・王命龍節・戰國
仲	⿲亻中攵	聲旁		3544・仲⿲亻中攵簋・西周早
㐱	軫	形旁		4326・番生簋蓋・西周晚
尿	⿰弓彡	聲旁		261・王孫遺者鐘・楚・春秋晚
	⿰弓彡	形旁		261・王孫遺者鐘・楚・春秋晚 按：或認爲从「弓」从「水」。

匕

字	偏旁	字形	出處	字形	出處
祀	聲旁		271・𬭚鎛・齊・春秋中或晚		
此	形旁		新收 1652・此勺・殷晚期		1595・[illegible]父丁鼎・殷或西周早
			5886・此作父辛尊・西周早		6515・萬諆觶・西周中
			4305・此簋・西周晚		173・鄘叔之仲子平鐘・莒・春秋晚
			9707・安邑下官壺・晉・戰國晚		銘文選八八〇・中山王𰯼鼎・晉・戰國晚
訿	形旁		1508・私官鼎・晉・戰國		
虘	形旁		考古學報 2018 年 2 期・霸姬盤・西周中		4469・𤳊盨・西周晚
朼	形旁		近出 98・𪒠編鎛（一）・楚・春秋晚		

眞	聲旁	 531・季眞鬲・西周中或晚		
兆	聲旁	 46・昆兆王鐘・西周晚		
化	形旁	 1014・化鼎・殷	 金文通鑒 2129・史惠鼎・西周晚	
		 10137・中子化盤・楚・春秋	 11322・七年侖氏戈・晉・戰國	按：从「倒人」形。
頃	形旁	 近出 1119・鍏頃鐈戈・戰國		
比	形旁	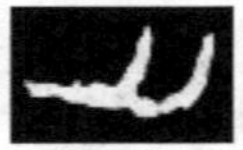 圖像 614・比兒鼎・殷	 夏商周青銅器研究西周上 227・从簋・西周早	
		 2461・从鼎・西周早或中	 4341・班簋・西周中	
		 2818・鬲攸从鼎・西周晚	 近出 347・攸戒鼎・西周晚	

麀 聲旁

近出943・匍盉・西周中

10441・十四苿銅牛・晉・戰國晚

鬼乚 聲旁

9888・叔鬼乚方彝・西周早

5430・繁卣器・西周中

4033・向□簋・西周晚

旨 聲旁

2628・匽侯旨鼎・西周早

近出250・旨鼎・西周中

9713・殳季良父壺・西周晚

4525・伯旛魚父簠・春秋早

新收1409・自鐸・楚・春秋

10391・徐令尹者旨𧊒盧・徐・春秋

10361・國差𦉜・齊・春秋

11703・越王劍・越・戰國早

考古2014年7期・曾旨尹𣪘缶・楚・戰國中

从

妣 聲旁

3667・倗丏簋・西周早

2789・亥方鼎・西周中

672・召仲鬲・西周晚

285・叔夷鎛・齊・春秋晚

新收1781・陳逆簠蓋・齊・戰國早

4646・十四年陳侯午敦・齊・戰國晚

比 聲旁

江漢考古2014年4期・曾侯腆編鐘M1.1・曾・春秋晚

旅 形旁

8683・旅父癸爵・殷或西周早

8818・員作旅爵・西周早

5983・啓作祖丁尊・西周早

10306・虢叔盂・西周中

4310・此簋・西周晚

4428・滕侯蘇盨・滕・春秋早

4546・薛子仲安簠・薛・春秋早

	從 亦聲			坐 亦聲	𢓊 亦聲	㦰 形旁	匛 聲旁
 小邾國遺珍43頁・正叔止士䣄俞簠・小邾・春秋	 4853・魚從卣・殷	 2809・師旂鼎・西周中	 新收1700・衛文君夫人叔姜鬲・春秋早	 9383・中作從彝盉・西周早	 蘇埠屯銅器圖録23頁・作執從彝卣・西周早	 首陽107頁・伯㦰父簋・西周中	 9680・匛君壺・春秋
 11634・郾王職劍・燕・戰國晚	 5979・㚇尊・西周早	 2835・多友鼎・西周晚	 4688・上官豆・晉・戰國	 銘文選八八一・中山王嚳方壺・晉・戰國晚		 新出416・淮伯鼎・春秋	

卓	趠	聲旁		2730・厚趠方鼎・西周早		2730・厚趠方鼎・西周早
	淖	聲旁		40・晉侯蘇編鐘六・西周晚		
	𩋮	聲旁		4198・蔡姞簋・西周晚		近出 32・戎生編鐘六・西周晚或春秋早
幷	耕	聲旁		7824・亞耕爵・西周早		
	𥝩	聲旁		近出二 433・𥝩簋・西周中		
	𢧐	聲旁		金文通鑒 14036・僉父瓶・小邾・春秋早		
比	狴	聲旁		5317・𤔲伯罰卣・西周早		
	𣢟	聲旁		近出 634・史䱷敏尊・西周早		3776・鄧公簋・西周晚

鈚 聲旁

9980・孟𩍜瓶・鄀・春秋

9729・洹子孟姜壺・齊・春秋

鈚 聲旁

9982・喪史寘瓶・戰國

9606・𢇁宻君扁壺・燕・戰國

妣 聲旁

4152・鄘侯少子簋・莒・春秋

𩍐 聲旁

9100・𩍐作父癸角・殷

皆 形旁

9535・皆作尊壺器・西周中

𢻱 聲旁

近出51・𪒠編鐘（一）・楚・春秋晚

9979・陳公孫𠱾父瓶・陳・春秋早

9978・魏公瓶・戰國

字頭	字	類別	字形	出處
北	冀	聲旁		5406・周乎卣・西周中
	𣎵	聲旁		10390・徐王盧・徐・春秋晚
	𡊄	聲旁		2662・或者鼎・西周中
㐺	眔	形旁		2838・曶鼎・西周中
				4313・師寰簋・西周晚
			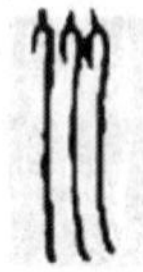	漢考古2014年4期・曾侯腆編鐘M1.1・曾・春秋晚
				11758・中山侯鉞・晉・戰國中
重	旅	形旁		新收1430・旅觚・殷晚期
	諥	聲旁		3925・命父諥簋・西周晚
	𨔵	聲旁		銘文選八八〇・中山王嚳鼎・晉・戰國晚

臥

鍾 聲旁

88・盧鐘・西周中

43・楚公冢鐘・西周中或晚

16・益公鐘・西周晚

50・邾君鐘・邾・春秋晚

17・麇侯鎛・戰國早

10466・左鍾肙銅器・燕・戰國

監 形旁

6207・監祖丁觶・殷

883・應監甗・西周早

近出二1458・䰝公盨・西周中

9731・頌壺・西周晚

10296・攻吳王夫差鑑・吳・春秋晚

10894・監戈・春秋

䰝 聲旁

182・徐王子旃鐘・徐・春秋

臨 形旁

6014・何尊・西周早

2312・堇臨作父乙方鼎・西周早

		 近出二436・一式獄簋・西周中	 11331・廿二年臨汾守戈・秦・戰國晚
監	鑑 聲旁	 10289・智君子鑑・晉・春秋晚	
身	⿰身口 聲旁	 2746・梁十九年亡智鼎・晉・戰國	按：古信字。
	⿰言身 聲旁	 銘文選八八一・中山王譽方壺・晉・戰國晚	 2451・梁上官鼎・晉・戰國晚 按：信之異文。
	軆 形旁	 銘文選八八一・中山王譽方壺・晉・戰國晚	
衣	衺 形旁	 11312・三十三年業令戈・晉・戰國早	
	初 形旁	 9104・盂爵・西周早  10175・史牆盤・西周中	 10007・邳伯缶・戰國早
	⿰衤立 形旁	 4275・元年師兌簋・西周晚	 2650・陳侯鼎・陳・春秋早

2715・庚兒鼎・春秋中

245 郳公華鐘・郳・春秋晚

文物 2014 年 1 期・瀸公鼎・春秋晚

10007・邳伯缶・戰國早

奪 形旁

5331・奪作父丁卣・西周早

奮 形旁

2803・令鼎・西周早

褱 形旁

9514・公子褱壺・晉・戰國

裕 形旁

4323・敔簋・西周晚

11351・十六年喜令戈・晉・戰國晚

裣 形旁

2789・㦰方鼎・西周中

裻 形旁

271・𪒠鎛・齊・春秋中或晚

裘 形旁	 9456・裘衛盉・西周中	 4331・乖伯歸夆簋・西周晚	
萃 聲旁	 新收 1206・新城戈・戰國晚		
誶 聲旁	 5392・寡子卣・西周中		
衰 形旁	 新收 1600・師酉鼎・西周中		
裹 形旁	 9898・吳方彝蓋・西周中		
	 商周金文編 625・四十三年逑鼎丙・西周晚		
⿰女褱 聲旁	 4572・季宫父簠・西周晚		
壞 聲旁	 11342・廿一年相邦冉戈・秦・戰國晚		

褱

袁

環 聲旁

9897・師遽方彝蓋・西周中

寰 聲旁

4313・師寰簋・西周晚

銘文選八八一・中山王譽方壺・晉・戰國晚

求

救 聲旁

10218・周窐匜・西周晚

37・秦王鐘・秦・春秋晚

宋 聲旁

4254・弭叔師宋簋・西周晚

裘

裘 聲旁

9456・裘衛盉・西周中

數 聲旁

3678・伯蔡父簋・西周中

裘 聲旁

5994・次尊・西周中

近出347・焂戒鼎・西周晚

按：象「裘衣」之形。

毛

旄 亦聲

4214・師遽簋蓋・西周中

尸

字	類別	字形及出處	字形及出處
窀	聲旁	 10218・周窀匜・西周晚	
毳	形旁	 10119・毳盤・西周中	 3932・毳簋・西周晚
尾	形旁	 11295・章子戈・楚・春秋早	
⿸尸示	聲旁	 圖像19182・鄂君啓舟節・楚・戰國	
⿸尸力	形旁	 新收757・逨盤・西周晚	
⿰皀尸	形旁	 新收910・晉侯豬尊・西周早或中	
⿸尸食	形旁	 10175・史牆盤・西周中	
肩	聲旁	 948・遹甗・西周中	 187・梁其鐘・西周晚

字	偏旁	字形	出處	字形	出處
𡰥	形旁		9989・楚高缶・燕・戰國		
屨	形旁		2668・鐘伯侵鼎・春秋		
層	形旁		3656・集層作父癸簋・西周早		3657・集層作父癸簋・西周早
尾	亦聲		11295・章子戈・楚・春秋早		
尻	形旁		圖像 19182・鄂君啓舟節・楚・戰國		
孱	形旁		2417・廟孱鼎・西周晚		11462・孱陵矛・秦・戰國
𡲬	形旁		10175・史牆盤・西周中		
屒	形旁		2808・大鼎・西周中		4299・大簋蓋・西周晚

尾	屈	形旁	 11393・楚屈叔佗戈・楚・春秋早	 38・鄬篙鐘・楚・春秋晚
			 新收 1230・楚屈子赤角簠・楚・春秋晚	
履	䨼	聲旁	 356・邢叔采鐘・西周晚	
	醧	聲旁	 79・應侯見工簋（乙）・西周中	
舟	朕	形旁	 4220・追簋・西周中	 4317・㝬簋・西周晚
			 2479・楚王酓朏鉈鼎・楚・戰國晚	
	受	聲旁	 374・受鐃・殷	 6014・何尊・西周早
			 248・瘐鐘・西周中	 10175・史牆盤・西周中

		 9731・頌壺・西周晚	 262・秦公鐘（二）・秦・春秋早
		 近出 63・王孫誥編鐘四・楚・春秋晚	 1036・國差罎・齊・春秋
		 銘文選八八二・中山王嚳方壺・晉・戰國晚	
倗	聲旁	 2176・鳥壬倗鼎・西周早	
溝	形旁	 4459・翏生盨・西周晚	
淠	聲旁	 近出 484・保員簋・西周早	 近出 36・晉侯穌編鐘二・西周晚
觪	形旁	 金文通鑒 2220・亞觪方鼎・殷晚	 688・冀作又母辛鬲・西周早
		 4276・豆閉簋・西周中	 4328・不其簋・西周晚

		 4566・魯伯俞父簠・魯・春秋早	 423・蒿君鉦鋮・春秋晚
船	形旁	 428・冉鉦鋮・戰國	
般	形旁	 944・作册般甗・殷	 9299・般觥・西周早
		 考古學報 2018 年 2 期・鳥形盉・西周中	 圖像續 940・艿盤・西周晚
		 10116・魯司徒仲齊盤・魯・春秋早	 近出 1009・邿公典盤・邿・春秋中
		 第四屆 116 頁・宋君夫人鼎蓋・宋・春秋晚	
艦	形旁	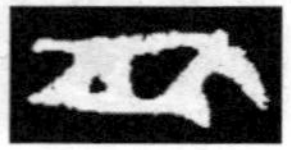 10055・鱄作寶艦盤・西周早	
朕	形旁	 2692・戴叔朕鼎・戴・春秋早	

朕

服		迸	賸		儯	媵	
形旁		聲旁	聲旁		聲旁	聲旁	
 2837・大盂鼎・西周早	 2836・大克鼎・西周晚	 4301・作册矢令簋・西周早	 9705・番匊生壺・西周中	 2526・蘇冶妊鼎・蘇・春秋早	 2832・五祀衛鼎・西周中	 3670・媵侯簋・西周早	 4428・媵侯蘇盨・媵・春秋早
 6516・趩觶・西周中	 267・秦公鎛・秦・春秋早		 3945・鵤姬簋蓋・西周晚	 4625・長子沫臣簠・楚・春秋晚		 出土文獻8輯・卪史簋・西周中	 11079・媵侯昊戈・媵・春秋晚

古23·者兒戈·春秋晚或戰國早

海岱153.15·司馬楙編鎛·齊·戰國早

塍 聲旁

669·邿伯鬲·邿·西周中或晚

10129·伯侯父盤·西周晚

4561·[illegible]侯簠·春秋早

10267·陳伯元匜·陳·春秋

榺 聲旁

考古2014年7期·媵盤·戰國中

媵 聲旁

3815·陳侯簋·西周晚

9680·匹君壺·春秋

雪齋二集72頁附圖二·桬可忌豆·齊·戰國

滕 聲旁

9733·庚壺·齊·春秋晚

10005·孟縢姬缶·楚·春秋

[illegible] 聲旁

近出470·曩侯簋·西周晚

⿰月⿱关土	賸	般			方

⿰亻关	⿱朕女	⿰亻賸	盤			槃	旁
聲旁	聲旁	聲旁	聲旁			聲旁	聲旁
 新收1611・虎叔簋・西周中或晚	 10131・干氏叔子盤・春秋早	 4563・季良父簠・西周晚	 10127・殷穀盤・西周中  10173・虢季子白盤・西周晚	 上博10期・伯遊父盤・黄・春秋中	 975・但盤埜匕・楚・戰國晚	 294・曾侯乙鐘(下二7)・曾・戰國早	 2009・旁父乙鼎・殷或西周早

允

[illegible] 聲旁  2835・多友鼎・西周晚

汸 聲旁  銘文選八八二・好盗壺・晉・戰國晚

斻 聲旁  3474・果簋・西周中

枋 聲旁  銘文選八八二・好盗壺・晉・戰國晚

邡 聲旁  12112・鄂君啓車節・楚・戰國

昉 聲旁 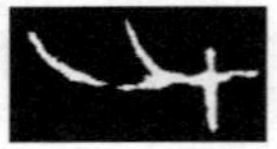 4190・陳昉簋蓋・齊・戰國早

放 聲旁  2835・多友鼎・西周晚

 5922・周免旁父丁尊・西周中  2071・旁肇鼎・西周

兄　⿰日兄

祝 形旁	⿰歹兄 聲旁	⿰足兄 聲旁			⿰日兄 聲旁	沇 聲旁	⿰革兄 聲旁
 1937・大祝禽方鼎・西周早	 3700・⿰歹兄簋・西周中	 2836・大克鼎・西周晚	 267・秦公镈・春秋早	 4334・頌簋・西周晚	 2837・大盂鼎・西周早	 203・沇兒鐘・徐・春秋晚	 10174・兮甲盤・西周晚
 4267・申簋蓋・西周中				 4315・秦公簋・秦・春秋早	 10175・史牆盤・西周中		
 4297・鄅簋・西周晚							

⿰是兄	聲旁		3654・䡷作父壬簋・西周早		
⿰坴兄	聲旁		3644・史梅兄作祖辛簋・西周早		2774・帥鼎・西周中
			4615・叔家父簠・春秋早		74・敬事天王鐘・楚・春秋晚
⿰龏兄	形旁		4432・曼龏父盨・西周晚		4315・秦公簋・秦・春秋早
			172・䣄叔之仲子平鐘・莒・春秋晚		11348・五年龏令思戈・晉・戰國
⿰音兄	形旁		4458・魯伯悆盨・魯・春秋		
况	聲旁		10361・國差𦉜・齊・春秋		
⿰酉兄	聲旁		殷新 232・母丙彝觥・商		
⿰矛兄	聲旁		425・徐鰭尹鉦鋮・春秋		

先

⿰礻先 聲旁

海岱 153.15・司馬楙編鎛・齊・戰國早

肄 聲旁

301・曾侯乙鐘(中一 4)・曾・戰國早

325・曾侯乙鐘(中三 5)・曾・戰國早

見

親 形旁

4268・王臣簋・西周中

204・克鐘・西周晚

江漢考古 2014 年 4 期・曾侯膷編鐘 M1.1・曾・春秋晚

⿰黍見 形旁

10285・儹匜・西周晚

⿰米見 形旁

銘文選八八〇・中山王嚳鼎・晉・戰國晚

觀 形旁

銘文選八八〇・中山王嚳鼎・晉・戰國晚

寛 形旁

4438・伯寛父盨・西周晚

覓	形旁	 2838・曶鼎・西周中	 4341・班簋・西周中	
冟	形旁	 8418・冟父乙爵・殷		
覞	形旁	 近出二 415・覞公簋・西周早		
娊	聲旁	 637・庚姬鬲・西周中	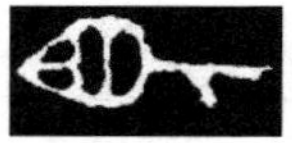 638・庚姬鬲・西周中	
觀	形旁	 2076・觀鼎・西周	 銘文選八八一・中山王嚳方壺・晉・戰國晚	
親	形旁	 4283・師瘨簋蓋・西周中	 近出二 440・親簋・西周中	
䚍	形旁		 12113・鄂君啓舟節・楚・戰國	
䚂	形旁	 6015・麥方尊・西周早	 4220・追簋・西周中	 10173・虢季子白盤・西周晚

欠

字	類		
䚃	聲旁	 近出 29・戎生編鐘三・西周晚或春秋早	 2826・晉姜鼎・春秋早
䍃	形旁	 近出 163・陳樂君甗・陳・春秋晚	
飲	聲旁	 考古與文物 2008 年 2 期 8 頁圖 9・叔駒父簋・西周晚	
歙	形旁	 6511・㠱仲觶・西周中  2825・膳夫山鼎・西周晚	 184・余購逨兒鐘・徐・春秋晚
		 考古學報 2018 年 1 期・吹爵・西周中	 9695・虞司寇壺・西周晚
次	形旁	 金文通鑒 11050・亞次斝・殷晚	 9234・亞次斝・殷
		 1354・史次鼎・西周早	 5994・次尊・西周中
		 新收 736・有司簡簋蓋・西周晚	 10386・王子嬰次盧・楚・春秋晚

次

資	欶	次		吹	欽	𨛜	
聲旁	形旁	形旁		形旁	聲旁	聲旁	
 4649・陳侯因資敦・齊・戰國晚	 980・魚鼎匕・晉・戰國	 近出0347・㚸戒鼎・西周晚	 考古學報2018年1期・吹爵・西周中	 近出1065・吹戈・殷晚	 980・魚鼎匕・晉・戰國	 2699・散伯車父鼎・西周晚	 203・沇兒鐘・徐・春秋晚
			 9695・虡司寇壺・西周晚	 5428・叔趯父卣・西周早			 銘文選八八一・中山王嚳方壺・晉・戰國晚

旡

盜 聲旁

銘文選八八二・妤盜壺・晉・戰國晚

既 亦聲

5412・二祀邲其卣・殷

5426・庚嬴卣蓋・西周早

10175・史牆盤・西周中

9731・頌壺・西周晚

4631・曾伯霥簠・曾・春秋早

2782・哀成叔鼎・晉・春秋晚

炁 聲旁

銘文選八八二・妤盜壺・晉・戰國晚

10583・匽侯載器・燕・戰國

商周金文偏旁譜　卷九

頁

囂 形旁

10149・囂伯盤・西周晚

11400・囂仲之子伯剌戈・春秋早

新收632・仲滋鼎・秦・春秋晚

銘文選八八〇・中山王嚳鼎・晉・戰國晚

10373・郾客問量・楚・戰國

領 形旁

10890・戈・春秋

寡 形旁

銘文選一四二・作册益卣・西周早

5392・寡子卣・西周中

2841・毛公鼎・西周晚

商周金文編624・四十三年逨鼎乙・西周晚

頃 形旁

近出1119・鎗頃鑄戈・戰國

頭	形旁		2223・蔡侯殘鼎蓋・蔡・春秋晚		
頌	形旁		252・瘐鐘・西周中		9731・頌壺・西周晚
			10171　蔡侯盤・蔡・春秋晚		
顛	形旁		980・魚鼎匕・晉・戰國		
頸	形旁		上博10期・伯遊父盤・黄・春秋中		
頵	形旁		2649・伯頵父鼎・西周晚		10172・寰盤・西周晚
顀	省聲		2841・毛公鼎・西周晚		按：寡省聲，疑顧之初文。
碩	形旁		2596・叔碩父鼎・西周中	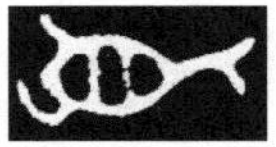	928・叔碩父甗・西周晚

		 近出1007・子仲姜盤・春秋早	
頁	形旁	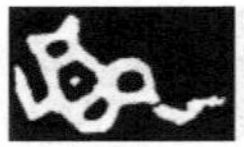 4118.2・宴簋・西周晚	
顯	形旁	 2778・史獸鼎・西周早	 92・虘鐘・西周中
		 247・瘐鐘・西周中	 2806・大鼎・西周中
		 2808・大鼎・西周中	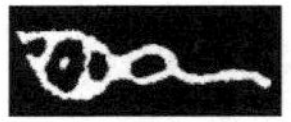 4289・師酉簋・西周中
		 10175・史牆盤・西周中	 新收1962・頌壺・西周晚
		 2836・大克鼎・西周晚	 商周金文編625・四十三年逨鼎丙・西周晚
		 2815・趞鼎・西周晚	 2829・頌鼎・西周晚

額

形旁

584・王作親王姬鬲・西周晚

䫋

形旁

復旦網 2014 年 6 月 22 日晉公盤・晉・春秋

頡

形旁

233・邵黛鐘・晉・春秋晚

銘文選八八一・中山王譽方壺・晉・戰國晚

顧

形旁

4330・沈子它簋蓋・西周早

顯

形旁

4294・揚簋・西周晚

4331・乖伯歸夆簋・西周晚

10173・虢季子白盤・虢・西周晚

4315・秦公簋・秦・春秋早

2841・毛公鼎・西周晚

4249・楚簋・西周晚

楨 形旁

4096・陳逆簋・齊・戰國早

釁 形旁

10175・史牆盤・西周中

4222・追簋蓋・西周中

181・南宮乎鐘・西周晚

9731・頌壺・西周晚

2799・小克鼎・西周晚

2827・頌鼎・西周晚

4305・此簋・西周晚

4554・伯勇父簠・西周晚

269・秦公鎛・秦・春秋早

2771・鄀公平侯鼎・鄀・春秋早

圖像5166・有兒簋・陳・春秋早

4574・鑄公簠蓋・鑄・春秋早

上博10期・伯遊父盤・黃・春秋中

圖像續535・濫（監）盂・春秋中

4618・樂子簠・宋・春秋晚

245・邾公華鐘・邾・春秋晚

4690・魯大司徒厚氏元簠・魯・春秋

4607・陳侯作孟姜𡢁簠・陳・春秋

小邾國遺珍48頁・畢仲弁簠・春秋

金文通鑒14090・莂仲盬缶・戰國早

10008・欒書缶・楚・戰國

2103・眉脒鼎・晉・戰國

賔 形旁

4067・𢾊叔𢾊姬簋・西周晚

顯 形旁

近出二458・燹公盨・西周中

𥂴 形旁

9442・毳盉・西周中

新收1447・仲枏父鬲・西周中

3984・陽飤生簋蓋・西周晚

4203・曾仲大父蛕簋・曾・西周晚

頎
形旁

9442・蠢盉・西周中

[illegible]
形旁

4061・畢鮮簋・西周中

近出二422・大師小子𠂤簋・西周中

首陽114頁・應侯簋・西周晚

4628・伯公父簠・西周晚

9687・杞伯每亡壺蓋・杞・春秋早

717・邾友父鬲・小邾・春秋早

文物2014年01期・宋公𠤳鼎・宋・春秋晚

4586・番君召簠・番・春秋晚

4625・長子沬臣簠・楚・春秋晚

196・者减鐘・吴・春秋

小邾國文化41頁・邾君慶壺・小邾・春秋

頪
形旁

865・頪甗・西周中

4360・彔盨・西周晚

顱	⿱頁心	⿰扌頁	⿰革頁	瀕	⿰黍頁		領
形旁	形旁	形旁	形旁	形旁	形旁		形旁
 328・曾侯乙鐘(中三8)・曾・戰國早	 銘文選八八二・好盗壺・晉・戰國晚	 4194・友簋・西周中	 4167・豦簋・西周中	 4317・𤼈簋・西周晚	  2831・九年衛鼎・西周中	 9713・殳季良父壺・西周晚	 53・楚王領鐘・楚・春秋晚
		 4194・友簋蓋・西周中	 考古學報 2018 年 1 期・霸伯簋一器・西周中	 新收 1209・唐子仲瀕兒匜・唐・春秋中			

首　面

頒 形旁  近出1041・次□缶・徐・春秋中或晚

頤 形旁  考古2015年4期96頁圖一・[illegible]鼎・西周早  9726・三年瘐壺・西周中

 4328・不其簋・西周晚

項 形旁  古24・與兵方壺・楚・春秋中期或晚

⿰王面 聲旁  9897・師遽方彝器・西周中

⿸广面 形旁  2831・九年衛鼎・西周中

⿰酉見 形旁  殷新232・母丙彝觥・商

⿰犭首 形旁  5416・召卣・西周早  10175・史牆盤・西周中

須

	⿺辶須 形旁	盨 聲旁	嬃 聲旁	⿰木須 聲旁	⿰禾須 聲旁	⿰金須 聲旁	
 35・䞆鐘・西周中或晚	 2837・大盂鼎・西周早	 4414・改盨・西周中  4466・𩡧从盨・西周晚  4424・單子伯盨・春秋早	 4444・紀伯子妊父盨・紀・春秋	 4401・鄭井叔康盨・西周中	 新收1450・伯大師釐盨・西周中	 4388・叔姞盨・西周晚  4344・攸𤔲盨・西周晚	 4372・仲彤盨・西周晚  4385・弭叔盨・西周晚

盨

⿱須益 聲旁	 4454・叔尃父盨・西周晚  4455・叔尃父盨・西周晚
⿱⿰糸頁皿 聲旁	 4468・師克盨蓋・西周晚
⿱⿰米頁皿 聲旁	 4366・史𢍰盨・西周晚  4374・苗𡟰盨・西周晚
	 4451・杜伯盨・西周晚
⿱⿰金頁皿 聲旁	 4353・夨賸盨・西周晚

彡

彤 聲旁	 圖像續 461・宗人簋器 1・西周中  10173・虢季子白盤・虢・西周晚
彭 形旁	 殷新 161・彭尊・殷晚  856・彭女甗・殷
	 9369・伯彭作盉・西周早  1907・彭女鼎・西周早

文

虔 形旁

4224・追簋・西周中

192・梁其鐘・西周晚

彰 形旁

9995・郘子賓缶・楚・春秋

5430・繁卣器・西周中

彭 聲旁

2594・戊寅作父丁方鼎・殷

6015・麥方尊・西周早

参 形旁

5942・参尊・西周中

杉 聲旁

4437・乘父士杉盨・西周晚

彪 形旁

文博2007年2期17頁・讏鼎・西周晚

10145・毛叔盤・毛・春秋早

2612・揚方鼎・西周早

3890・廣簋蓋・西周晚

262・秦公鐘・秦・春秋早

222・蔡侯鎛・蔡・春秋晚

叜 聲旁

銘文選八八〇・中山王嚳鼎・晉・戰國晚

忟 形旁

2930・忟簋・西周早

敓 聲旁

3746・敟寍敓簋・西周早

慶 聲旁

4581・伯其父簠・春秋早

閔 聲旁

4398・仲閔父盨・西周晚

10478・兆域圖銅版・晉・戰國晚

司

祠 聲旁

9678・趙孟庎壺・晉・春秋晚

銘文選八八二・好盜壺・晉・戰國晚

𢍏 聲旁

銘文選八八二・好盜壺・晉・戰國晚

卩

字	偏旁	字形一	出處一	字形二	出處二
姛	聲旁		西安48・姒觚・殷晚		7311・龏姒觚・殷
			2434・龏姒方鼎・殷或西周早		9646・保侃母壺・西周晚
嗣	聲旁		2837・大盂鼎・西周早		2813・師奎父鼎・西周中
			2841・毛公鼎・西周晚		10116・魯司徒仲齊盤・魯・春秋早
衵	形旁		9404・戈御作父丁盉・殷		9240・戈御作父丁斝・殷或西周早
钔	形旁		4044・御正衛簋・西周早		
卸	形旁		9451・麥盉・西周早		新收1958・㸒簋・西周中
㔾	形旁		6039・㔾觶・殷		首陽107頁・伯戔父簋・西周中

字頭	說明	字形	出處
			260・㝬鐘・西周晚
⿰卩曷	形旁		2832・五祀衛鼎・西周中
即	亦聲		2837・大盂鼎・西周早
			9723・十三年𤼈壺・西周中
			9731・頌壺・西周晚
			4275・元年師𧊒簋・西周晚
			265・秦公鐘・秦・春秋早
			銘文選八八一・中山王嚳方壺・晉・戰國晚
卩	聲旁		近出二458・𡡗公盨・西周中
			10285・𠑇匜・西周晚
⿰亻卩	形旁		2830・師𩛥鼎・西周中
⿰土卩	形旁		3464・御父簋・西周早

卯 形旁

 11580・从金劍・春秋

  9700・陳喜壺・齊・戰國早

陳 形旁

 6162・亞重觶・殷

 1885・虎重父辛鼎・西周早

雫 形旁

 4265・格伯簋・西周中

按：从雨，从卩，音義未詳。

光 形旁

 近出二 766・光父辛爵・殷晚

 6427・光作母辛觶・殷

 9901・夨令方彝蓋・西周早

 246・癲鐘・西周中

 10173・虢季子白盤・虢・西周晚

 近出 29・戎生編鐘三・晉・西周晚或春秋早

 2826・晉姜鼎・晉・春秋早

 2283・卑汩君光鼎・吴・春秋中

卬 形旁

10285・𠑇匜・西周晚

印 形旁

近出856・寢印爵・殷晚

4632・曾伯霥簠・曾・春秋早

11928・左周弩牙・戰國

⿰卩辛 形旁

7313・梟婦觚・殷

9893・邢侯方彝・西周早

令 形旁

2837・大盂鼎・西周早

4096・陳逆簋・齊・戰國早

⿱𠂊白 形旁

7122・⿱𠂊白父戊觚・殷

承 形旁

4238・小臣謎簋器・西周早

銘文選882・𡚱盗壺・晉・戰國晚

銘文選八八〇・中山王𰯌鼎・晉・戰國晚

11151・攻敔王光戈・吳・春秋晚

銘文選八八一・中山王𰯌方壺・晉・戰國晚

令

卲 形旁

4197・卲[illegible]簋・西周晚

配 聲旁

近出二458・燹公盨・西周中

181・南宮乎鐘・西周晚

按：从「妃」省聲。

4644・拍敦・齊・春秋

新收1781・陳逆簠蓋・齊・戰國早

羚 聲旁

近出二433・羚簋・西周中

笭 聲旁

6487・征作笭觶・西周早

4321・訇簋・西周晚

⿰素令 聲旁

2830・師訇鼎・西周中

4317・㝬簋・西周晚

268・秦公鎛・秦・春秋早

色

疤 聲旁

9684・十一茉壺・戰國早

10446・十四茉雙翼神獸・晉・戰國晚

卯 (qīng)	卿	形旁	 1362・卿宁鼎・殷	 3904・小子𣪕簋・殷	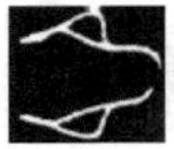 2167・伯卿鼎・西周早
			 9456・裘衛盉・西周中	 近出490・宰獸簋・西周晚	 102・邾公釛鐘・邾・春秋
	饗	形旁	 2709・邐方鼎・殷	 4201・小臣宅簋・西周早	 6001・小子生尊・西周早
			 9726・三年瘨壺・西周中	 10173・虢季子白盤・虢・西周晚	 圖像續535・濫（監）盂・春秋中
	鄉	形旁	 2803・令鼎・西周早	 4273・靜簋・西周中	
			 2810・鄂侯鼎・西周晚	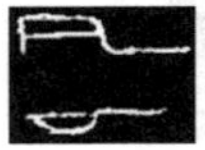 復旦網2014年6月22日・晉公盤・晉・春秋	
辟	壁	聲旁	 4293・六年召伯虎簋・西周晚	  9730・洹子孟姜壺・齊・春秋	
	臂	聲旁	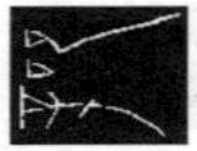 銘文選八八二・好盗壺・晉・戰國晚		

勹

廦 聲旁

4469・塱盨・西周晚

廦 聲旁

首陽83頁・㚸簋・西周早

梺 形旁

考古2011年7期17頁圖八・霸伯盂・西周中

㭊 形旁

4132・叔簋・西周早

5428・叔趩父卣・西周早

9571・孟載父壺・西周中

匋 聲旁

5984・能匋尊・西周早

2073・𤔲建鼎・西周中

4422・筍伯大父盨・西周晚

11651・鵙公劍・齊・春秋晚

侚 形旁

3667・佣丐簋・西周早

6011・盠駒尊・西周中

按：或可放在「人」旁。

2835 · 多友鼎 · 西周晚

4525 · 伯旟魚父簋 · 春秋早

2357 · 楚叔之孫佣鼎 · 楚 · 春秋晚

菊

聲旁

9705 · 番菊生壺 · 西周中

匍

形旁

2837 · 大盂鼎 · 西周早

10175 · 史牆盤 · 西周中

商周金文編 625 · 四十三年逨鼎內 · 西周晚

268 · 秦公鎛 · 秦 · 春秋早

勹

形旁

2774 · 帥鼎 · 西周中

鐧

形旁

3770 · 降人鐧簋 · 西周中

2607 · 乙鼎 · 春秋晚

匍

形旁

2712 · 乃子克鼎 · 西周早

勹

字	偏旁	字形	出處
[illegible]	形旁		2832・五祀衛鼎・西周中
匓	形旁		2724・毛公旅方鼎・西周早
			3367・晨作寶簋・西周早
匌	形旁		251・癲鐘・西周中
			2833・禹鼎・西周晚
復	聲旁		2061・腹鼎・西周早
			10175・史牆盤・西周中
			2835・多友鼎・西周晚
			近出350・晉侯䩛鼎・西周晚
甸	形旁		4262・格伯簋器・西周中
訇	省聲		3746・敔琭敔簋・西周早
			商周金文編622・四十二年逨鼎乙・西周晚
			新收757・逨盤・西周晚

眗	聲旁	 新收 1567・榮仲方鼎・西周早	 2414・伯旬鼎・西周
笱	聲旁	 文物 1985 年 05 期・笱止鼎・戰國	
鈞	聲旁	 9722・幾父壺・西周中	
旬	聲旁	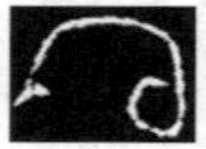 2682・新邑鼎・西周早	 5430・繁卣器・西周中
		 261・王孫遺者鐘・楚・春秋晚	
匔	聲旁	 近出 967・蘇匔壺・西周中	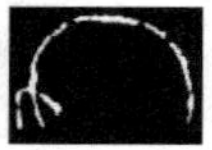 近出 37・晉侯蘇編鐘三・西周晚
軍	聲旁	 272・叔夷鐘・齊・春秋晚	 11758・中山侯鉞・晉・戰國中
		 銘文選 880・中山王譽鼎・晉・戰國晚	 11325・九年將軍戈・燕・戰國晚

11513・郾侯載矛・燕・戰國

玓 聲旁

近出1044・鄭玓盒・戰國晚

均 聲旁

211・蔡侯紐鐘・蔡・春秋晚

約 聲旁

近出1044・鄭玓盒・戰國晚

旬

坸 聲旁

近出99・𪒠編鎛（二）・楚・春秋晚

筍 聲旁

4350・伯筍父盨・西周晚

2513・伯筍父鼎・西周晚或春秋早

苟

敬 聲旁

5429・叔趯父卣・西周早

4288・師酉簋・西周中

商周金文編627・四十三年逨鼎戊・西周晚

262・秦公鐘・秦・春秋早

芍

2811・王子午鼎・楚・春秋中或晚

近出71・王孫誥編鐘十二・楚・春秋晚

茍 聲旁

近出486・柞伯簋・西周早

4217・五年師旋簋・西周晚

銘文選八八二・好蚉壺・晉・戰國晚

敬

憼 聲旁

銘文選八八一・中山王響方壺・晉・戰國晚

鬼

槐 聲旁

近出353・蒷陽鼎・秦・戰國晚

魗 形旁

5432・作册魗卣・西周早

⿺鬼殳 形旁

5243・⿺鬼殳父卣・西周早

⿺鬼匚 聲旁

5891・⿺鬼匚作祖乙尊・西周中

魗 形旁

新收 46・虢仲簠・西周晚

畏 亦聲

2837・大盂鼎・西周早

2841・毛公鼎・西周晚

媿 聲旁

考古 2012 年 7 期 37 頁圖十八：7・曾侯諫作媿簋・西周早

10119・毳盤・西周中

3932・毳簋・西周晚

金文通鑒 2363・芮子仲殿鼎・春秋早

禺

愚 聲旁

銘文選八八〇・中山王嚳鼎・晉・戰國晚

湡 聲旁

2653・小臣缶方鼎・殷

齵 聲旁

4239・小臣謎簋器・西周早

厶

私 聲旁

金文通鑒 2380・私厂鼎・戰國中

10357・卲宮和・戰國晚

部首	字	類別	字形	出處	字形	出處
山	巒	形旁		3784・伯司簋・西周晚		
	⿱⿰安殳山	形旁		4266・趞簋・西周中		10972・高密戈・齊・春秋
	⿱矛山	形旁		2238・須⿱矛山生鼎蓋・楚・戰國		
	崍	形旁		4502・慶孫之子崍簠・春秋晚		
	䡈	形旁		2836・大克鼎・西周晚		
	⿱每山	形旁		5113・[illegible]作尊彝卣・西周早		
广	廚	形旁		10173・虢季子白盤・虢・西周晚		
	庫	形旁		11022・鄗左庫戈・齊・春秋晚		11068・[illegible]少鉤庫戈・春秋

			2608・十一年庫嗇夫鼎・晉・戰國晚		11351・十六年喜令戈・晉・戰國晚
府	形旁		4613・上都府簠・楚・春秋晚		近出二1243・五年相邦呂不韋戈・秦・戰國晚
			11106・少府戈・秦・戰國		
廬	形旁		2780・師湯父鼎・西周中		
庿	形旁		5413.3・四祀𠨘其卣・殷		
廦	形旁		首陽83頁・斎簋・西周早		
床	形旁		2105・上樂床鼎・戰國晚		
廣	形旁		3611・廣作父己簋・西周早		10175・史墻盤・西周中

4328・不其簋・西周晚

廙

形旁

5396・毓祖丁卣器・殷

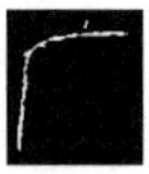
近出47・晉侯蘇編鐘十三・西周晚

廟

形旁

2375・遂啓諆鼎・西周早

4240・免簋・西周中

商周金文編624・四十三年逨鼎乙・西周晚

⿸广章

形旁

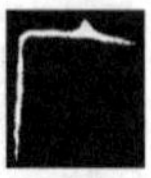
4289・師酉簋・西周中

⿸广畐

形旁

銘文選八八一・中山王嚳方壺・晉・戰國晚

⿸广千

形旁

9303・作册旂觥・西周早

5992・遣尊・西周早

⿸广乳

形旁

9870・子⿸广乳圖方彝・殷

5544・子⿸广乳尊・殷或西周早

应	庚	𢋂	郙	向	廬	㢅	
形旁	形旁	形旁	形旁	形旁	形旁	形旁	
 2838・曶鼎・西周中  4282・元年師旋簋・西周晚	 10386・王子嬰次盧・楚・春秋晚	 2535・伯𢋂父鼎・西周	 2644・郙季伯歸鼎・春秋早	 近出 297・向監鼎・西周早	 868・伯廬甗・西周早	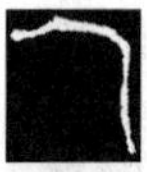 10279・陳子匜・陳・春秋早	 6373・子廟父乙觶・西周早  5891・魁作祖乙尊・西周中

厂

庢 形旁	反 亦聲				段 亦聲	侯 聲旁	
 11085・亳庢戈 春秋晚	 2694・戍甬鼎・殷	 2831・九年衛鼎・西周中	 近出0100・𪓐編鎛（三）・楚・春秋晚	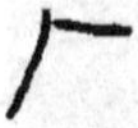 近出1177・十八年莆坂令戈・晉・戰國晚	 5863・段金𦉢尊・西周中	 2702・嬰方鼎・殷晚期	 新收79・應侯見工簋（乙）・西周中
	 4140・太保簋・西周早	 9731・頌壺・西周晚	 309・右使車箕・楚・戰國早		 11680・八年建信君鈹・晉・戰國晚	 9893・邢侯方彝・西周早	 9579・魯侯壺・西周晚

庭	形旁		3952・格伯作晉姬簋・西周中		
廣	形旁		4329・不其簋蓋・西周晚		
			4690・魯大司徒厚氏元簠・魯・春秋		
			10175・史牆盤・西周中		110・井人妄鐘・西周晚
厚	形旁		3665・戈⿸厂目作兄日辛簋・殷		2730・厚趠方鼎・西周早
			3642・曾侯乙簋・曾・戰國早		銘文選八八一・中山王譽方壺・晉・戰國晚
			近出63・王孫誥編鐘四・楚・春秋晚	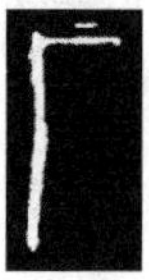	11168・曾侯乙戈・曾・戰國早
		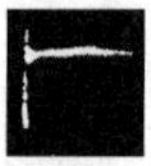	4428・滕侯蘇盨・滕・春秋早		中原文物2012年5期20頁圖二・陳侯之孫宋兒鼎・春秋中

廏	形旁		3635・卲王之諻簋・楚・戰國		
应	形旁		4340・蔡簋・西周晚		
厰	形旁		146・士父鐘・西周晚		復旦網2014年6月22日・晉公盤・晉・春秋
厲	形旁		2832・五祀衛鼎・西周中		3780・散伯簋・西周晚
厤	形旁		2841・毛公鼎・西周晚		
戻	形旁		2774・帥鼎・西周中		4293・六年召伯虎簋・西周晚
辰	形旁	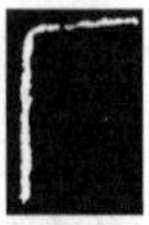	2702・嬰方鼎・殷晚		4300・作册夨令簋・西周早
厝	形旁		2841・毛公鼎・西周晚		

厝
形旁

3668・鄂侯簋・西周早

⿸厂重
形旁

銘文選八八一・中山王嚳方壺・晉・戰國晚

⿸厂古
形旁

2491・⿸厂古舟駷鼎・西周中或晚

⿸厂留
形旁

近出490・宰獸簋・西周晚

⿸厂盧
形旁

11337・六年令戈・晉・戰國早

⿸厂酉
形旁

5431・高卣・西周早

⿸厂馬
形旁
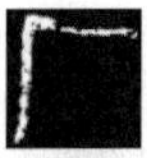
11684・十七年春平侯鈹・戰國晚

11686・五年邦司寇劍・戰國

石

字	類別	字形	出處
厝	形旁		圖像 19182・噩君啓舟節・楚・戰國
原	形旁		新出金文 9 頁圖二：4・叔卣・西周早
			2836・大克鼎・西周晚
			2559・雍伯原鼎・西周晚
			10176・散氏盤・西周晚
厙	形旁		4237・臣諫簋・西周中
			考古學報 2018 年 1 期・霸伯盤・西周中
[石/辛]	形旁		10350・[石/辛]氏詹鑰・西周晚
磚	聲旁		2551・褱鼎・楚・春秋中或晚
宕	聲旁		2824・刻方鼎・西周中
			商周金文編 621・四十二年逨鼎甲・西周晚
席	省聲		2831・九年衛鼎・西周中

碩 聲旁

2596・叔碩父鼎・西周中

928・叔碩父甗・西周晚

近出1007・子仲姜盤・春秋早

庶 亦聲

2837・大盂鼎・西周早

6510・庶觶・西周早或中

9456・裘衛盉・西周中

2841・毛公鼎・西周晚

10277・魯大司徒子仲伯匜・魯・春秋早

211・蔡侯紐鐘・蔡・春秋晚

245・邾公華鐘・邾・春秋晚

銘文選八八〇・中山王譽鼎・晉・戰國晚

礧 形旁

近出101・𪒠編鎛（四）・楚・春秋晚

厘 形旁

近出100・𪒠編鎛（三）・楚・春秋晚

磊 形旁

11997・郋公鏃・晉・戰國

沰 聲旁

2234・鄧尹疾鼎・楚・春秋晚

長

鄢 聲旁

10208・鄢湯伯匜・晉・春秋早

展 聲旁

2702・嬰方鼎・殷晚

4300・作册夨令簋・西周早

張 聲旁

11325・九年將軍戈・燕・戰國晚

11916・廿年距末・燕・戰國

勿

利 形旁

3580・利簋・西周早

9897・師遽方彝蓋・西周中

156・能原鎛・越・春秋晚

11529・郾王喜矛・燕・戰國晚

制 形旁

811・王子午鼎・楚・春秋中或晚

[鼎+刂] 形旁

287・曾侯乙鐘(下一2)・曾・戰國早

[辶+立] 聲旁

5944・[辶+立]作父乙尊・西周早

9296・[辶+立]父乙觥・西周早

昜

忽	諹	鬺		鍚	⿰昜阝	楊	
聲旁  銘文選八八〇・中山王譽鼎・晉・戰國晚	聲旁   182・徐王子旃鐘・徐・春秋	聲旁  新收707・鬺仲鼎・西周中  鬺仲多壺・9572・西周晚	 3945・鬺姬簋蓋・西周晚	聲旁  2803・令鼎・西周早	聲旁  12113・噩君啓舟節・楚・戰國	聲旁  考古學報2018年1期・霸伯簋一器・西周中  2835・多友鼎・西周晚	 近出960・楊姞壺・西周晚  近出二1198・十年寺工戈・戰國晚

⿰牛昜	聲旁		新收 1209・唐子仲瀕兒匜・春秋中		考古 2008 年 04 期 43 頁圖一三：4・⿰牛昜子斨戈・春秋中或晚
⿱宀⿰口昜	聲旁		888・⿱宀⿰口昜史䚘甗・西周早		5988・䢅尊・西周中 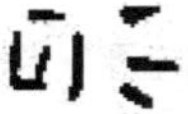 10937・⿱宀⿰口昜都戈・戰國
⿸㫊昜	聲旁		近出 0072・王孫誥編鐘十三・楚・春秋晚		85・楚王酓璋鎛・楚・戰國早
⿱大昜	聲旁		10112・伯碩⿱大昜盤・西周晚		
⿰犭昜	聲旁		1768・⿰犭昜盠方鼎・西周早		
湯	聲旁		2780・師湯父鼎・西周中		10155・湯叔盤・西周晚
			近出 30・戎生編鐘四・晉・西周晚或春秋早		4632・曾伯霥簠・曾・春秋早
			近出 100・𪓐編鎛（三）・楚・春秋晚		2766・徐尹鼎・楚・戰國早

豖　冄

[illegible] 聲旁  2718・寓鼎・西周早或中	䵹 聲旁  4261・天亡簋・西周早	[illegible] 聲旁  5424・農卣・西周中	鍚 聲旁  62・逆鐘・西周晚	枏 聲旁  746・仲枏父鬲・西周中  4154・仲枏父簋・西周晚或春秋早	逐 形旁  2375・遂啓諆鼎・西周早	𢍰 形旁  近出二422・大師小子𢍰簋・西周中	䩉 聲旁  4326・番生簋蓋・西周晚

剢 亦聲

2970·剢簋·殷

4273·靜簋·西周中

圂 形旁

6653·圂觚·殷

2841·毛公鼎·西周晚

家 形旁

8235·家戈爵·殷

2660·辛鼎·西周早

633·塱肈家鬲·西周中

9731·頌壺·西周晚

近出1009·邿公典盤·邿·春秋中

古29·倪公鎛 ·春秋

新收1781·陳逆簠蓋·齊·戰國早

銘文選八八〇·中山王譽鼎·晉·戰國晚

豦 形旁

4167·豦簋·西周中

豢 亦聲

近出308·王姜鼎·西周早

2841·毛公鼎·西周晚

豬 形旁

1374・廿七年上守趞戈・秦・戰國

豧 形旁

4618・樂子簠・宋・春秋晚

[illegible] 形旁

2830・師䚄鼎・西周中

[illegible] 形旁

5421・士上卣・西周早

5365・豚卣・西周中

[illegible] 亦聲

4327・卯簋蓋・西周中

㣇

郗 聲旁

4501・王孫霖簠・春秋晚

12112・噩君啓車節・戰國

肄 聲旁

4144・肄作父乙簋・殷

2724・毛公旅方鼎・西周早

字	類	字形	出處	字形	出處
			4317・㝬簋・西周晚		2836・大克鼎・西周晚
豸					
𧳜	形旁		4195・𦱫簋・西周中		
豹	形旁		新收1600・師酉鼎・西周中		近出347・伮戒鼎・西周晚
貉	形旁		5409・貉子卣・西周早		3977・己侯貉子簋蓋・西周中
			4659・蘇貉簠・蘇・春秋		
貍	形旁		5904・貍作父癸尊・西周中		
易					
鼭	聲旁		4462・瘨盨・西周中		
暘	聲旁		6004・召尊・西周早		金文通鑒5662・獄盨・西周中

象

10173・虢季子白盤・虢・西周晚

4632・曾伯霥簠・曾・春秋早

11310・越王者旨於賜戈・越・春秋晚

11311・越王者旨於賜戈・越・春秋晚

賜 聲旁

新收386・公賜盉・晉・戰國中

銘文選八八〇・中山王譽鼎・晉・戰國晚

煬 聲旁

銘文選八八〇・中山王譽鼎・晉・戰國晚

惕 聲旁

9679・趙孟庎壺・晉・春秋晚

爲 形旁

5952・叀啓諆父甲尊・西周早

4097・窸簋・西周中

近出971・晉侯僰馬方壺・西周晚

新收1203・曾伯陭鉞・曾・西周晚或春秋早

近出1009・郙公典盤・郙・春秋中

245・邾公華鐘・邾・春秋晚

第四届116頁・宋君夫人鼎蓋・宋・春秋晚

9712・曾伯陭壺・曾・春秋

328・曾侯乙鐘(中三8)・曾・戰國早

銘文選八八一・中山王嚳方壺・晉・戰國晚

975・但盤埜匕・楚・戰國晚

10388・鑄客爲集脰盧・戰國晚

商周金文偏旁譜　卷十

馬

馮 形旁

11684・十七年春平侯鈹・戰國晚

11686・五年邦司寇劍・戰國

駱 形旁

6012・盠駒尊蓋・西周中

鷽 形旁

3567・鷽姒簋・西周早

2193・鷽姒鼎・西周中

隲 聲旁

11546・七年宅陽令矛・晉・戰國

駒 形旁

3750・戕見駒簋・西周早

近出506・達盨蓋・西周中

2816・伯晨鼎・西周中或晚

商周金文編627・四十三年逨鼎戊・西周晚

騅 形旁

6011・盠駒尊・西周中

新收1323・駒壺・戰國

騎 形旁	 12091・騎傳侯馬節・燕・戰國	
駟 形旁	 10103・伯駟父盤・西周晚	
駐 形旁	 近出 1254・王命車駐虎節・戰國晚	
[illegible] 形旁	 9710・曾姬無卹壺・楚・戰國	
[illegible] 形旁	 2491・居𨙸[illegible]鼎・西周中或晚	 10176・散氏盤・西周晚
[illegible] 形旁	 2807・大鼎・西周中	
[illegible] 形旁	 2808・大鼎・西周中	
[illegible] 形旁	 5118・[illegible]作旅彝卣・西周早	 考古學報 2018 年 2 期・霸姬盤・西周中

廌

薦 形旁

597・鄭登伯鬲・鄭・春秋早

⿰牛廌 聲旁

近出 1131・⿰牛廌藋戟・戰國晚

⿰廌殳 形旁

4420・⿰廌殳孟延盨蓋・西周中

灋 形旁

2837・大盂鼎・西周早

4289・師酉簋・西周中

63・逆鐘・西周晚

⿱廌皿 形旁

海岱 153.15・司馬楙編鎛・齊・戰國早

慶 形旁

2832・五祀衛鼎・西周中

近出 347・焂戒鼎・西周晚

608・戴叔慶父鬲・春秋早

4502・慶孫之子峠簠・春秋晚

小邾國文化・郳君慶壺・小邾・春秋

11397・六年鄭令戈・戰國

鹿	[illegible]	形旁		4581・伯其父簠・春秋早		
	麃	形旁		5348・麃父卣器・西周早		2831・九年衛鼎・西周中
	麋	形旁		3995・伯𠋫父簋・西周晚		
	麀	形旁		9456・裘衛盉・西周中		
㲋	[illegible]	聲旁		5859・邢季[illegible]尊・西周中		4366・史[illegible]盨・西周晚
	[illegible]	聲旁		6894・子[illegible]觚・殷		248・[illegible]鐘・西周中
			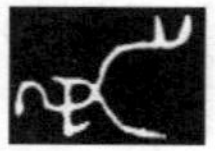	4288・師酉簋・西周中		112・井人妄鐘・西周晚
	[illegible]	聲旁	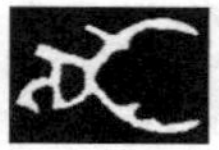	486・柞伯簋・西周早		3949・季[illegible]簋・西周中

兔	饞	形旁	 銘文選八八二・好盜壺・晉・戰國晚	
犬	器	形旁	 近出605・𣪘卣・西周早	
			 1974・𤼈作寶器鼎・西周中	
			 商周金文編621・四十二年逨鼎甲・西周晚	 10122・黃子盤・黃・春秋早
			 2782・哀成叔鼎・晉・春秋晚	 金文通鑒14090・𨚕仲𥂴缶・戰國早
	奔	形旁	 5945・奔者君尊・西周早	 2586・齊奔史喜鼎・西周晚
	缺	形旁	 銘文選八八二・好盜壺・晉・戰國晚	
	猒	形旁	 4330・沈子它簋蓋・西周早	 2841・毛公鼎・西周晚　按：从口从肉从犬，會口食犬肉而飽之意。

272・叔夷鐘・齊・春秋晚

新出416・淮伯鼎・春秋

試
形旁

615・伯試父鬲・西周中

⿰犭肖
形旁

5416・召卣・西周早

10175・史牆盤・西周中

臭
形旁

4849・子臭卣・殷或西周早

⿱臼臭
形旁

銘文選八八一・中山王譽方壺・晉・戰國晚

㹳
形旁

銘文選八八〇・中山王譽鼎・晉・戰國晚

狐
形旁

10916・陽狐戈・晉・戰國早

⿰犭比

形旁

5317・[illegible]伯罰卣・西周早

伏

形旁

5897・史伏作父乙尊・西周早

狗

形旁

殷新78・宁狃爵・殷晚

考古2009年09期46頁圖七：2・狗宁簋・殷

2369・長子狗鼎・西周早

狃

形旁

4128・復公仲簋蓋・楚・春秋晚

獵

形旁

9715・杕氏壺・晉・春秋晚

銘文選八八二・好盗壺・晉・戰國晚

獘

形旁

近出471・仲播簋・西周中

獻

形旁

10173・虢季子白盤・虢・西周晚

鼣	形旁	 4646・十四年陳侯午敦・齊・戰國晚	
獻	形旁	 7213・奞獻祖丁觚・殷	 858・伯作旅甗・西周早
		 近出 160・盂甗・西周早	 2718・寓鼎・西周早或中
		 932・子邦父甗・西周中	 2835・多友鼎・西周晚
		 4328・不其簋・西周晚	 911・嗛仲雩父甗・西周晚
		 928・叔碩父甗・西周晚	 4413・諫季獻盨・西周晚
		 4595・齊陳曼簠・齊・戰國早	
猚	形旁	 近出 338・孟猚父鼎・西周中	

字	字形	出處	字形	出處
狄 形旁		10175・史牆盤・西周中		49・戳狄鐘・西周中或晚
		新收757・逹盤・西周晚		4631・曾伯霥簠・曾・春秋早
		4019・曹伯狄簋・曹・春秋		
猶 形旁		10175・史牆盤・西周中		260・㝬鐘・西周晚
		2841・毛公鼎・西周晚		商周金文編624・四十三年逑鼎乙・西周晚
		近出27・戎生編鐘一・西周晚或春秋早		261・王孫遺者鐘・楚・春秋晚
		銘文選八八〇・中山王響鼎・晉・戰國晚		
		10371・陳純釜・齊・戰國		

炑 形旁

918・孚公杕甗・西周中

狽 形旁

5278・狽元作父戊卣器・殷或西周早

9242・宁狽父丁斝・西周早

10539・作狽寶彝器・西周早

5839・狽日辛尊・西周中

然 形旁

銘文選八八〇・中山王礜鼎・晉・戰國晚

㹊 形旁

銘文選八八二・好盗壺・晉・戰國晚

𤞷 形旁

5119・𤞷作旅彝卣・西周早

猲 形旁

1768・猲盄方鼎・西周早

獳 形旁

10210・鑄子獳匜・鑄・春秋

犾

⿰犭耳 形旁

11551・九年鄭令矛・晉・戰國

犽 形旁

2611・卅五年鼎・晉・戰國

⿰犭又 形旁

新收 1726・⿰犭又是官鼎・晉・戰國

⿰卣犬 形旁

4311・師⿰卣犬簋・西周晚

猷 形旁

5254・猷卣・西周早

5892・猷作祖辛尊・西周中

2631・南公有司鼎・西周晚

獄 形旁

5067.1・犾父丁卣・殷

648・魯侯熙鬲・西周早

近出二 436・一式獄簋・西周中

金文通鑒 5662・獄盨・西周中

10175・史牆盤・西周中

近出 347・㷉戒鼎・西周晚

獄	鱋	⿱猒心	鼠	⿰鼠各	⿰能攴	⿱羽能	羔
形旁	聲旁	聲旁	形旁	形旁	聲旁	形旁	形旁
 4293・六年召伯虎簋・西周晚	 新收46・虢仲簠・西周晚	 近出60・王孫誥編鐘一・楚・春秋晚	 銘文選八八一・中山王嚳方壺・晉・戰國晚	 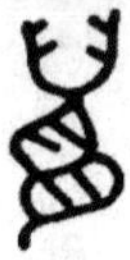 11328・王二年鄭令戈・晉・戰國	 10175・史牆盤・西周中	 圖像19182・鄂君啓舟節・楚・戰國	 9091・索諆爵・西周早  9726・三年瘐壺・西周中

獻 鼠 能 火

灾 形旁

2278・強伯作井姬鼎・西周中

旅 形旁

圖像11204・婦□尊・殷

麃 形旁

5348・麃父卣器・西周早

2831・九年衛鼎・西周中

庶 形旁

2837・大盂鼎・西周早

6510・庶觶・西周早或中

9456・裘衛盉・西周中

2841・毛公鼎・西周晚

商周金文編630・四十三年逑鼎辛・西周晚

10277・魯大司徒子仲伯匜・魯・春秋早

211・蔡侯紐鐘・蔡・春秋晚

245・邾公華鐘・邾・春秋晚

銘文選八八〇・中山王嚳鼎・晉・戰國晚

狄 形旁

10175・史墻盤・西周中

49・戥狄鐘・西周中或晚

		 4631·曾伯霥簠·曾·春秋早	 4019·曹伯狄簋·曹·春秋
煌	形旁	 近出 99·黝鎛鎛·楚·春秋晚	 270·秦公鎛·秦·春秋
尞	形旁	 4169·庸伯馭簋·西周早	 4169·庸伯馭簋·西周早
燔	形旁	 12108·新郪虎符·秦·戰國晚	
閃	形旁	 11561·閃令趙狽矛·晉·戰國	
表	形旁	 近出 76·王孫誥編鐘十七·楚·春秋晚	
威	形旁	 10374·子禾子釜·齊·戰國	
光	形旁	 6427·光作母辛觶·殷	 5395.1·宰甫卣·殷

9901・夨令方彝蓋・西周早

246・㾓鐘・西周中

10173・虢季子白盤・虢・西周晚

近出29・戎生編鐘三・晉・西周晚或春秋早

11151・攻敔王光戈・吴・春秋晚

銘文選八八〇・中山王譽鼎・晉・戰國晚

焌

形旁

6193・焌作觶・西周早

10176・散氏盤・西周晚

戜

形旁

2638・弟𢑚鼎・曩・西周中或晚

㬎

形旁

銘文選八八〇・中山王譽鼎・晉・戰國晚

滕

形旁

3670・滕侯簋・西周早

出土文獻8輯・卜丂史簋器底（M257）・西周中

4428・滕侯蘇盨・滕・春秋早

11079・滕侯昊戈・滕・春秋晚

		 古 23・者兒戈・春秋晚或戰國早	 海岱 153.15・司馬楙編鎛・齊・戰國早
戚	形旁	 近出二 587・五年琱生尊甲・西周晚	
㦰	形旁	 5410・啓卣器・西周早	 2831・九年衛鼎・西周中
炎	形旁	 6004・召尊・西周早	
咨	形旁	 245・邾公華鐘・邾・春秋晚	
赤	形旁	 2706・麥方鼎・西周早	 近出 486・柞伯簋・西周早
		 11333・㪤勺白戈・西周早	 4288・師酉簋・西周中
		 4244・走簋・西周晚	 4275・元年師兌簋・西周晚

		 4556・走馬薛仲赤簠・薛・春秋早	 4612・楚屈子赤角簠蓋・楚・春秋晚
刃火	形旁	 珍秦（吴越三晉篇）117 頁・廿八年工師愈戟・戰國中	 2701・公朱左師鼎・晉・戰國晚
		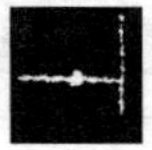 2590・十三年上官鼎・晉・戰國晚	 11327・六年格氏令戈・晉・戰國
刃羽	形旁	 10328・八苿鳥柱盆・晉・戰國晚	
刃台	形旁	 新收 1481・漁陽鈹・戰國早	
刃召	形旁	 11545・七年邦司寇矛・晉・戰國晚	
刃斤	形旁	 11653・廿九年高都令劍・戰國晚	
耿	形旁	 2841・毛公鼎・西周晚	

光

庚	堇		隧	奔	然	𤎩	醼	𧿒
形旁	形旁		形旁	形旁	形旁	形旁	形旁	聲旁
 10386・王子嬰次盧・楚・春秋晚	 5417・小子夆卣・殷  2312・堇臨作父乙方鼎・西周早  2774・師鼎・西周中	 新收757・逨盤・西周晚  4596・齊陳曼簠・齊・戰國早  11367・六年漢中守戈・戰國晚	 12109・杜虎符・戰國晚	 4300・作册夨令簋・西周早	 銘文選八八〇・中山王譻鼎・晉・戰國晚	  202・者減鐘・吳・春秋	 2837・大盂鼎・西周早	 3700・𧿒簋・西周中

尞　粦　𪏐　黑

[illegible] 聲旁  261・王孫遺者鐘・楚・春秋晚  153・許子𥂴鎛・春秋

銧 聲旁  10298・吴王光鑑・吴・春秋晚

寮 聲旁  9901・夨令方彝蓋・西周早  10321・趞盂・西周中  2841・毛公鼎・西周晚

 273・叔夷鐘・齊・春秋晚  274・叔夷鐘・齊・春秋晚  285・叔夷鎛・齊・春秋晚

潦 聲旁  872・潪伯甗・西周早  10321・趞盂・西周中

隣 聲旁  643・順史鬲・西周早

黱 聲旁  4266・趞簋　・西周中

黨 形旁  11054・上黨武庫戈・晉・戰國

黝 形旁  近出 102・黝編鎛（五）・楚・春秋晚

大

字	類	字形	出處	字形	出處
黜	形旁		10285・䊷匜・西周晚		
⿲黑黑黑	形旁		632・榮伯鬲・西周中		
嫼	聲旁		3945・觴姬簋蓋・西周晚		
鼉	形旁	 	6005・鼉方尊・西周早或中		
墨	亦聲		11214・斨君戟・楚・戰國早		
奞	形旁		8283・鬲奞爵・殷		3669・鄂季奞父簋・西周早
美	形旁		9086・美爵・西周早		銘文選八八一・中山王譽方壺・晉・戰國晚
去	形旁		2782・哀成叔鼎・晉・春秋晚		銘文選八八〇・中山王譽鼎・晉・戰國晚

杕

聲旁

9715·杕氏壺·晉·春秋晚

2701·公朱左師鼎·晉·戰國晚

因

形旁

銘文選八八一·中山王嚳方壺·晉·戰國晚

赤

形旁

2706·麥方鼎·西周早

近出486·柞伯簋·西周早

11333·僩勺白戈·西周早

4288·師酉簋·西周中

4244·走簋·西周晚

4275·元年師兌簋·西周晚

4556·走馬薛仲赤簠·薛·春秋早

4612·楚屈子赤角簠蓋·楚·春秋晚

夾

形旁

2837·大盂鼎·西周早

商周金文編624·四十三年逨鼎乙·西周晚

奄	形旁		2553・應公鼎・西周早
⿱大昜	形旁		10112・伯碩⿱大昜盤・西周晚
奎	形旁		2813・師奎父鼎・西周中
亦	形旁		10635・□戈・殷
			2724・毛公旅方鼎・西周早
			考古學報 2018 年 2 期・鳥形盉・西周中
			10285・儹匜・西周晚
			2782・哀成叔鼎・晉・春秋晚
			海岱 153.15・司馬楙編鎛・齊・戰國早
亢	形旁		7184・亞□亢觚・殷
			5943・效作祖辛尊・西周早
			4266・趩簋・西周中
			近出 490・宰獸簋・西周晚

夫	形旁	 385・亞夫鐃・殷	 2837・大盂鼎・西周早
		 4322・㦴簋器・西周中	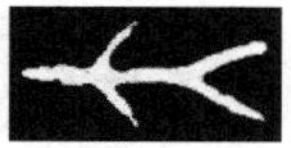 2796・小克鼎・西周晚
		 新收 1701・衛夫人文君叔姜鬲・春秋早	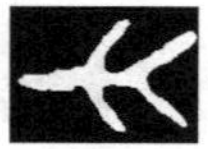 245・邾公華鐘・邾・春秋晚
		 329・曾侯乙鐘(中三 9)・曾・戰國早	 12056・左使車嗇夫帳桿母扣・戰國中或晚
		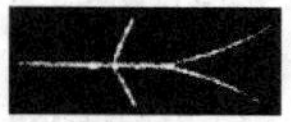 銘文選八八一・中山王𰯼方壺・晉・戰國晚	 2106・君夫人鼎・戰國
㚇	形旁	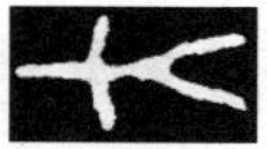 10129・伯侯父盤・西周晚	 9558・雍子㚇壺・戰國早
奎	形旁	 10322・永盂・西周中	 中原文物 2009 年 3 期 11 頁圖二・鄬夫人𡢁鼎・楚・春秋晚
		 10478・兆域圖銅版・晉・戰國晚	

亦

夸 形旁

791・夸甗・殷

4345・伯夸父盨・西周晚

鈦 聲旁

11614・郾王喜劍・燕・戰國晚

昃 形旁

11864・私庫嗇夫鑲金銀泡飾・晉・戰國中或晚

吳 形旁

10296・攻吳王夫差鑑・吳・春秋晚

34・董武鐘・戰國

奕 聲旁

38・䣄篙鐘・楚・春秋晚

赦 聲旁

10285・𠑇匜・西周晚

11689・十七年春平侯鈹・戰國晚

夜 省聲

5410・啓卣蓋・西周早

4291・師酉簋・西周中

2836・大克鼎・西周晚

4313・師寰簋・西周晚

矢

医 形旁

9801・考母作𨟭罍・西周早

470・作𨟭鬲・西周中　按：或認爲銘内與「𨟭」爲一字，不當分爲二字。

427・配兒鉤鑃・吴・春秋晚

銘文選八八〇・中山王䂋鼎・晉・戰國晚

4288・師酉簋・西周中

新收757・逨盤・西周晚

吴 形旁

996・𢦏方鼎・殷或西周早

9300・吴𢦏馭觥蓋・西周早

昃 形旁

11079・滕侯昃戈・滕・春秋晚

鳥篆字編下123・曾侯昃戈・曾・戰國早

夜

液 聲旁

4312・師𩛥簋・西周晚

2669・叔液鼎・春秋早

𥿅 聲旁

銘文選八八二・㚸𧊒壺・晉・戰國晚

銘文選八八一・中山王䂋方壺・晉・戰國晚

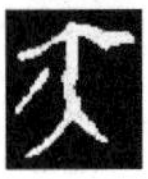
11546・七年宅陽令矛・晉・戰國

喬	嶠	聲旁		686・齊嶠父鬲・齊・春秋		
	禧	聲旁		10583・郾侯載器・燕・戰國		
	鐈	聲旁		4628・伯公父簠・西周晚		9712・曾伯陭壺・曾・春秋
交	效	聲旁		3823・效父簋・西周早		2841・毛公鼎・西周晚
	校	聲旁		近出 347・焂戒鼎・西周晚		
	洨	聲旁		近出 1138・洨陽右口戈・戰國早		
	䢒	聲旁		11295・章子戈・楚・春秋早		
壺	䡓	聲旁		2679・䡓叔樊鼎・西周晚或春秋早		

幸

嗀 聲旁

6456・伯作姬觶・西周中

𩰫 聲旁

9618・[illegible]壺・西周中

小邾國遺珍・昆君婦媿靁壺・小邾・春秋

壼 聲旁

圖像12257・仲姞壺・西周中

新收869・晉侯斷壺・西周晚

鐘 聲旁

4141・㴱皇父簋・西周晚

執 亦聲

9003・執父乙爵・西周早

近出506・達盨蓋・西周中

2835・多友鼎・西周晚

10478・兆域圖銅版・晉・戰國晚

睪 形旁

195・者瀘鐘・吴・春秋

山東金文213頁・宋左大師鼎・宋・戰國　按：由「矢」旁訛變而來。

圉 形旁

10175・史墻盤・西周中

報 形旁

4300・作册夨令簋・西周早

考古學報2018年2期・鳥形盉・西周中

睪

4293・六年召伯虎簋・西周晚

新收 1481・漁陽鈹・戰國早

11558・十七年春平侯矛・戰國晚

斁 聲旁

銘文選八八一・中山王嚳方壺・晉・戰國晚

10008・欒書缶・楚・戰國

⿱睪廾 聲旁

考古 2015 年 04 期 96 頁圖一・⿱口鼎・西周早

文物 2014 年 01 期・䣄卣・西周中

圖像 2219・曾侯宧鼎・曾・春秋早

古 24・與兵方壺・楚・春秋中或晚

245・邾公華鐘・邾・春秋晚

6513・徐王義楚觶・徐・春秋晚

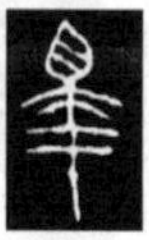
4618・欒子簠・宋・春秋晚

新收 1781・陳逆簠蓋・齊・戰國早

斁 聲旁

4628・伯公父簠・西周晚

睪

鐸 聲旁

銘文選八八〇・中山王譽鼎・晉・戰國晚

襗 聲旁

9901・矢令方彝・西周早

擇 聲旁

4330・沈子它簋蓋・西周早

4291・師酉簋・西周中

2836・大克鼎・西周晚

580・鄭井叔蒦父鬲・鄭・春秋早

古24・與兵方壺・楚・春秋中或晚

[食睪] 聲旁

2332・穆父作姜懿母鼎・西周中

3886・散車父簋・西周晚

3590・鄧公牧簋・鄧・春秋早

4502・慶孫之子峠簠・春秋晚

4596・齊陳曼簠・齊・戰國早

鍱	聲旁		3628・⿸㫃夫簋・西周早		
⿰車亢	形旁		10174・兮甲盤・西周晚		
奏	形旁		復旦網 2014 年 7 月 29 日・𢓊尊・殷		
亢 鈧	聲旁		4257・弭伯師耤簋・西周晚		
夫 鈇	聲旁		5312・鈇作父戊卣・西周早		
⿰害夫	聲旁		2063・⿰害夫鼎・周早或中		2721・㝬鼎・西周中
			4067・⿰害夫叔⿰害夫姬簋・西周晚		近出 69・王孫誥編鐘十・楚・春秋晚
扠	聲旁		5167.2・婁扠父辛卣・殷		1979・扠作旅鼎・西周早

11136·蔡仲戈·春秋晚

立

⿰立古 形旁

3804·姑衍簋蓋·西周晚

⿰立夫 聲旁

4695·𨜒陵君王子申豆·楚·戰國晚

胡 聲旁

10385·司馬成公權·晉·戰國

应 聲旁

2838·曶鼎·西周中

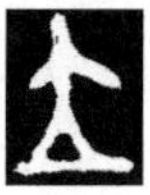
4282·元年師旋簋·西周晚

⿱宀立 聲旁

4294·揚簋·西周晚

⿰礻立 聲旁

2816·伯晨鼎·西周中或晚

⿰立長 形旁

157·驫羌鐘·晉·戰國早

銘文選八八一·中山王譽方壺·晉·戰國晚

竝

[辶竝] 形旁

5944・[辶竝]作父乙尊・西周早

9296・[辶竝]父乙觥・西周早

[皀立] 形旁

9686・十三苿壺・晉・戰國早

12058・左使車嗇夫帳梩母扣・戰國中或晚

[立重] 形旁

銘文選八八〇・中山王譽鼎・晉・戰國晚

[立需] 形旁

11385・五年鄭令戈・晉・戰國

[立同] 形旁

4649・陳侯因資敦・齊・戰國晚

[立發] 形旁

銘文選八八〇・中山王譽鼎・晉・戰國晚

[立昔] 形旁

11267・單[立昔]討戈・晉・戰國早

11529・郾王喜矛・燕・戰國晚

囟	妣	形旁	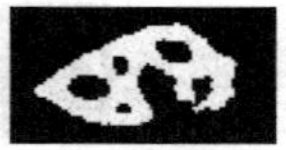 近出 634・史𩰫敏尊・西周早	 3776・鄧公簋・西周晚
			 9979・陳公孫㝬父瓶・陳・春秋早	 9978・魏公瓶・戰國
	思	亦聲	 古三十年・亙思公智上戟・戰國晚	 11348・五年龏令思戈・晉・戰國
鼠	𪕬	聲旁	 10171・蔡侯盤・蔡・春秋晚	
	獵	聲旁	 銘文選八八二・𧊒𧊒壺・晉・戰國晚	
	鑞	聲旁	 10917・鑞鎛戈・楚・戰國早	
心	忿	形旁	 11298・二年州句戈・戰國	
	𥁕	形旁	 5940・季𥁕尊・西周早  近出二 458・𤔲公盨・西周中	 銘文選八八一・中山王𰯼方壺・晉・戰國晚

惟	形旁		4649・陳侯因𬊤敦・齊・戰國晚		
寍	形旁		10175・史牆盤・西周中		2841・毛公鼎・西周晚
			10361・國差𦉜・齊・春秋		銘文選八八二・好盗壺・晉 戰國晚
⿳穴心皿	形旁		近出二1145・許公⿳穴心皿戈・春秋		
恖	形旁		2836・大克鼎・西周晚		2841・毛公鼎・西周晚
			4326・番生簋蓋・西周晚		10171・蔡侯盤・蔡・春秋晚
惠	形旁		3585・嬴霝德簋・西周中		圖像3036・競孫旟也鬲・楚・春秋晚
			海岱153.15・司馬楙編鎛・齊・戰國早		9720・令狐君嗣子壺・晉・戰國中

⿱炏心 形旁

銘文選八八〇・中山王䜌鼎・晉・戰國晚

⿱丞心 形旁

銘文選八八二・㚰盗壺・晉・戰國晚

10583・匽侯載器・燕・戰國

惪 形旁

銘文選八八二・㚰盗壺・晉・戰國晚

惕 形旁

9679・趙孟庎壺・晉・春秋晚

忽 形旁

銘文選八八〇・中山王䜌鼎・晉・戰國晚

恁 形旁

銘文選八八〇・中山王䜌鼎・晉・戰國晚

志 形旁

銘文選八八一・中山王䜌方壺・晉・戰國晚

珍秦（吴越三晉篇）237頁・七年王子戈・戰國晚

銘文選八八二・㚰盗壺・晉・戰國晚

4649・陳侯因資敦・齊・戰國晚

⿱工心 形旁	 銘文選八八〇・中山王嚳鼎・晉・戰國晚		
憙 形旁	 2793・平安君鼎・晉・戰國晚		
	 近出 1179・十一年皋落戈・楚・戰國晚		
懼 形旁	 銘文選八八〇・中山王嚳鼎・晉・戰國晚		
忍 形旁	 銘文選八八一・中山王嚳方壺・晉・戰國晚		
愁 形旁	 2811・王子午鼎・楚・春秋中或晚	 近出 76・王孫誥編鐘十七・楚・春秋晚	
	 245・邾公華鐘・邾・春秋晚		
⿱小廾 形旁	 12040・陳共車飾・齊・戰國晚	 978・冶紹圣匕・齊・戰國晚	

慁 形旁

銘文選八八〇・中山王譽鼎・晉・戰國晚

12112・噩君啓車節・楚・戰國

怠 形旁

新收1693・台寺缶・春秋

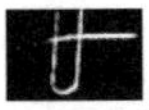
2479・楚王酓朏鉈鼎・楚・戰國晚

忓 形旁

11608・滕之不忓劍・滕・春秋

慺 形旁

8877・慺作父乙爵・西周早

忎 形旁

2795・楚王酓忎鼎・楚・戰國晚

恖 形旁

銘文選八八一・中山王譽方壺・晉・戰國晚

10158・楚王酓忎盤・楚・戰國晚

忠 形旁	 銘文選八八一・中山王舋方壺・晉・戰國晚	
慮 形旁	 2750・上曾大子鼎・曾・春秋早	
⿱旨心 形旁	 銘文選八八〇・中山王舋鼎・晉・戰國晚	
⿰阝⿱氏心 形旁	 4632・曾伯霥簠・曾・春秋早	
息 形旁	 銘文選八八一・中山王舋方壺・晉・戰國晚	
念 形旁	 近出694・念觚・殷晚	 銘文選一四二・作册益卣・西周早
	 2824・𢦚方鼎・西周中	 中國書法2016.10・射壺乙頸內・西周晚
	 122・者沪鐘・楚・戰國早	 銘文選八八〇・中山王舋鼎・晉・戰國晚

憲 形旁

262・秦公鐘・秦・春秋早

憼 形旁

銘文選八八一・中山王譽方壺・晉・戰國晚

忞 聲旁

銘文選八八二・妤盗壺・晉・戰國晚

慈 形旁

銘文選八八一・中山王譽方壺・晉・戰國晚

慶 形旁

2832・五祀衛鼎・西周中

4293・六年召伯虎簋・西周晚

608・戴叔慶父鬲・春秋早

4502・慶孫之子蛛簠・春秋晚

小邾國文化・郳君慶壺・小邾・春秋

11397・六年鄭令戈・晉・戰國

愻 形旁

121・者沪鐘・楚・戰國早

想
形旁

新收534・鍺祓想簠・楚・春秋晚

懋
形旁

9689・吕行壺・西周早

5418・免卣・西周中

惏
形旁

6004・召尊・西周早

4239・小臣謎簋器・西周早

慕
形旁

10175・史牆盤・西周中

4317・㝬簋・西周晚

4649・陳侯因資敦・齊・戰國晚

悆
形旁

2378・季悆作旅鼎・西周

2599・鄭虢仲鼎・春秋早

愉
形旁

10244・魯伯愈父匜・西周晚

691・魯伯愈父鬲・魯・春秋早

愚
形旁

銘文選八八〇・中山王譽鼎・晉・戰國晚

⿱毛心 形旁	 2841·毛公鼎·西周晚	
忘 形旁	 210·蔡侯紐鐘·蔡·春秋晚	 222·蔡侯鎛·蔡·春秋晚
	 銘文選八八二·㚤盗壺·晉·戰國晚	 4646·十四年陳侯午敦·齊·戰國晚
忨 形旁	 銘文選八八一·中山王譽方壺·晉·戰國晚	
愙 形旁	 1804·客豊愙鼎·戰國晚	
惑 形旁	 銘文選八八〇·中山王譽鼎·晉·戰國晚	
忌 形旁	 245·邾公華鐘·邾·春秋晚	 雪齋二集72頁附圖二·棨可忌豆·齊·戰國
⿱毋心 形旁	 銘文選八八〇·中山王譽鼎·晉·戰國晚	 10407·鳥書箴銘帶鈎·楚·戰國

怏	感	忑	[illegible]	忝	悑	寭	[illegible]
形旁  10478・兆域圖銅版・晉・戰國晚	形旁  10357・卲宮和・戰國晚	形旁  2794・楚王酓忎鼎・楚・戰國晚	形旁  11915・悍距末・晉・戰國  新收 1380・悍距末・晉・戰國	形旁  4341・班簋・西周中  近出二 327・柞伯鼎・西周晚	形旁  2087・蔡子鼎・蔡・春秋晚或戰國早  銘文選八八〇・中山王譽鼎・晉・戰國晚	形旁  銘文選八八二・好盜壺・晉・戰國晚	形旁  近出二 458・㸚公盨・西周中

蕙	形旁		銘文選八八〇・中山王嚳鼎・晉・戰國晚
寍	形旁		銘文選八八〇・中山王嚳鼎・晉・戰國晚
憻	形旁		5358・憻季遽父卣・西周早
慭	形旁		近出 83・王孫誥編鐘二十四・楚・春秋晚
懿	形旁		新收 1957・窒叔簋・西周中
惪	形旁		2701・公朱左師鼎・晉・戰國晚
忩	形旁		11338・三年߃令戈・晉・戰國
怊	形旁		圖像 19182・噩君啓舟節・楚・戰國

您	形旁	 江漢考古 2008 年 1 期 85 頁圖 5・楚王酓您匜・楚・春秋晚		
		 文物 2008 年 01 期・楚王酓您盤・楚・春秋晚或戰國早		
⿱雨惡	形旁	 269・秦公鎛・秦・春秋早		
⿱雔心	形旁	 5362・⿱雔心卣・殷	 3606・⿱雔心作文父日丁簋・西周早	
怍	形旁	 金文通鑒 17222・保永戈・戰國早		
恒	形旁	 近出 418・恒父簋・西周早	 4199・恒簋蓋・西周中	
		 4199・恒簋蓋・西周中	 4200・恒簋蓋・西周中	

商周金文偏旁譜　卷十一

水

游 形旁

172・鄦叔之仲子平鐘・莒・春秋晚

盥 形旁

10163・夆叔盤・夆・春秋早

近出1009・郝公典盤・郝・春秋中

10004・蔡侯缶・蔡・春秋晚

文物2008年1期・楚王酓恷盤・楚・春秋晚或戰國早

檠 形旁

考古2014年7期・嬕盤・戰國中

旅 形旁

4263・格伯簋・西周中

黍 形旁

總集8・6753・仲叡父盤・未斷代

瀍 形旁

2837・大盂鼎・西周早

4289・師酉簋・西周中

泂 形旁	 4270・同簋蓋・西周中	 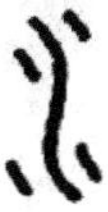 9733・庚壺・齊・春秋晚
江 形旁	 2391・江小仲母生鼎・江・春秋早	 79・敬事天王鐘・楚・春秋晚
	 圖像 19182・鄂君啓舟節・楚・戰國	
滴 形旁	 首陽 107 頁・伯戋父簋・西周中	
沱 形旁	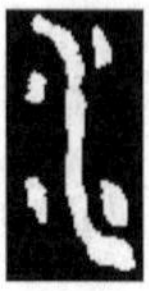 4207・遹簋・西周中	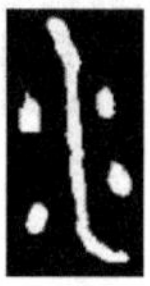 4273・靜簋・西周中
	 11120・曹公子沱戈・曹・春秋早	 11393・楚屈叔佗戈・春秋早
	 9678・趙孟庎壺・晉・春秋晚	 2668・鐘伯侵鼎・春秋
	 11216・廿九年戈・晉・戰國早	 金文通鑒 18009・十七年寺工鈹・秦・戰國晚

字	類	字形	出處
漆	形旁		11405・十五年上郡守壽戈・秦・戰國晚
沅	形旁		圖像19182・噩君啓舟節・楚・戰國
涇	形旁		5227・濦伯卣・西周早
			204・克鐘・西周晚
漾	形旁		9710・曾姬無卹壺・楚・戰國
漢	形旁		74・敬事天王鐘・楚・春秋晚
洛	形旁		5986・㒸作父乙尊・西周早
			考古學報2018年1期・洛仲卣・西周中
			10173・虢季子白盤・虢・西周晚
			金文通鑒2997・競之定鬲甲・楚・春秋晚
汾	形旁		11331・廿二年臨汾守戈・秦・戰國晚

沇
形旁

203・沇兒鐘・徐・春秋晚

洍
形旁

2836・大克鼎・西周晚

湘
形旁

圖像 19182・噩君啓舟節・楚・戰國

深
形旁

銘文選八八一・中山王嚳方壺・晉・戰國晚

油
形旁

10176・散氏盤・西周晚

圖像 19182・噩君啓舟節・楚・戰國

淮
形旁

新收 1961・录刻卣・西周中

雃
形旁

2824・刻方鼎・西周中

灉	形旁	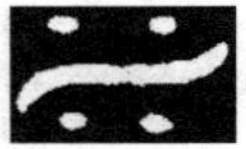 3568・雍姒簋・西周早	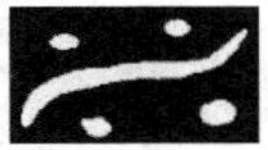 2531・雍伯鼎・西周早
		 2721・䆿鼎・西周中	
濉	形旁	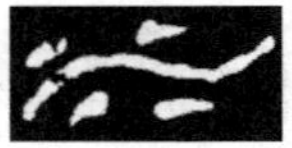 260・㝬鐘・西周晚	 2841・毛公鼎・西周晚
		 近出 30・戎生編鐘四・晉・西周晚或春秋早	
		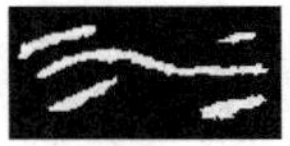 266・秦公鐘・秦・春秋早	
		 11019・雍之田戈・晉・春秋	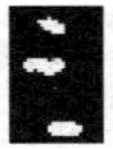 11342・廿一年相邦冉戈・秦・戰國晚
澧	形旁	 圖像 19182・鄂君啓舟節・楚・戰國	
湨	形旁	 2213・孟湨父鼎・西周晚	 11065・[illegible]湨需散戈・齊・春秋早

字	形旁		
濼	形旁	 88・盧鐘・西周中	
		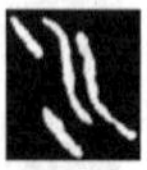 175・鄦叔之仲子平鐘・莒・春秋晚	
洹	形旁	 3867・洹秦簋・西周中	 3838・伯喜父簋・西周晚
		 圖像5166・有兒簋・陳・春秋早	 9730・洹子孟姜壺・齊・春秋
濁	形旁	 286・曾侯乙鐘(下一1)・曾・戰國早	 303・曾侯乙鐘(中一6)・曾・戰國早
溉	形旁	 6506・徐王耑又觶・春秋晚	
滳	形旁	 9605・雍工壺・戰國晚	
湡	形旁	 2653・小臣缶方鼎・殷	 5368・Ұ尹肇家卣・西周早

汶 形旁

近出1138・汶陽右□戈・戰國早

濟 形旁

銘文選八八一・中山王嚳方壺・晉・戰國晚

灊 形旁

圖像19182・鄂君啓舟節・楚・戰國

涶 形旁

272・叔夷鐘・齊・春秋晚

泈 形旁

2355・叔之行鼎・邾・春秋

海 形旁
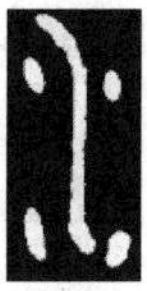
4239・小臣謎簋蓋・西周早

氵凥 形旁

105・昊生殘鐘・西周晚

衍 形旁

近出二14・姞仲衍鐘・西周晚

近出1134・仲陽戈・戰國晚

字		字形	出處	字形	出處
淖	形旁		4169・庸伯馭簋・西周早		4649・陳侯因資敦・齊・戰國晚
旛	形旁		3874・稻嫼簋蓋・西周晚		
汭	形旁		2390・徐子汆鼎・徐・春秋中		
淲	形旁		423・嵩君鉦鋮・春秋晚		
減	形旁		9455・長甶盉・西周中		4279・元年師旋簋・西周晚
滂	形旁		9708・冶仲考父壺・楚・春秋早		
泩	形旁		5223・汪伯卣・西周早		
沖	形旁		2229・沖子鼎・戰國早		

淪 形旁

10103・伯駟父盤・西周晚

近出 530・原氏仲簠・陳・春秋早

浮 形旁

10278・浮公之孫公父宅匜・春秋

湋 形旁

3821・湋伯簋・西周晚

測 形旁

2750・上曾大子鼎・曾・春秋早

湍 形旁

首陽 183 頁・商鞅鈹・秦・戰國中或晚

汋 形旁

銘文選八八〇・中山王譽鼎・晉・戰國晚

清 形旁

195・者瀘鐘・吴・春秋

198・者瀘鐘・吴・春秋

淵 形旁

4330・沈子它簋蓋・西周早

滑	形旁	 1947・滑庌鼎・晉・戰國晚	
淺	形旁	 11621・越王勾踐劍・越・春秋晚或戰國早	
淖	形旁	 近出 40・晉侯蘇編鐘六・西周晚	
沙	形旁	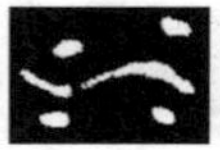 10170・走馬休盤・西周中	 4216・五年師旋簋・西周晚
潢	形旁	 4342・師訇簋・西周晚	
灘	形旁	 圖像 19182・鄂君啓舟節・楚・戰國	
湓	形旁	 近出 1174・卜湓口高戈・春秋早	
湛	形旁	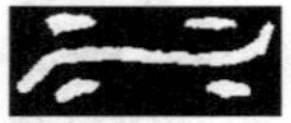 10285・𠑇匜・西周晚	

字	偏旁	字形及出處
聚	形旁	 圖像19182・噩君啓舟節・楚・戰國
沈	形旁	 4330・沈子它簋蓋・西周早
滔	形旁	 9824・滔御事罍・西周中
渴	形旁	 銘文選八八一・中山王譽方壺・晉・戰國晚
涇	形旁	 2791・伯姜鼎・西周早  9714・史懋壺・西周中  10310・滋盂・西周中
滋	形旁	 10310・滋盂・西周中
河	形旁	 銘文選八八二・好盗壺・晉・戰國晚
澫	形旁	 10361・國差鑰・齊・春秋

湯 形旁

2780・師湯父鼎・西周中

10155・湯叔盤・西周晚

近出30・戎生編鐘四・晉・西周晚或春秋早

4632・曾伯霥簠・曾・春秋早

近出100・[illegible]編鎛（三）・楚・春秋晚

2766・徐[illegible]尹[illegible]鼎・楚・戰國早

液 形旁

4312・師頴簋・西周晚

2669・叔液鼎・春秋早

湏 形旁

4096・陳逆簋・齊・戰國早

浴 形旁

近出1037・[illegible]子倗缶・春秋晚

10005・孟縢姬缶・楚・春秋

汲 形旁

9632・紀侯壺・紀・春秋早

10407・鳥書箴銘帶鈎・楚・戰國

濯 形旁

10978・右濯戈・戰國早

涑 形旁		11213・涑縣戈・晉・戰國早	
減 形旁	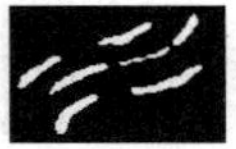	200・者瀘鐘・吳・春秋	
減 形旁		近出20・子範編鐘三・晉・春秋中	
瀘 形旁	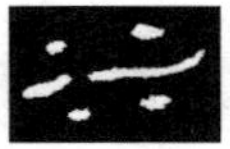	4466・䣄从盨・西周晚	 圖像19182・鄂君啓舟節・楚・戰國
漏 形旁		近出506・達盨蓋・西周中	
汈 形旁		122・者汈鐘・楚・戰國早	
沃 形旁	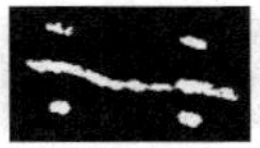	4007・沃伯寺簋・西周晚	
洖 形旁		2621・洖伯鼎・春秋	

濡 形旁
  10176・散氏盤・西周晚

湨 形旁
 銘文選八八二・㚥盗壺・晉・戰國晚

涵 形旁
 11693・卅三年鄭令劍・晉・戰國晚

汸 形旁
 銘文選八八二・㚥盗壺・晉・戰國晚

⿰氵言 形旁
 九州 2003 年第三輯 138 頁附圖 2・⿰氵言陽戈・晉・春秋晚或戰國早
 古 27・⿰氵言陽戈・晉・戰國

渦 形旁
 近出 484・保員簋・西周早
 近出 36・晉侯蘇編鐘二・西周晚

[illegible] 形旁
 圖像 19182・鄂君啓舟節・楚・戰國

[illegible] 形旁
 2741・寧鼎・西周早
 圖像續 461・宗人簋器 2・西周中

潦	形旁		872・潧伯甗・西周早
			10321・趞盂・西周中
沰	形旁		2234・鄧尹疾鼎・楚・春秋晚
泧	形旁		2791・伯姜鼎・西周早
漻	形旁		2331 穆父作姜懿母鼎・西周中
汩	形旁		2283・皁汩君光鼎・吴・春秋中
滹	形旁		新收1875・老簋・西周中
潧	形旁		286・曾侯乙鐘(下一1)・曾・戰國早

流	形旁		銘文選八八二·好盗壺·晉·戰國晚				
[illegible]	形旁		8809·戈涉𡠧爵·殷			4263·格伯簋·西周中	
			10176·散氏盤·西周晚			10827·涉戈·戰國晚	
瀘	形旁		10975·作瀘右戈·齊·戰國早				
澮	形旁		10322·永盂·西周中				
涂	形旁		2766·徐[illegible]尹朁鼎·楚·戰國早				
[illegible]	形旁		1502·涂鼎·戰國				
冰	形旁		4096·陳逆簋·齊·戰國早				

𣶒

⿱雔𣶒 聲旁

近出605·⿱雔𣶒卣·西周早

肅 形旁

2833·禹鼎·西周晚

261·王孫遺者鐘·楚·春秋晚

⿰𣶒攵 聲旁

10322·永盂·西周中

川

⿰言⿱川兄 形旁

2724·毛公旅方鼎·西周早

⿰邑川 聲旁

945·邕子良人甗·春秋早

⿰𠦝川 形旁

6016·矢令方尊·西周早

2837·大盂鼎·西周早

4266·趩簋·西周中

4331·乖伯歸夆簋·西周晚

古29·倪公鎛·春秋

2693·廿三年⿱亠⿱口木朝鼎·晉·戰國

巠

⿰川竟 形旁

5410·啓卣器·西周早

近出491·虎簋蓋·西周中

新收1874·虎簋蓋·西周晚

復旦網2014年6月22日·晉公盤·晉·春秋

144·越王者旨於賜鐘·楚·戰國早

⿰川少 形旁

6009·效尊·西周早

復旦網2015年12月22日·異好簋·西周早

衍 形旁

5825·衍耳父乙尊·西周早

⿱巛心 聲旁

銘文選八八一·中山王嚳方壺·晉·戰國晚

⿰女川 聲旁

3081·婦岀簋·殷

頸 聲旁

上博10期·伯遊父盤·黃·春秋中

	涇	聲旁		5227・濦伯卣・西周早	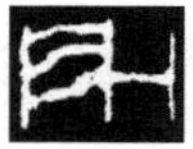	204・克鐘・西周晚
	經	聲旁		10173・虢季子白盤・虢・西周晚	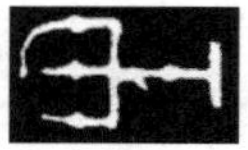	4596・齊陳曼簠・齊・戰國早
				272・叔夷鐘・齊・春秋晚		
朝	淖	省聲		4169・庸伯馭簋・西周早		4649・陳侯因資敦・齊・戰國晚
𠦝川	廟	聲旁		2375・遂啓諆鼎・西周早		4240・免簋・西周中
				商周金文編624・四十三年逨鼎乙・西周晚		
泉	龔	形旁		6894・子龔觚・殷		248・瘐鐘・西周中
				4288・師酉簋・西周中		112・井人妄鐘・西周晚

原 亦聲

新出金文 9 頁圖二：4・叔卣・西周早

2836・大克鼎・西周晚

2559・雍伯原鼎・西周晚

10176・散氏盤・西周晚

永

羕 聲旁

5811・羕史尊・西周早

近出 96・遷邟鈕鐘（3）・舒・春秋早

圖像 3036・競孫旟也鬲・楚・春秋晚

4616・許子妝簠・許・春秋

4096・陳逆簋・齊・戰國早

銘文選八八一・中山王譽方壺・晉・戰國晚

䄐 亦聲

10249・䄐仲無龍匜・西周晚

714・䄐仲鬲・春秋早

羕

鄴 聲旁

近出 117・鄴子伯鐸・春秋晚

漾 聲旁

9710・曾姬無卹壺・楚・戰國

部首	字	偏旁	字形	出處	字形	出處
谷	郤	形旁		近出1117・郤氏左戈・戰國晚		
谷	俗	聲旁		2781・庚季鼎・西周中		4464・駒父盨蓋・西周晚
				2766・徐[illegible]尹朁鼎・楚・戰國早		
	裕	聲旁		4323・敔簋・西周晚		11351・十六年喜令戈・晉・戰國晚
	綸	形旁		5221・綸伯卣・西周早		
冬	㲂	聲旁		4322・㲂簋蓋・西周中		
	泈	聲旁		2355・叔之行鼎・**⿰巾阝**・春秋		
雨	霾	亦聲		文博2014年6期・殺簋・西周中		

字頭	字形	出處	字形	出處
靁 亦聲		10270・叔男父匜・西周晚		
霰 形旁		銘文選八八二・妤盗壺・晉・戰國晚		
霝 形旁		6012・盠駒尊蓋・西周中		106・楚公逆鐘・西周晚
雪 形旁		近出二390・伯湄父豆・西周晚		
雩 形旁		7746・雩爵・殷		集釋・太保盉蓋・西周早
		2837・大盂鼎・西周早		5430・繁卣蓋・西周中
		911・[illegible]仲雩父甗・西周晚		銘文選八八〇・中山王嚳鼎・晉・戰國晚
需 形旁		4162・孟簋・西周中		新收41・曶叔盨・西周晚

字	偏旁	字形	出處
電	形旁		4326・番生簋蓋・西周晚
䨱	形旁		356・邢叔采鐘・西周晚
霥	形旁		4632・曾伯霥簠・曾・春秋早
𩃎	形旁		銘文選八八二・好盗壺・晉・戰國晚
雯	形旁		529・雯人守鬲・西周早
霏	聲旁		4025・鄭虢仲簋器・西周晚
零	形旁		270・秦公鎛・秦・春秋
			11900・零十命銅牌・戰國
霸	聲旁		2760・作册大方鼎・西周早
			3565・霸姞簋・西周早
			9456・裘衛盉・西周中

近出943・匍盉・西周中

2806・大鼎・西周中

2827・頌鼎・西周晚

䨣

⿱雨⿰革帚 聲旁

2813・師奎父鼎・西周中

霝

⿱雨票 聲旁

9733・庚壺・齊・春秋晚

⿱雨黑 聲旁

276・叔夷鐘・齊・春秋晚

⿰金霝 聲旁

9962・膳夫吉父鑐・西周晚

9961・曾伯文鑐・曾・春秋早

上博10期・伯遊父鑐・楚・春秋中

⿱霝心 聲旁

269・秦公鎛・秦・春秋早

⿰霝攴 聲旁

9433・遣盉・西周中

⿱雨龠 聲旁

22・鄭井叔鐘・西周晚

云

芸 聲旁

圖像 19182・噩君啓舟節・楚・戰國

邳 聲旁

圖像 19182・噩君啓舟節・楚・戰國

魚

鮇 聲旁

4232・史頌簋・西周晚

4014・蘇公子簋・蘇・春秋早

魯 聲旁

9408・魯侯盉蓋・西周早

10175・史牆盤・西周中

2815・趞鼎・西周晚

691・魯伯愈父鬲・魯・春秋早

魼 形旁

11352・秦子戈・秦・春秋早

虘 聲旁

6447・虘作父丁觶・西周早

10174・兮甲盤・西周晚

271・𬯀鎛・齊・春秋中或晚

銘文選八八一・中山王嚳方壺・晉・戰國晚

269・秦公鎛・秦・春秋早

飛諸藏金・魯昜公戈・戰國早

盦 聲旁

4213・㬎敖簋蓋・西周晚

鄦 聲旁

近出45・晉侯蘇編鐘十一・西周晚

旟 聲旁

4525・伯旟魚父簠・春秋早

鬳 聲旁

8620・鬳父辛爵・殷或西周早

鮮 形旁
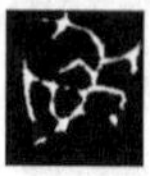
2143・鮮父鼎・西周早

10166・鮮簋・西周中

4361・伯鮮盨・西周晚

銘文選八八二・好盗壺・晉・戰國晚

鰥 形旁

銘文選一四二・作册益卣・西周早

吉金鑄華章・四十三年逨鼎庚・西周晚

鱻　龍

鱻	䍡	𩵦	鱻	龏			
形旁	形旁	聲旁	聲旁	聲旁			
 2719・公貿鼎・西周中	 2506・䍡作祖乙鼎・西周早	 9409・弜伯鎣・西周早	 9330・[illegible]鱻盉・殷	 新收1838・龏子卣・殷晚期  1307・子龏鼎・殷	 2434・龏姒方鼎・殷或西周早  688・龏作又母辛鬲・西周早	 2696・[illegible]鼎・西周中	 2829・頌鼎・西周晚

龖

字	類別	字形	出處	字形	出處
龓	聲旁		4458・魯伯悆盨・魯・春秋		
寵	聲旁		187・梁其鐘・西周晚		2550・曾伯從寵鼎・曾・春秋早
龏	聲旁		1974・龏作寶器鼎・西周中		
壟	聲旁		近出1118・陞家壟戈・齊・戰國晚		
龕	形旁		10175・史牆盤・西周中		188・梁其鐘・西周晚
讋	省聲	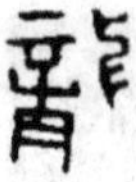	11250・二年寺工讋戈・秦・戰國晚		
襲	聲旁		2824・𢦏方鼎・西周中		

商周金文偏旁譜　卷十二

不

字	偏旁		
否	亦聲	 4341・班簋・西周中	 2841・毛公鼎・西周晚
		 10342・晉公盆・晉・春秋	 銘文選八八〇・中山王譽鼎・晉・戰國晚
杯	形旁	 6004・召尊・西周早	 4316・師虎簋・西周中
		 4331・乖伯歸夆簋・西周晚	
鄠	聲旁	 5425・競卣器・西周中	
秠	形旁	 2810・鄂侯鼎・西周晚	 4315・秦公簋・秦・春秋早
丕	聲旁	 10390・徐王盧・徐・春秋晚	

至

侄 亦聲

3490·伯侄簋·西周中

4331·乖伯歸夆簋·西周晚

室 亦聲

文物1986年1期·子黃尊·殷晚

3907·過伯簋·西周早

9723·十三年瘓壺·西周中

2829·頌鼎·西周晚

近出1009·郙公典盤·郙·春秋中

4678·鑄客豆·楚·戰國晚

銍 形旁

2780·師湯父鼎·西周中

10199·鑄客爲御銍匜·戰國晚

西

垔 聲旁

10824·垔戈·齊·戰國早

鹵

覃 形旁

8577·覃父己爵·殷

5053·亞覃父乙卣·殷

8890·亞覃父丁爵·殷或西周早

2826·晉姜鼎·晉·春秋早

户

鬴 形旁

4239・小臣謎簋器・西周早

𡆥 形旁

考古學報 2018 年 1 期・霸伯簋一器・西周中

盧 省形

考古學報 2018 年 1 期・霸伯山簋蓋・西周中

户又 形旁

9889・𢼊啓方彝・西周早

5958・韓啓作父庚尊・西周早或中

戉户 形旁

5952・叀啓諆父甲尊・西周早

9585・芮伯壺・西周中

户戈 形旁

2599・鄭虢仲鼎・春秋早

㢞 形旁

4519・魯士㢞父簠・魯・春秋早

𢈽 形旁

銘文選八八一・中山王嚳方壺・晉・戰國晚

庫 形旁

4021・寧簋蓋・西周早

3828・滕虎簋・西周中

141・師臾鐘・西周晚

門 形旁

3136・門祖丁簋・殷

4288・師酉簋・西周中

2827・頌鼎・西周晚

10456・𣅀室門銖・晉・戰國晚

所 聲旁

4323・敔簋・西周晚

近出22・子範編鐘五・晉・春秋中

2811・王子午鼎・楚・春秋中或晚

11289・宋公差戈・齊・春秋晚

近出1168・郘左戈・齊・戰國早

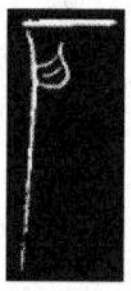
銘文選八八一・中山王嚳方壺・晉・戰國晚

近出1180・宜安戈・秦・戰國晚

980・魚鼎匕・晉・戰國

門

11561・閔令趙狽矛・晉・戰國

閏 聲旁
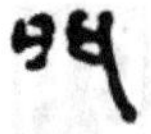
近出 1211・元年閏矛・晉・戰國晚

闇 聲旁

4312・師穎簋・西周晚

閔 聲旁

11561・閔令趙狽矛・晉・戰國

閦 形旁

9241・劦闢父丁斝・西周早

4302・彔伯𢦚簋蓋・西周中

開 形旁

2841・毛公鼎・西周晚

銘文選八八〇・中山王嚳鼎・晉・戰國晚

閒 形旁

260・㝬鐘・西周晚

11545・七年邦司寇矛・晉・戰國晚

間 形旁

10974・間右庫戈・晉・戰國早

閑	形旁	 271・同簋・西周中	
閉	形旁	 4276・豆閉簋・西周中	 商周金文編 621・四十二年逑鼎甲・西周晚
		 梁帶・登簋・西周晚	 10374・子禾子釜・齊・戰國
䦷	形旁	 11360・元年郚令戈・晉・戰國晚	
問	聲旁	  11341・四年咎奴蓍令戈・晉・戰國晚	
閔	聲旁	 4398・仲閔父盨・西周晚	 10478・兆域圖銅版・晉・戰國晚
䦾	形旁	 5322・䦾卣・西周早	
𨳡	形旁	 5298・𨳡作宫伯卣・西周早	

⿵門盧 形旁	闌 形旁		關 形旁	闈 形旁	闊 形旁	⿵門肉 形旁	⿵門⿱豕豩 形旁
10390・徐王盧・徐・春秋晚 11073・私庫嗇夫衡飾・齊・春秋晚	2810・鄂侯鼎・西周晚 2811・王子午鼎・楚・春秋中期或晚	261・王孫遺者鐘・楚・春秋晚	10371・陳純釜・齊・戰國	圖像19182・噩君啓舟節・楚・戰國	10478・兆域圖銅版・晉・戰國晚	10478・兆域圖銅版・晉・戰國晚	9820・婦⿵門⿱豕豩罍蓋・殷

耳

闢 形旁

854・闢作寶彝甗・西周早

取 形旁

4994・取父癸卣・殷

486・柞伯簋・西周早

9456・裘衛盉・西周中

近出二440・親簋・西周中

4249・楚簋・西周晚

近出30・戎生編鐘四・晉・春秋早

10253・取膚匜・魯・春秋

耿 形旁

2841・毛公鼎・西周晚

聅 形旁

9527・考母作聅壺 西周早

470・作聅鬲・西周中

聯 形旁

新收1554・任鼎・西周中

耶	形旁	  1223・耶鼎・殷	 4140・大保簋・西周早
		 4158・寷平簋・曾・西周晚	
職	形旁	 上博 8 期・郾王職壺・燕・戰國晚	
聑	形旁	 9032・昏爵・西周早	 銘文選八八〇・中山王䴉鼎・晉・戰國晚
		 10373・郾客問量・楚・戰國	
鉺	形旁	 2837・大盂鼎・西周早	
聽	形旁	 4131・利簋・西周早	 62・逆鐘・西周晚
		 近出 76・王孫誥編鐘十七・楚・春秋晚	

[illegible]	形旁		4302・彔伯𢦚簋蓋・西周中		2841・毛公鼎・西周晚
[illegible]	形旁		1974・[illegible]作寶器鼎・西周中		
[illegible]	聲旁		1210・[illegible]鼎・殷		1209・[illegible]鼎・殷或西周早
[illegible]	聲旁		11551・九年鄭令矛・晉・戰國		
[illegible]	形旁		4330・沈子它簋蓋・西周早		按：或認爲「耴」省聲。
[illegible]	形旁		5891・[illegible]作祖乙尊・西周中		
[illegible]	聲旁		3653・子[illegible]作父己簋・西周早		
弭	聲旁		572・弭叔鬲・西周中或晚		4430・弭叔作叔班盨蓋・西周晚

𦣞

珥 聲旁

江漢考古・2014年4期・曾侯腆編鐘M1.8・曾・春秋晚

旟 聲旁

2839・小盂鼎・西周早

轉 聲旁

4318・三年師𩛥簋・西周晚

臣

巸 形旁

10282・夆叔匜・夆・春秋早

近出1009・鄀公典盤・鄀・春秋中

4645・齊侯作孟姜敦・齊・春秋晚

10384・高奴禾石權・秦・戰國

獄 聲旁

5067.1・𤞷父丁卣・殷

648・魯侯熙鬲・西周早

近出二436・一式獄簋・西周中

金文通鑑5662・獄盨・西周中

10175・史牆盤・西周中

近出347・奚戒鼎・西周晚

姬 聲旁

5357・憧季遽父卣・西周早

4288・師酉簋・西周中

646・王作姬口女鬲・西周晚

4329・不其簋蓋・西周晚

268・秦公鎛・秦・春秋早

685・齊趫父鬲・齊・春秋早

3939・禾簋・齊・春秋晚

10086・魯伯厚父盤・魯・春秋

手

臯 形旁

2812・師望鼎・西周中

10175・史牆盤・西周中

109・井人妄鐘・西周晚

238・虢叔旅鐘・西周晚

拑 形旁

9673・寺工師初壺・秦・戰國

拍 形旁

4644・拍敦・齊・春秋

捧 形旁

4330・沈子它簋蓋・西周早

4252・大師虘簋・西周中

4291・師酉簋・西周中

2836・大克鼎・西周晚

4331・乖伯歸夆簋・西周晚

近出490・宰獸簋・西周晚

580・鄭井叔蒦父鬲・鄭・春秋早

古24・與兵方壺・楚・春秋中或晚

損 形旁

4194・友簋・西周中

4194・友簋蓋・西周中

女

妟 聲旁

10899・是𨟭戈・燕・春秋晚

婞 形旁

3849・叔向父簋・西周晚

妾	形旁	 5978・復作父乙尊・西周早	 新收 1959・食簋・西周中
		 2836・大克鼎・西周晚	 9537・趙君壺・晉・戰國
⿱竹女	聲旁	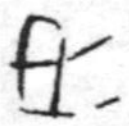 1473・⿱竹女伕鼎・戰國	
⿱小女	形旁	 5395.1・宰甫卣・殷	
⿳亠女心	聲旁	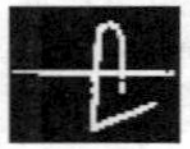 銘文選八八二・好盗壺・晉・戰國晚	
姓	形旁	 新收 1409・自鐸・楚・春秋	
婦	形旁	 3082・守婦簋・殷	 8984.2・聑[illegible]婦[illegible]爵・殷
		 金文通鑒 12351・裴作婦日庚壺・齊・西周早	

4076·宗婦鄁嫛簋蓋·春秋

妊

形旁

8137·遣妊爵·殷或西周早

4262·格伯簋·西周中

3785·𠭯召妊簋·西周晚

2526·蘇冶妊鼎·蘇·春秋早

姜

形旁

1710·婦姘告鼎·殷

9408·魯侯盉蓋·西周早

2191·王作仲姜鼎·西周中

606·王伯姜鬲·西周晚

660·鄭羌伯鬲·鄭·春秋早

271·𪑶鎛·齊·春秋中或晚

			10318・齊侯盂・齊・春秋晚		金文通鑒 19232・叔子穀戟・戰國早
姬	形旁		5357・𢡱季遽父卣・西周早		4288・師酉簋・西周中
			637・庚姬鬲・西周中		646・王作姬口女鬲・西周晚
			4329・不其簋蓋・西周晚	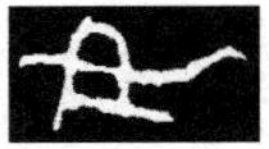	268・秦公鎛・秦・春秋早
			685・齊趫父鬲・齊・春秋早		3939・禾簋・齊・春秋晚
			10086・魯伯厚父盤・魯・春秋		
姞	形旁		5402・遣卣・西周早		5994・次尊・西周中
			552・仲姞鬲・西周晚		圖像 4712・晉侯簋・春秋早

嬴 形旁	 2171 • 嬴霝德鼎 • 西周早	 10076 • 季嬴霝德盤 • 西周中
	 4422 • 筍伯大父盨 • 西周晚	 2641 • 郳□伯鼎 • 郳 • 春秋早
	 4594 • 子季嬴青簠 • 楚 • 春秋晚	 10331 • 子叔嬴内君盆 • 楚 • 春秋
姚 形旁	 近出二415 • 覭公簋 • 西周早	 4113 • 邢南伯簋 • 西周中
	 4070 • 叔㢱父簋蓋 • 西周晚	 2679 • 𧽊叔樊鼎 • 西周晚或春秋早
嬀 形旁	 2485 • 剌覭鼎 • 西周早	 9555 • 𠟭嬀壺 • 西周中
	 3815 • 陳侯簋 • 西周晚	 9633 • 陳侯壺 • 陳 • 春秋早
	 新收1627 • 益余敦 • 春秋中	 10157 • 陳侯盤 • 陳 • 春秋

字	類	字形	出處
妘	形旁		考古2012年07期37頁圖十八：1・亞簋・西周早
			4141・圅皇父簋・西周晚
			2546・輔伯雁父鼎・西周晚
			10281・鄭大内史叔上匜・鄭・春秋
嫋	形旁		399・亞醜嫋鐃・殷
娅	形旁		總集1.0927・若□娅宗鼎・殷
姁	形旁		2334・□父作罍姁鼎・西周
姑	形旁		9092・婦闟爵・殷
			5426・庚嬴卣蓋・西周早
			新收1606・爯簋・西周中
			4012・復公子簋・西周晚

424・姑馮昏同之子句鑃・越・春秋晚

11718・姑發𦔻反劍・吳・春秋晚

威

形旁

249・痶鐘・西周中

4172・痶簋器・西周中

4171・痶簋蓋・西周中

238・虢叔旅鐘・西周晚

4242・叔向父禹簋・西周晚

2811・王子午鼎・楚・春秋中或晚

245・邾公華鐘・邾・春秋晚

近出71・王孫誥編鐘十二・楚・春秋晚

妣

形旁

3667・倗丏簋・西周早

2789・㦰方鼎・西周中

672・召仲鬲・西周晚

4152・鄬侯少子簋・莒・春秋

4646・十四年陳侯午敦・齊・戰國晚

姊	形旁		新收 1601・公仲簋・西周中		4572・季宮父簠・西周晚
妹	形旁	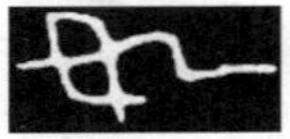	5429・叔趡父卣・西周早		2837・大盂鼎・西周早
			4589・宋公䜌簠・宋・春秋晚		4503・西替簠・楚・戰國
數	形旁		9556・嬗妊壺・西周早	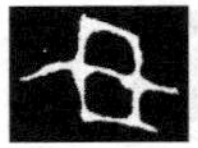	10205・蘇甫人匜・西周晚
			10147・齊縈姬盤・齊・春秋		
娽	形旁		3620・娽仲簋・西周晚		
奴	亦聲		851・弜奴賓甗・西周早		2589・費奴父鼎・費・春秋早
㚢	形旁		4150・膳夫梁其簋・西周晚		4534・丰仲簠・西周晚

敷	形旁		9433・遣盉・西周中		
娟	形旁	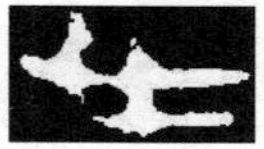	10267・陳伯元匜・陳・春秋		
改	形旁		4269・縣妃簋・西周中		10216・召樂父匜・西周晚
			2526・蘇冶妊鼎・蘇・春秋早	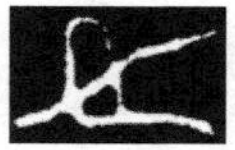	9680・叺君壺・春秋
始	形旁		新收 672・瞿姒簋・西周中		9732・頌壺蓋・西周晚
			2827・頌鼎・西周晚		
			中國歷史文物 2009 年 2 期・鮑子鼎・齊・春秋晚		
媢	形旁		書道全集 17f・子媢簋・殷晚		9784・子媢罍・西周早

好 形旁

6847・婦好觚・殷

金文通鑒 5272・公登父簋・西周早

5341・仲作好旅彝卣・西周中

4331・乖伯歸夆簋・西周晚

近出 95・𨖹邟編鎛（4）・舒・春秋早

2652・徐太子鼎・徐・春秋

嬓 形旁

9921・婦好勺・殷

媅 形旁

3915・周棘生簋・西周

旻 形旁

123・者沪鐘・楚・戰國早

晏 形旁

10386・王子嬰次盧・楚・春秋晚

嬰 形旁

52・王子嬰次鐘・楚・春秋晚

孌 形旁

4355・中伯盨・西周晚

安 形旁

2841・毛公鼎・西周晚

商周金文編 624・四十三年逨鼎乙・西周晚

2826・晉姜鼎・晉・春秋早

嫼 形旁

3945・觴姬簋蓋・西周晚

娷 形旁

394・曩嗷鐃・殷

嗷 形旁

393・曩嗷鐃・殷

媿 形旁

考古 2012 年 7 期 37 頁圖十八：7・曾侯諫作媿簋・曾・西周早

10119・毳盤・西周中

3932・毳簋・西周晚

		 金文通鑑 2363・芮子仲殿鼎・春秋早	
嫚	形旁	 9622・鄧孟壺蓋・西周晚	 3776・鄧公簋・西周晚
		 新收 1201・曾亘嫚鼎・西周晚或春秋早	
婁	形旁	 3911・是婁簋・西周中	 圖像三 539・曾伯克父盨乙・春秋早
		 9452・長陵盉・晉・戰國晚	
奸	形旁	 1498・𡨦奸鼎・殷	
妭	形旁	 7304・妭作乙公觚・西周早	
⿱亥妭	形旁	 6148・婦⿱亥妭觶・殷	 9455・長由盉・西周中

妥 形旁	 1301・子妥鼎・殷	 3075・子妥簋・殷
	 6015・麥方尊・西周早	 249・癲鐘・西周中
	 4198・蔡姞簋・西周晚	 287・曾侯乙鐘(下一2)・曾・戰國早
奺 形旁	 4019・曹伯狄簋・曹・春秋	
妓 形旁	 2744・仲師父鼎・西周晚	
嬢 形旁	 4572・季宫父簠・西周晚	
姶 形旁	 9560・子姶迊子壺・戰國	
娴 形旁	 5375・子作婦娴卣・殷	

嬰 形旁  10154・魯少司寇盤・魯・春秋

妄 形旁  112・井人妄鐘・西周晚

㚰 形旁  10253・取膚匜・魯・春秋

娊 形旁  637・庚姬鬲・西周中

娫 形旁  近出 95・遷邟編鎛（4）・舒・春秋早

始 形旁  596・郳始鬲・小邾・春秋早

嫌 形旁  717・邾友父鬲・小邾・春秋早

嫛 形旁  3568・雍姒簋・西周早

字	偏旁	字形及出處
妶	形旁	 近出623・弔妶父己尊・西周早
嫂	形旁	 2924・嫂簋・殷
嫡	形旁	 6143・婦嫡觶・西周早
寍	形旁	 3887・伯疑父簋蓋・西周晚
嬰	形旁	 4077・宗婦鄁嬰簋蓋・春秋
妃	形旁	 10045・亞吴妃盤・西周早  4152・鄘侯少子簋・莒・春秋
		 4145・陳侯午簋・戰國早  4646・十四年陳侯午敦・齊・戰國晚
		 4647・十四年陳侯午敦・齊・戰國晚

媾 形旁  商周金文編609・單叔鬲甲・西周晚

⿰女希 形旁  2536・鄭鄧伯鼎・西周晚  597・鄭登伯鬲・鄭・春秋早

數 形旁  3746・數⿱宀彔敼簋・西周早

嬭 形旁  4569・鄀公簠蓋・鄀・春秋早

⿰女畢 形旁  3793・伯梁父簋・西周晚

⿰女囂 形旁  中原文物2009年3期11頁圖二・鄬夫人⿰女囂鼎・楚・春秋晚

⿱隻女 形旁  2579・⿱隻女方鼎・殷或西周早

娀 形旁  2578・娀作父庚鼎・殷或西周早

媢	形旁	 998・媢鼎・殷或西周早	
嫌	形旁	  1903・作母嫌彝鼎・西周	
嬉	形旁	 4763・嬉卣・西周早	
媵	形旁	 3815・陳侯簠・西周晚	 9680・𠬝君壺・春秋
		 雪齋二集72頁附圖二・桒可忌豆・齊・戰國	
孌	形旁	 10131・干氏叔子盤・春秋早	
嫜	形旁	  10087・魯伯者父盤・魯・春秋	
婛	形旁	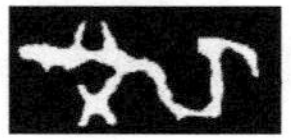 8753・齊婛□爵・殷	

处	形旁		10029・□处盤・殷
妢	形旁		近出 470・曩侯簋・西周晚
嫠	形旁		3678・伯蔡父簋・西周中
㚲	形旁		3081・婦□簋・殷
姃	形旁		1709・□婦姃鼎・殷或西周早
嫶	形旁		新收 1487・韓氏私官鼎・晉・戰國
咅	形旁		11213・涑鄡戈・晉・戰國早
𦈉	形旁		4527・吴王御士尹氏叔𦈉簠・吴・春秋

毓	[illegible]	[illegible]	[illegible]	毓	謱	鄋	寠
			母		婁		
形旁	形旁	形旁	聲旁	形旁	省聲	聲旁	聲旁
 9095・吕仲僕爵・西周早	 540・大作[illegible]鬲・西周早	 考古2014年7期・孟嬭玄匿・戰國中	 銘文選八八〇・中山王譽鼎・晉・戰國晚	 5396・毓祖丁卣・殷	 銘文選八八二・妤盗壺・晉・戰國晚	 4113・邢南伯簋・西周中	 9730・洹子孟姜壺・齊・春秋
			 10407・鳥書箴銘帶鉤・楚・戰國		 銘文選八八〇・中山王譽鼎・晉・戰國晚	 古三十年・虎䣄公佗戈・春秋晚	

妟

[糸妟] 聲旁	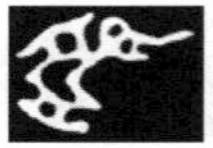 10176・散氏盤・西周晚	
[土妟] 聲旁	 12107・辟大夫虎符・齊・戰國	
宴 聲旁	 圖像續 461・宗人簋器 1・西周中	 4118.2・宴簋・西周晚
	 245・邾公華鐘・邾・春秋晚	 427・配兒鉤鑃・吴・春秋晚
[亻妟] 聲旁	 2810・鄂侯鼎・西周晚	
匽 聲旁	 9439.1・亞㠱侯父乙盉・殷	 3614・匽侯簋・西周早
	 2836・大克鼎・西周晚	 268・秦公鎛・秦・春秋早
	 近出 23・子犯編鐘六・春秋中	 203・沇兒鐘・徐・春秋晚

匽

郾 聲旁

近出79・王孫誥編鐘二十・楚・春秋晚

9703・陳璋方壺・齊・戰國中

銘文選八八二・好蚉壺・晉・戰國晚

11109・郾王右庫戈・燕・戰國晚

11226・郾王職戈・燕・戰國晚

11272・郾侯脮戈・燕・戰國晚

妻

⿱妻皿 聲旁

1768・⿰犭昜⿱妻皿方鼎・西周早

⿱亝妻 聲旁

新收1664・矩方鼎・西周早

郪 聲旁

12108・新郪虎符・秦・戰國晚

⿱亝妻

⿱罒⿱亝妻 聲旁

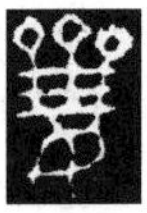
4297・鄭簋・西周晚

⿰阝⿱亝妻 聲旁

新收757・逨盤・西周晚

弗	茀	聲旁	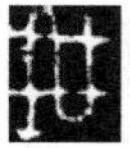	8478・茀父丁爵・西周早		
	剃	聲旁		銘文選一四二・作冊益卣・西周早	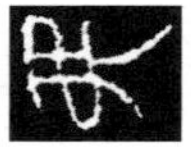	復旦網2014年6月22日・晉公盤・晉・春秋
	鉘	聲旁		11219・郾侯載戈・燕・戰國晚		
弋	弋攴	聲旁		4534・𠂆仲簠・西周晚		
氏	眂	聲旁		2695・員方鼎・西周中	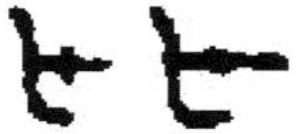	10478・兆域圖銅版・晉・戰國晚
				9449・廿五年盉・晉・戰國		
	昏	形旁		近出二327・柞伯鼎・西周晚		
	覗	聲旁		6014・何尊・西周早		

戈

蚔	聲旁	 11383・郾侯載作戎戈・燕・戰國晚	
軝	聲旁	 5428・叔趯父卣・西周早	
羝	聲旁	 2831・九年衛鼎・西周中	
戒	形旁	 566・戒作鎬宮鬲・西周早	 近出 347・𢦏戒鼎・西周晚
		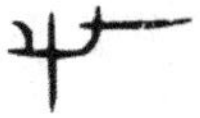 272・叔夷鐘・齊・春秋晚	 銘文選八八一・中山王譽方壺・晉・戰國晚
巩	亦聲	 5967・小子夫貝尊・殷	 2726・𢀜巩方鼎・西周早
		 4208・段簋・西周中	 10175・史牆盤・西周中
伐	形旁	 2740・𡩜鼎・西周早	 考古學報 2018 年 1 期・霸伯簋一器・西周中

10173・虢季子白盤・虢・西周晚

近出 19・子犯編鐘二・春秋中

圖像 2387・春平相邦葛得鼎・晉・戰國晚

戟

形旁

4329・不其簋蓋・西周晚

戎

形旁

山東金文 109 頁・戎鐃・殷晚

8239・戎刀爵・殷

2837・大盂鼎・西周早

考古學報 2018 年 2 期・格仲簋一蓋・西周中

4328・不其簋・西周晚

上博 11 期・楚大師登編鐘 7・楚・春秋早

37・秦王鐘・秦・春秋晚

38・⿱⿰丰刂日篙鐘・楚・春秋晚

11539・郾王戎人矛・燕・戰國晚

我 形旁

新收 525・郘子受戟・楚・春秋晚

11181・曾侯遐雙戈戟 3・曾・戰國早

11158・平阿左戟・齊・戰國

賊 形旁

10176・散氏盤・西周晚

成 形旁

2708・戍嗣鼎・殷

4301・作册夨令簋・西周早

5420・录刻卣蓋・西周中

4321・訇簋・西周晚

9733・庚壺・齊・春秋晚

貣 形旁

99・𪓐編鎛・楚・春秋晚

11788・吕大叔斧・晉・春秋

144・越王者旨於賜鐘・越・戰國早

𢦓 形旁

首陽 107 頁・伯𢦓父簋・西周中

新出 416・淮伯鼎・春秋

武 形旁

5413.3・四祀𠦪其卣・殷

10175・史牆盤・西周中

4263・格伯簋・西周中

10173・虢季子白盤・虢・西周晚

新收757・逨盤・西周晚

4315・秦公簋・秦・春秋早

近出67・王孫誥編鐘八・楚・春秋晚

新收1781・陳逆簠蓋・齊・戰國早

銘文選八八一・中山王方壺・晉・戰國晚

4649・陳侯因資敦・齊・戰國晚

11643・郾王職劍・燕・戰國晚

11368・廿六年蜀守武戈・秦・戰國

戠 形旁

6014・何尊・西周早

4263・格伯簋・西周中

4197・卻𦉢簋・西周晚

戰	形旁		銘文選八八二・好盗壺・晉・戰國晚		2794・楚王酓忎鼎・楚・戰國晚
戲	形旁		850・作戲甗・西周早		4276・豆閉簋・西周中
			4316・師虎簋・西周中		666・戲伯鬲・西周晚
		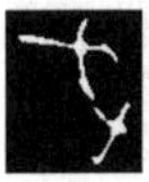	668・右戲仲𡢁父鬲・春秋早		10362・戲𠎜量・戰國
戥	形旁		1913・或伯鼎・西周早	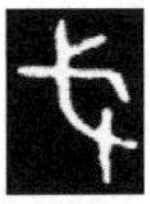	2662・或者鼎・西周中
			近出 38・晉侯蘇編鐘四・西周晚		273・叔夷鐘・齊・春秋晚
戮	形旁		珍秦（秦銅器篇）42 頁・秦政伯喪戈・秦・春秋早		
戋	形旁		5428・叔趯父卣・西周早		金文通鑒 5256・遣伯簋・西周中

		 4466・䣓从盨・西周晚	 608・戴叔慶父鬲・春秋早	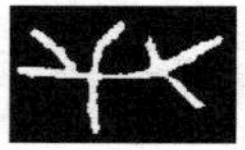 980・魚鼎匕・晉・戰國
𢧀	聲旁	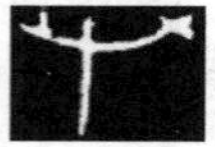 2336・伯𢧀方鼎・西周早		
𢦚	形旁	 8465・𢦚父丁爵・殷	 10407・鳥書箴銘帶鉤・楚・戰國	
肞	形旁	 98・臧孫鐘・吴・春秋晚		
𢦩	形旁	 4322・𢦩簋蓋・西周中		
𢨦	形旁	 11654・攻敔王光劍・吴・春秋晚		
𢧢	形旁	 11123・滕侯昊戈・滕・春秋晚		
聀	形旁	 1210・聀鼎・殷	 1209・聀鼎・殷或西周早	

胾

形旁

圖像續461・宗人簋・西周中

10172・寰盤・西周晚

𢦔

形旁

銘文選八八一・中山王嚳方壺・晉・戰國晚

戝

形旁

11549・十二年邦司寇矛・晉・戰國

𢧐

形旁

11310・越王者旨於睗戈・越・春秋晚

𢧀

形旁

11295・章子戈・楚・春秋早

戱

形旁

122・者沪鐘・楚・戰國早

㦵

形旁

新收1188・攻盧王劍・吳・春秋晚

酨

形旁

5380・馭卣蓋・殷

6230・酨父乙觶・西周早

戔

賤 聲旁

新收 1412・王四年相邦張儀戈・秦・戰國

盞 聲旁

4643・王子申盞・楚・春秋

4634・大府盞・楚・戰國晚

淺 聲旁

11621・越王勾踐劍・越・春秋晚或戰國早

按：加「口」旁爲飾。

或

⿱或米 聲旁

10176・散氏盤・西周晚

惑 聲旁

銘文選八八〇・中山王譽鼎・晉・戰國晚

減 聲旁

9455・長由盉・西周中

商周金文編 623・四十三年逨鼎甲・西周晚

4279・元年師旋簋・西周晚

戉

郕 聲旁

11621・越王勾踐劍・越・春秋晚或戰國早

11094・曾侯郕戈・曾・戰國早

我

11175・曾侯郕雙戈戟・曾・戰國早

11177・曾侯郕雙戈戟・曾・戰國早

哦 聲旁

3613・哦作父辛簋・西周早

鄬 聲旁

4695・鄬陵君王子申豆・楚・戰國晚

義 聲旁

近出 843・子義爵・殷晚

6015・麥方尊・西周早

4171・瘐簋蓋・西周中

9964・仲義父鑐・西周晚

269・秦公鎛・秦・春秋早

271・黏鎛・齊・春秋中或晚

261・王孫遺者鐘・楚・春秋晚

6513・徐王義楚觶・徐・春秋晚

義

議 聲旁

11350・郾王詈戈・燕・戰國晚

直

義 聲旁

9852・亞義方彝・殷

植 聲旁

10407・鳥書箴銘帶鉤・楚・戰國

悳

悳 形旁

3585・嬴霝德簋・西周中

圖像3036・競孫旟也鬲・楚・春秋晚

海岱153.15・司馬楙編鎛・齊・戰國早

9720・令狐君嗣子壺・晉・戰國中

銘文選八八二・好盜壺・晉・戰國晚

4649・陳侯因資敦・齊・戰國晚

叡 聲旁

3889・叡簋・西周晚

亡

込 聲旁

銘文選八八〇・中山王譽鼎・晉・戰國晚

銘文選八八一・中山王譽方壺・晉・戰國晚

吂 聲旁

11343・□吂令司馬戈・晉・戰國晚

邙 聲旁

11291・十年邙令差戈・晉・戰國

匄 形旁

5410・啓卣・西周早

2630・伯陶鼎・西周中

4317・㝬簋・西周晚

4601・召叔山父簠・鄭・春秋早

忘 聲旁

210・蔡侯紐鐘・蔡・春秋晚

222・蔡侯鎛・蔡・春秋晚

銘文選八八二・好盗壺・晉・戰國晚

4646・十四年陳侯午敦・齊・戰國晚

妄 聲旁

2841・毛公鼎・西周晚

商周金文編624・四十三年逨鼎乙・西周晚

2826・晉姜鼎・晉・春秋早

望 聲旁

2814・無叀鼎・西周晚

㞷

豐 聲旁

2152・豐公鼎・西周早

考古 2010 年 08 期 33 頁圖八：1・豐簋・西周早

5403・豐卣・西周中

668・右戲仲嚶父鬲・春秋早

乍

詐 聲旁

6010・蔡侯尊・蔡・春秋晚

9930・曾侯乙勺・曾・戰國早

銘文選八八〇・中山王譽鼎・晉・戰國晚

柞 聲旁

3908・量侯簋・西周早

近出 486・柞伯簋・西周早

134・柞鐘・西周晚

作 聲旁

金文通鑑 17222・保永戈・戰國早

酢 聲旁

6513・徐王義楚觶・徐・春秋晚

區

歐 聲旁

2835・多友鼎・西周晚

匸

医 形旁

9801・考母作医聯罍・西周早

470・作𨽍鬲・西周中

⿷匚从 形旁

9680・⿷匚从君壺・春秋

⿷匚禾 形旁

11579・越王劍・春秋晚

新收1870・越王州句劍・越・戰國早

銘文選八八〇・中山王嚳鼎・晉・戰國晚

⿷匚古 形旁

4554・伯勇父簋・西周晚

4566・魯伯俞父簋・魯・春秋早

鐘離君柏墓・童麗君匠M376蓋內・鍾離・春秋中晚

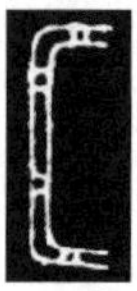
4488・曾子遐簋・春秋晚

4618・樂子簠・宋・春秋晚

4596・齊陳曼簠・齊・戰國早

		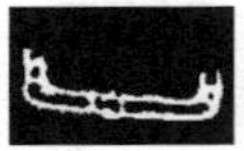 考古 2014 年 7 期・曾孫邵匠・曾・戰國中	 4551・楚王酓䏌簠・楚・戰國晚
匱	形旁	 4516・簠・西周晚	
匿	形旁	 7375・匿爵・殷	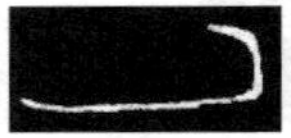 7377・匿爵・殷
		 2837・大盂鼎・西周早	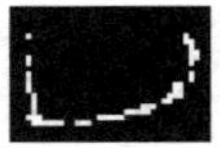 近出二 6・文公之母弟鐘・春秋晚
匽	形旁	 9439.1・亞㠱侯父乙盉・殷	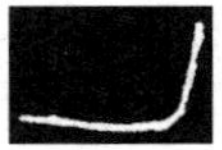 3614・匽侯簋・西周早
		 10303・匽侯盂・西周早	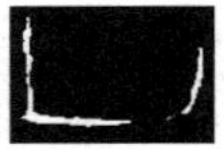 2836・大克鼎・西周晚
		 268・秦公鎛・秦・春秋早	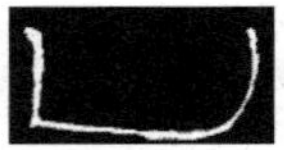 203・沇兒鐘・徐・春秋晚
		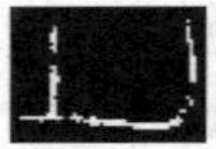 近出 23・子犯編鐘六・春秋中	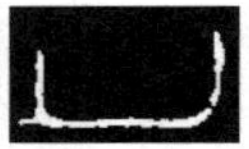 近出 79・王孫誥編鐘二十・楚・春秋晚

𠥯

匡 形旁

2838・曶鼎・西周中

2833・禹鼎・西周晚

4553・尹氏貯良簠・西周晚

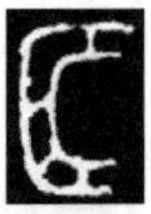
4615・叔家父簠・春秋早

4593・曹公簠・春秋晚

4527・吴王御士尹氏叔緐簠・吴・春秋

𠥩 形旁

金文通鑒2129・史惠鼎・西周晚

𠤳 形旁

10583・匽侯載器・燕・戰國

甾

𠙹 聲旁

2841・毛公鼎・西周晚

按：或認爲「筐」字初文。

𩐨 聲旁

2588・趞亥鼎・宋・春秋中

弓

弦 形旁

圖像19182・鄂君啓舟節・楚・戰國

芎	形旁	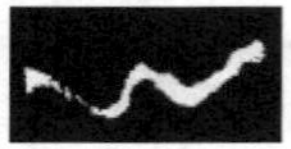 2499・芎父丁鼎・西周早	
弭	形旁	 572・弭叔鬲・西周中或晚	 4430・弭叔作叔班盨蓋・西周晚
弧	形旁	 9683・十茉扁壺・晉・戰國早	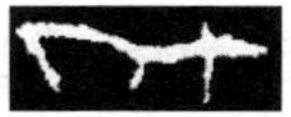 537・左使車工兵鬲・戰國晚
張	形旁	 11326・九年將軍戈・燕・戰國晚	 11916・廿年距末・燕・戰國
彊	形旁	 2837・大盂鼎・西周早	 246・𤼈鐘・西周中
		 10175・史牆盤・西周中	 2636・虢文公子段鼎・西周晚
		 4008・仐吉父簋・西周晚	 4232・史頌簋・西周晚
		 269・秦公鎛・秦・春秋早	 947・陳公子叔原父甗・陳・春秋早

		 4615・叔家父簠・春秋早	 上博 10 期・伯遊父盤・黄・春秋中
		 近出二 475・許公買簠・許・春秋晚	 銘文選八八一・中山王譽方壺・晉・戰國晚
弘	形旁	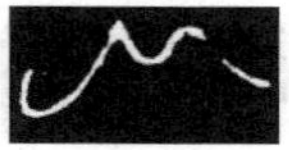 488・㐱作彝鬲・西周早	
彌	形旁	 10175・史牆盤・西周中	 2833・禹鼎・西周晚
彌	形旁	 4198・蔡姞簋・西周晚	 271・𬶍鎛・齊・春秋中或晚
夸	形旁	 11213・涑鄡戈・晉・戰國早	
弦	形旁	 新收 593・亘弦方簋・西周早	 174・鄘叔之仲子平鐘・莒・春秋晚
弙	形旁	 10581・弙作父辛器・西周早	

弱　弘

⿰弓疌 形旁	⿰弓魚 形旁	⿰弓䖒 形旁	鰯 形旁	弜 形旁		弦 聲旁	⿱父弜 聲旁
 10298・吳王光鑑・吳・春秋晚	 9409・⿰弓魚伯鎣・西周早	 3529・⿰弓䖒伯簋・西周早	 3617・⿰弓魚伯簋・西周早	 4144・肄作父乙簋・殷	 新收1608・典尊・西周中	 10175・史牆盤・西周中	 近出8861・⿱父弜父癸爵・殷晚
		 5913・⿰弓䖒伯作井姬用尊・西周中		 新出金文9頁圖二：4・叔卣・西周早			 8716・⿱父弜父癸爵・西周早

弜

聲旁

2841・毛公鼎・西周晚

4326・番生簋蓋・西周晚

121・者沪鐘・楚・戰國早

弢

聲旁

近出 347・焂戒鼎・西周晚

商周金文偏旁譜　卷十三

糸

𦃃	形旁	 金文通鑑 13795・太保罍蓋・西周早	 5879・羌作父己尊・西周中
孫	形旁	 2431・乃孫作祖己鼎・殷	 5426・庚贏卣蓋・西周早
		 2755・宁鼎・西周中	 4224・追簋・西周中
		 4194・友簋蓋・西周中	 4263・格伯簋・西周中
		 新收 1611・虎叔簋・西周中或晚	 106・楚公逆鐘・西周晚
		 2585・緐季鼎・西周晚	 3845・妊𤔲母簋・西周晚
		 4197・卲𠬝簋・西周晚	 4235・史頌簋・西周晚

字	類	字形	出處	字形	出處
紉	形旁		7614・紉爵・殷		4262・格伯簋蓋・西周中
經	形旁		10173・虢季子白盤・虢・西周晚		4596・齊陳曼簠・齊・戰國早
純	形旁		10371・陳純釜・齊・戰國		
紟	形旁		金文通鑒 5271・紟氏劍簋乙・西周晚		
綨	形旁		3906・攸簋・西周早		
			銘文選八八一・中山王嚳方壺・晉・戰國晚	 	10008・欒書缶・楚・戰國
			4589・宋公欒簠・宋・春秋晚		9686・十三苿壺・晉・戰國早
			2497・黄君孟鼎・黄・春秋早	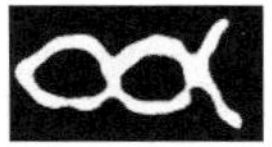	上博 10 期・伯遊父鐳・楚・春秋中

續	形旁		新收 1206・新城戈・戰國晚
絽	形旁		2795・楚王酓忎鼎・楚・戰國晚
縱	形旁		12092・亡縱熊節・戰國
紆	形旁		10354・圓形器・戰國早
紊	形旁		近出 1088・□紊戈・春秋晚
結	形旁		新收 1299・房子戈・趙・戰國
綾	形旁		9733・庚壺・齊・春秋晚
縮	形旁		10372・商鞅方升・秦・戰國

紫

形旁

224・蔡侯墓殘鐘・蔡・春秋晚

練

形旁

4649・陳侯因資敦・齊・戰國晚

組

形旁

4313・師寰簋・西周晚

組

形旁

3971・虢季氏子組簋・西周晚

661・虎臣子組鬲・春秋早

纕

形旁

9606・繖窓君扁壺・燕・戰國

縷

形旁

10176・散氏盤・西周晚

縈

形旁

4267・申簋蓋・西周中

3481・縈伯簋・西周中

10147・齊縈姬盤・齊・春秋

4494・盛君縈簠・楚・戰國早

緘	形旁		2841・毛公鼎・西周晚		274・叔夷鐘・齊・春秋晚
縢	形旁		9733・庚壺・齊・春秋晚		10005・孟縢姬缶・楚・春秋
維	形旁		11565・廿三年司寇矛・晉・戰國		
緐	形旁		4146・緐簋殘底・西周早		4316・師虎簋・西周中
			4242・叔向父禹簋・西周晚		近出 30・戎生編鐘四・晉・西周晚或春秋早
			中原文物 2012 年 5 期 20 頁圖二・陳侯之孫宋兒鼎・春秋中		
			4527・吳王御士尹氏叔緐簠・吳・春秋		
紙	形旁		12107・辟大夫虎符・齊・戰國		

紉	形旁		近出 1044 • 鄭㓜盒 • 戰國晚	
紟	形旁		7369 • 爵 • 殷	 1538 • 紟父乙鼎 • 西周早
絆	形旁		近出 219 • 絆肴鼎 • 殷晚	  1405 • 亞絆鼎 • 殷
縍	形旁		9452 • 長陵盉 • 晉 • 戰國晚	
絽	形旁		新收 1624 • 絽伯盉 • 春秋晚	
緈	形旁		2841 • 毛公鼎 • 西周晚	 4326 • 番生簋蓋 • 西周晚
裁	形旁		圖像 19182 • 鄂君啓舟節 • 楚 • 戰國	
繯	形旁		珍秦（吳越三晉篇）109 頁 • 廿七年頓丘令親酉戟 • 晉 • 戰國中	

素

⿰素卓 形旁	 188・梁其鐘・西周晚	 近出32・戎生編鐘六・西周晚或春秋早
⿰耳素 形旁	 9527・考母作医聯壺・西周早	 470・作𦖞鬲・西周中
⿲彳素亍 形旁	 4120・𣄰仲之孫簋・春秋早	
⿰素戈 形旁	 珍秦（吳越三晉篇）297頁・五年成陰嗇夫戟・晉・戰國晚	
	 考古與文物2013年1期27頁圖二・二十九年弩機・戰國晚	
縤 形旁	 2718・寓鼎・西周早或中	 2838・曶鼎・西周中
繜 形旁	 5424・農卣・西周中	
	 近出1181・七年大梁司寇綬戈・晉・戰國晚	

絲

字	偏旁	字形	出處
剢	聲旁		圖像 2211・伯上父鼎・西周晚
索	亦聲		4286・輔師嫠簋・西周晚
紟	形旁		2830・師𩛥鼎・西周中
			4317・㝬簋・西周晚
			268・秦公鎛・秦・春秋早
⿰糸丮	形旁		10175・史牆盤・西周中
䜌	形旁		2719・公貿鼎・西周中
			新收 1394・師道簋・西周中
⿰大絲	形旁		7089・⿰大絲父乙觚・殷
⿱君絲	形旁		近出 445・⿱君絲壽簋・西周早

𢆶

㬎	聲旁	 金文通鑒 2367・古鼎・西周中	 9562・左使車工㬎壺・戰國早
		 10447・十四朱雙翼神獸・晉・戰國晚	 10451・左使車工㬎山形器・晉・戰國晚
⿱𢆶車	聲旁	 9450・十二年盉・晉・戰國早	 10396・左䜌箕・戰國晚
鸞	聲旁	 4057・叔鄂父簋・西周晚	
聯	聲旁	 新收 1554・任鼎・西周中	
⿱䜌皿	聲旁	 3784・伯司簋・西周晚	

䜌

⿰缶䜌	聲旁	 10176・散氏盤・西周晚	
變	聲旁	 4355・中伯盨・西周晚	

虫

⿰阝絲 聲旁

11661・三年鈹・晉・戰國

鑾 聲旁

2214・尹小叔鼎・虢・春秋早

攣 聲旁

5379・小臣系卣・殷

⿰虫正 形旁

9024・戲父癸爵・西周早

雖 形旁

4315・秦公簋・秦・春秋早

12108・新郪虎符・秦・戰國晚

蜀 形旁

4341・班簋・西周中

11008・蜀西工戈・秦・戰國晚

11368・廿六年蜀守武戈・秦・戰國

蚘 形旁

980・魚鼎匕・晉・戰國

蠉	形旁	 10285・[illegible]匜・西周晚		
蜡	形旁	 4600・鄀公諴簠・西周晚		
盗	形旁	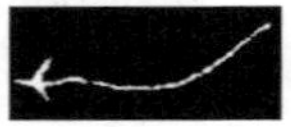 銘文選八八二・㚸盜壺・晉・戰國晚		
蟺	形旁	 3526・蟺伯簋・西周早	 2028・嬗姜鼎・西周中	
蠆	形旁	 2765・蠆鼎・西周中		
蚰	形旁	 980・魚鼎匕・晉・戰國		
融	形旁	 近出375・融簋・殷晚	 近出549・融卣・殷晚	
觸	聲旁	 11294・丞相觸戈・秦・戰國		

蜀

䖵

屬	聲旁		11395・八年吕不韋戈・秦・戰國晚
濁	聲旁		286・曾侯乙鐘(下一1)・曾・戰國早
			303・曾侯乙鐘(中一6)・曾・戰國早
螽	形旁		4203・曾仲大父螽簋・曾・西周晚
⿱吉䖵	形旁		980・魚鼎匕・晉・戰國
⿱文䖵	形旁		10190・王子造匜・戰國
蠚	形旁		新收1555・士山盤・西周中
⿱氏䖵	形旁		11383・郾侯載作戎戈・燕・戰國晚
⿱石䖵	形旁		11997・郘公鏃・晉・戰國

蟲　它

⿱旡䖵 形旁

677・邛叔⿱旡䖵鬲・江・春秋早

⿱金䖵 形旁

4152・鄘侯少子簋・莒・春秋

⿱蟲土 形旁

6351.2・子癸⿱蟲土觶・殷

2830・師𩛥鼎・西周中

鮀 聲旁

2551・褱鼎・楚・春秋中或晚

沱 聲旁

4207・遹簋・西周中

4273・靜簋・西周中

11393・楚屈叔佗戈・楚・春秋早

11120・曹公子沱戈・曹・春秋早

9678・趙孟庎壺・晉・春秋晚

2668・鐘伯侵鼎・春秋

11216・廿九年戈・晉・戰國早

金文通鑒 18009・十七年寺工鈹・秦・戰國晚

⿱它廾 聲旁		2779・師同鼎・西周晚	
⿱它皿 聲旁		10250・伯⿱屮匕匜・西周晚	 10207・曾子伯父匜・曾・春秋早
		.10281・鄭大内史叔上匜・鄭・春秋	
⿰它斗 聲旁		新收47・季⿰阝敢父匜・西周晚	
⿱盉它 聲旁		10205・蘇甫人匜・西周晚	按：江學旺釋讀爲「⿱它皿」。
鉈 聲旁		10224・中友父匜・西周中	 10220・史頌匜・西周晚
	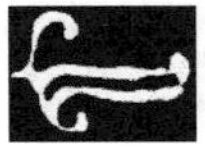	10267・陳伯元匜・陳・春秋	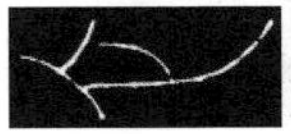 2479・楚王酓朏鉈鼎・楚・戰國晚
⿰示它 聲旁		2239・⿰丰子⿰示它鼎・戰國	

鉈

竈 聲旁	4158・竈乎簋・曾・西周晚						
陀 聲旁	4317・㝬簋・西周晚	銘文選八八一・中山王譽方壺・晉・戰國晚					
鉈 聲旁	10279・陳子匜・陳・春秋早						
	近出1011・滕大宰得匜・滕・春秋中或晚						

黽

竈 形旁	4158・竈乎簋・曾・西周晚	
鼉 形旁	6005・鼉方尊・西周早或中	
黿 形旁	225・邵黛鐘・晉・春秋晚	11319・三年脩余令韓譙戈・晉・戰國晚
鼂 形旁	4159・鼂簋・西周中	

二

黿 形旁

669・郲伯鬲・郲・西周中或晚

9687・杞伯每亡壺蓋・杞・春秋早

245・郲公華鐘・郲・春秋晚

10236・郲□匜・郲・春秋

鼂 形旁

珍秦（秦銅器篇）88-89頁・上郡假守鼂戈・秦・戰國晚

妄 聲旁

112・井人妄鐘・西周晚

亙

亙 形旁

6451・姞亙母觶・西周早

5431・高卣・西周早

新收1394・師道簋・西周中

2380・亙鼎・西周中或晚

死 形旁

11327・六年格氏令戈・晉・戰國

恆 聲旁

近出418・恆父簋・西周早

4199・恆簋蓋・西周中

4199・恆簋蓋・西周中

4200・恆簋蓋・西周中

亙

荁 聲旁

2301・巨荁王鼎・楚・戰國晚

亘

逭 聲旁

3740・齊史逭簋・西周中

10175・史牆盤・西周中

金文通鑒4056・仲姜簋・芮・春秋早

11666・攻敔王光劍・吴・春秋晚

豈 聲旁

3309・亞豈父丁簋・殷

9326・亞豈盉・殷

827・亞豈衔甗・西周早

趄 聲旁

246・癲鐘・西周中

4124・仲簋蓋・西周晚

10173・虢季子白盤・虢・西周晚

4315・秦公簋・秦・春秋早

121・者沪鐘・楚・戰國早

銘文選八八一・中山王譽方壺・晉・戰國晚

4649・陳侯因資敦・齊・戰國晚

9710・曾姬無卹壺・楚・戰國

宣

聲旁

10173・虢季子白盤・虢・西周晚

2826・晉姜鼎・晉・春秋早

293・曾侯乙鐘(下二5)・曾・戰國早

洹

聲旁

3867・洹秦簋・西周中

3838・伯喜父簋・西周晚

圖像5166・有兒簋・陳・春秋早

9730・洹子孟姜壺・齊・春秋

垣

形旁

金文通鑒2399・首垣鼎・晉・戰國晚

2242・垣上官鼎・晉・戰國

凡

興

形旁

9465・興壺・殷

9466・興壺・殷

8616・興父辛爵・殷或西周早

旁 聲旁

2009・旁父乙鼎・殷或西周早

5922・周免旁父丁尊・西周中

鳳 聲旁

2752・中方鼎・西周早

般 形旁

近出 590・册享般卣・殷晚

2114・般作父乙方鼎・殷

9299・般觥・西周早

944・作册般甗・西周早

佩 亦聲

2718・寓鼎・西周早或中

250・瘐鐘・西周中

9731・頌壺・西周晚

近出 21・子犯編鐘四・晉・春秋中

奺 聲旁

4019・曹伯狄簋・曹・春秋

土

坏 形旁

10154・魯少司寇盤・魯・春秋

字	類	字形	出處
薹	形旁		銘文選八八二・妤盗壺・晉・戰國晚
壐	形旁		428・冉鉦鋮・戰國
坃	形旁		568・坃作父乙鬲・西周早
杜	聲旁		4263・格伯簋・西周中
			4264・格伯簋蓋・西周中
			4450・杜伯盨・西周晚
		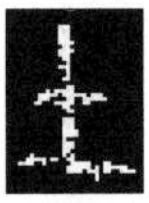	12109・杜虎符・戰國晚
壘	形旁		4263・格伯簋・西周中
坾	聲旁		3464・御父簋・西周早
圴	形旁		2774・帥鼎・西周中

坪	形旁	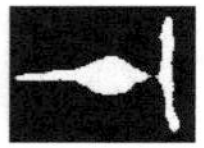	37·秦王鐘·秦·春秋晚	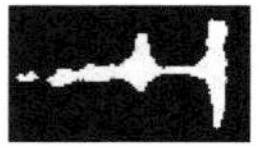	97·臧孫鐘·吳·春秋晚
			287·曾侯乙鐘(下一 2)·曾·戰國早		
均	形旁		211·蔡侯紐鐘·蔡·春秋晚		
亶	形旁		近出99·𪎺鎛(二)·楚·春秋晚		
塍	形旁		669·鄀伯鬲·鄀·西周中或晚		10129·伯侯父盤·西周晚
			4561·[illegible]侯簠·春秋早		10267·陳伯元匜·陳·春秋
基	形旁		115·子璋鐘·許·春秋晚		
垣	形旁	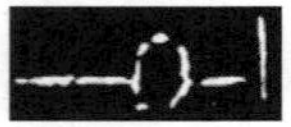	金文通鑒2399·首垣鼎·戰國晚	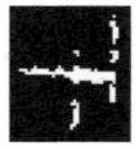	11405·十五年上郡守壽戈·秦·戰國晚

2242・垣上官鼎・晉・戰國

墨 形旁

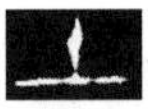
11214・斨君戟・楚・戰國早

陳 形旁

12023・陳[illegible]車轄・齊・戰國

10371・陳純釜・齊・戰國

4649・陳侯因資敦・齊・戰國晚

埜 亦聲

金文通鑑14782・束盉蓋・西周中

2836・大克鼎・西周晚

11263・邗王是野戈・吳・春秋

976・但盤埜匕・楚・戰國晚

圣 形旁

2795・楚王酓忎鼎・楚・戰國晚

12040・陳共車飾・齊・戰國晚

陘 形旁

11041・平阿左戈・齊・戰國早

呈	形旁	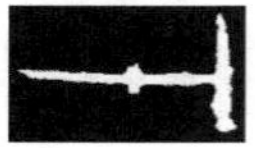	4644・拍敦・齊・春秋		
型	形旁		銘文選八八二・好盜壺・晉・戰國晚		銘文選八八〇・中山王譽鼎・晉・戰國晚
坡	形旁		古文字學論稿20頁圖一・工尹坡盞・春秋晚		11560・卅四年鄭令矛・晉・戰國晚
			11563・二年鄭令矛・晉・戰國晚		10478・兆域圖銅版・晉・戰國晚
𧺆	形旁		新收521・曾仲斿鎮墓獸座・曾・戰國		
堵	形旁		2706・麥方鼎・西周早		
堂	形旁		12110・鄂王職戈・燕・戰國		12112・噩君啓車節・楚・戰國
比	形旁		江漢考古2014年4期・曾侯鐘M1.1・曾・春秋晚		

城 形旁

11155・成陽辛城里戈・齊・春秋晚

157・𪉈羌鐘・晉・戰國早

銘文選八八〇・中山王嚳鼎・晉・戰國晚

11345・八年新城大令戈・晉・戰國

壘 形旁

11347・十三年□陽令戈・戰國早

塿 形旁

12107・辟大夫虎符・齊・戰國

壞 形旁

11342・廿一年相邦冉戈・秦・戰國晚

墷 形旁

34・董武鐘・戰國

堣 形旁

285・叔夷鎛・齊・春秋晚

壟 形旁

近出1118・陸冢壟戈・齊・戰國晚

字	形旁	字形	出處	字形	出處
址	形旁		殷新 232・䣄觥・殷晚		6482・中作妣己觶・西周早
埬	形旁		2645・邟季伯歸鼎・春秋早		4545・鄬子簠・春秋晚
垐	形旁		江漢考古 2014 年 4 期・曾侯䵂編鐘 M1.1・曾・春秋		
墓	形旁		102・邾公釛鐘・邾・春秋		
壂	形旁		江漢考古 2014 年 4 期・曾侯䵂編鐘 M1.1・曾・春秋晚		
塼	形旁		285・叔夷鎛・齊・春秋晚		
塱	形旁		633・塱肇家鬲・西周中		
僿	形旁		6486・叔僿觶・西周早		

圭

壘 形旁

6351.2・子癸壘觶・殷

2830・師𩵦鼎・西周中

里 形旁

山東金文741頁・齊宮銅量大・戰國

盬 形旁

近出1016・叔良父匜・西周晚

奎 聲旁

10322・永盂・西周中

中原文物2009年3期11頁圖二・鄬夫人嫘鼎・楚・春秋晚

10478・兆域圖銅版・晉・戰國晚

戠 聲旁

11310・越王者旨於賜戈・越・春秋晚

莫

難 聲旁

9713・殳季良父壺・西周晚

近出1009・郜公典盤・郜・春秋中

近出99・𪓐編鎛・楚・春秋晚

堇

⿱穴堇 聲旁  12023・陳⿱車䡅・齊・戰國

謹 聲旁  海岱 153.15・司馬楙編鎛・齊・戰國早

⿱𦰩米 聲旁  圖像 19182・噩君啓舟節・楚・戰國

難

難 聲旁  202・者𧶠鐘・吴・春秋

漢 聲旁  74・敬事天王鐘・楚・春秋晚

 274・叔夷鐘・齊・春秋晚

⿰言𦰩 亦聲  2841・毛公鼎・西周晚  4328・不其簋・西周晚

 10151・齊大宰歸父盤・齊・春秋  銘文選八八〇・中山王響鼎・晉・戰國晚

里

勤 聲旁

銘文選八八一・中山王嚳方壺・晉・戰國晚

銘文選八八〇・中山王嚳鼎・晉・戰國晚

鑵 聲旁

2838・曶鼎・西周中

裏 聲旁

9898・吳方彝蓋・西周中

商周金文編625・四十三年逨鼎丙・西周晚

貍 聲旁

5904・貍作父癸尊・西周中

⿱大里 聲旁

2067・⿱大里鼎・西周早或中

9585・芮伯壺・西周中

新收1727・⿱敄里戈・晉・戰國

⿱敄里 聲旁

92・戲鐘・西周中

2799・小克鼎・西周晚

268・秦公鎛・秦・春秋早

新收1727・⿱敄里戈・戰國

垔

禋 聲旁

古 24・與兵方壺・楚・春秋中或晚

10171・蔡侯盤・蔡・春秋晚

⿱宀垔 聲旁

第四螭 116 頁・宋君夫人鼎蓋・宋・春秋晚

⿰酉垔 聲旁

銘文選八八一・中山王嚳方壺・晉・戰國晚

禋

⿱穴禋 聲旁

10175・史牆盤・西周中

2782・哀成叔鼎・晉・春秋晚

田

昔 形旁

10176・散氏盤・西周晚

苗 形旁

4374・苗𡚬盨・西周晚

番 形旁

9705・番匊生壺・西周中

545・魯侯鬲・西周晚

732・番君酟伯鬲・春秋早

4585・番君召簠蓋・番・春秋晚

1353・史番鼎・戰國

[虍田] 形旁

5857・叔[虍田]尊・西周早

畂 形旁

2837・大盂鼎・西周早

10175・史□盤・西周中

4334・頌簋・西周晚

4315・秦公簋・秦・春秋早

甸 聲旁

4262・格伯簋器・西周中

134・柞鐘・西周晚

[罒黑] 聲旁

2506・[罒黑]作祖乙鼎・西周早

里 形旁

山東金文741頁・齊宮銅量大・戰國

畨 形旁

10175・史牆盤・西周中

男 形旁

9901・矢令方彝蓋・西周早

2549・許男鼎・西周晚

			4313・師寰簋器・西周晚		4562・[illegible]侯簠・春秋早
			近出 1009・邿公典盤・邿・春秋中		4645・齊侯作孟姜敦・齊・春秋晚
䴢	聲旁		5400・作冊䴢卣器・西周早		3443・[illegible]䴢簋・西周中
疇	聲旁		2841・毛公鼎・西周晚		
畏	形旁		6169・史畏觶・西周早		
㽙	形旁		4624・郑大宰簠・春秋早		38・㽙篙鐘・楚・春秋晚
留	形旁		2815・趞鼎・西周晚		15・留鎛・戰國
時	形旁		近出二 423・秦子簋・秦・春秋		

黃

璜 聲旁

近出二587·五年琱生尊甲·西周晚

4612·楚屈子赤角簠蓋·楚·春秋晚

簧 聲旁

4317·㝬簋·西周晚

匱 聲旁

4516·簠·西周晚

廣 聲旁

3611·廣作父己簋·西周早

10175·史牆盤·西周中

4328·不其簋·西周晚

4329·不其簋蓋·西周晚

潢 聲旁

4342·師訇簋·西周晚

力

勴 形旁

246·𤼈鐘·西周中

2799·小克鼎·西周晚

近出1009·鄀公典盤·鄀·春秋中

4645·齊侯作孟姜敦·齊·春秋晚

助	聲旁		4261・天亡簋・西周早		
功	形旁		5995・師俞尊・西周早		
勑	亦聲	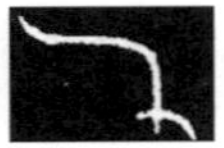	2346・勑𣪘作丁侯鼎・西周早		
勤	聲旁	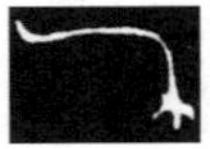	9728・曶壺蓋・西周中		2816・伯晨鼎・西周中或晚
		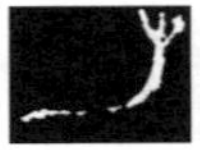	2805・南宫柳鼎・西周晚		4338・頌簋蓋・西周晚
虜	形旁		2784・十五年趞曹鼎・西周中		近出523・發孫虜簠・春秋晚
男	形旁		9901・夨令方彝蓋・西周早		2549・許男鼎・西周晚
劦	形旁		4039・革同簋蓋・西周晚		

加	亦聲	 8924・加作父戊爵・西周早	 首陽 98 頁・㣈簋・西周中
		 新收 41・𨟭叔盨・西周晚	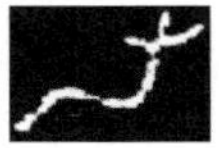 江漢考古 2011 年 4 期・隓（隨）仲嬭加鼎・隨・春秋中
		 11148・蔡公子加戈・蔡・春秋	 新收 1737・滎陽上官皿・晉・戰國
勛	形旁	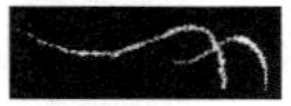 銘文選八八一・中山王𠑇方壺・晉・戰國晚	
勴	形旁	 金文通鑒 18065・攻敔王者彶𪓶虘劍・春秋晚	
勘	形旁	 710・仲斯鬲・西周晚	
勑	形旁	 2590・十三年上官鼎・晉・戰國晚	
劼	形旁	 近出 30・戎生編鐘四・晉・西周晚或春秋早	

加

勇 形旁

11566・中央勇矛・春秋晚或戰國早

珈 聲旁

287・曾侯乙鐘(下一 2)・曾・戰國早

292・曾侯乙鐘(下二 4)・曾・戰國早

嘉 聲旁

3680・伯嘉父簋・西周晚

3903・陳侯作嘉姬簋・陳・春秋早

2782・哀成叔鼎・晉・春秋晚

10373・郾客問量・楚・戰國

102・邾公釛鐘・邾・春秋

銘文選八八〇・中山王譽鼎・晉・戰國晚

賀 聲旁

銘文選八八一・中山王譽方壺・晉・戰國晚

商周金文偏旁譜　卷十四

金

盤　形旁

10129・伯侯父盤・西周晚

鉈　形旁

10224・中友父匜・西周中

10220・史頌匜・西周晚

10267・陳伯元匜・陳・春秋

2479・楚王酓肯脡鼎・楚・戰國晚

鈷　形旁

4503・西替簠・楚・戰國

淦　聲旁

近出 1174・卜淦囗高戈・春秋早

鈇　形旁

4695・鄦陵君王子申豆・楚・戰國晚

鈧　形旁

4257・弭伯師耤簋・西周晚

鈦	形旁		11614・郾王喜劍・燕・戰國晚		
欽	聲旁		980・魚鼎匕・晉・戰國		
鍾	形旁		88・虘鐘・西周中		43・楚公豪鐘・西周中或晚
			16・益公鐘・西周晚		50・邾君鐘・邾・春秋晚
			17・𪊨侯鎛・戰國早		10466・左鍾肎銅器・戰國
鈚	形旁		9982・喪史寘瓶・戰國		9606・𢇍窓君扁壺・燕・戰國
			9729・洹子孟姜壺・齊・春秋		
䢔	聲旁		745・師䢔鬲・西周中		

字	偏旁	字形	出處
鋿	形旁		172・鄦叔之仲子平鐘・莒・春秋晚
錍	形旁		9977・土匀瓶・晉・戰國晚
鈲	形旁		11758・中山侯鉞・晉・戰國中
鍴	形旁		6513・徐王義楚觶・徐・春秋晚
⿰金旅	形旁		11643・郾王職劍・燕・戰國晚
⿰金𠦝乀	形旁		11588・韓鍾劍・晉・春秋晚或戰國早
鈓	形旁	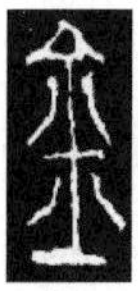	102・邾公釛鐘・邾・春秋
鉣	形旁		珍秦（秦銅器篇）42頁・秦政伯喪戈・秦・春秋早

[illegible]	形旁	 9413・伯[illegible]盉・西周晚	
[illegible]	形旁	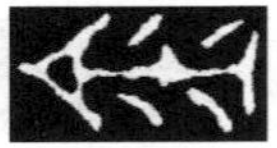 9426・楚叔之孫途盉・楚・春秋晚	
[illegible]	形旁	 圖像集成 14668・王盉・戰國早	
鉌	形旁	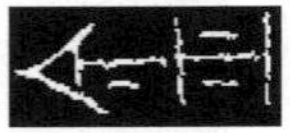 新收 1484・春成侯盉・晉・戰國晚	
鎬	形旁	 10291・集脰鎬・楚・戰國晚	
鎗	形旁	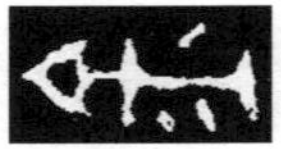 188・梁其鐘・西周晚	
		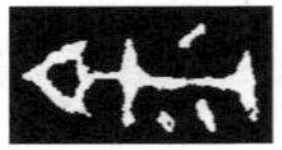 近出 31・戎生編鐘五・晉・西周晚或春秋早	
[illegible]	形旁	 10350・[illegible]氏膚[illegible]・西周晚	 3710・西[illegible]簋・楚・戰國

釪 形旁

考古學報2018年1期・伯釪鼎・西周中

2358・宋君夫人鼎蓋・宋・春秋晚

鉡 形旁

上博8期・亢鼎・西周早

錳 形旁

2203・史宋鼎・西周

2771・鄀公平侯鼎・鄀・春秋早

銇 形旁

4257・弭伯師耤簋・西周晚

鐠 形旁

192・梁其鐘・西周晚

鋪 形旁

2779・師同鼎・西周晚

鋈 形旁

4302・录伯𢦏簋蓋・西周中

2835・多友鼎・西周晚

9712・曾伯陭壺・曾・春秋

字	類	字形	出處
鎛	形旁		140・邾公孫班鎛・邾・春秋晚
			10917・鑶鎛戈・楚・戰國早
銉	形旁		9730・洹子孟姜壺・齊・春秋
鐳	形旁		226・郘黛鐘・晉・春秋晚
鈘	聲旁		近出二925・蘇公盤・西周
鑰	形旁		2841・毛公鼎・西周晚
			50・邾君鐘・邾・春秋晚
			古文字與古代史第一輯251頁圖11・宅陽錢權・戰國晚
裣	聲旁		2789・𢦏方鼎・西周中
鈎	形旁		9722・幾父壺・西周中

鐘 形旁

4141・圅皇父簋・西周晚

鍚 形旁

4632・曾伯霥簠・曾・春秋早

銅 形旁

9452・長陵盉・晉・戰國晚

2794・楚王酓忎鼎・楚・戰國晚

鋁 形旁

2779・師同鼎・西周晚

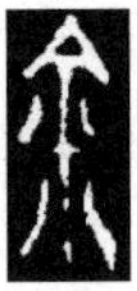
184・余贎逨兒鐘・徐・春秋晚

文物 2014 年 1 期・瀸公鼎・春秋晚

鐶 形旁

10379・臤子環權・戰國晚

[illegible] 形旁

2782・哀成叔鼎・晉・春秋晚

[illegible] 形旁

2574・郾孝子鼎・晉・戰國中

鎜 形旁  10085・[illegible]盤・西周晚

鎣 形旁  9425・伯百父鎣・西周中

鉉 形旁 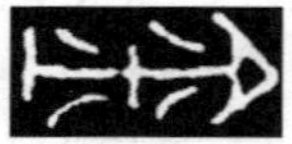 427・配兒鉤鑃・吴・春秋晚

鑊 形旁  2782・哀成叔鼎・晉・春秋晚

鐈 形旁  4628・伯公父簠・西周晚  9712・曾伯陭壺・曾・春秋

鑑 形旁  10289・智君子鑑・晉・春秋晚  10298・吴王光鑑・吴・春秋晚

[illegible] 形旁  11052・宜鑄戈・晉・戰國

鈄 形旁  銘文選八八一・中山王譽方壺・晉・戰國晚  2590・十三年上官鼎・晉・戰國晚

鈹 形旁

文物 2011 年 9 期・我自鑄銅鈹・春秋晚或戰國早

11686・五年邦司寇劍・晉・戰國

⿰金皿 形旁

9997・廿七年⿰金皿・晉・戰國

録 形旁
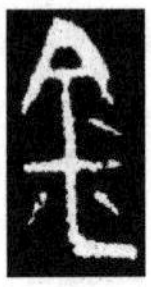
4315・秦公簋・秦・春秋早

鋸 形旁

11234・郾王職戈・燕・戰國晚

錐 形旁

2750・上曾大子鼎・曾（山東）・春秋早

鑵 形旁

11757・取子鉞・西周早

鋘 形旁

近出 117・鄬子伯鐸・春秋晚

鐸 形旁

287・曾侯乙鐘（下一 2）・曾・戰國早

420・□外卒鐸・燕・戰國

銘文選八八〇・中山王嚳鼎・晉・戰國晚

鏓 形旁

192・梁其鐘・西周晚

錞 形旁

雪齋二集72頁附圖二・桀可忌豆・齊・戰國

鏐 形旁

172・鄬叔之仲子平鐘・莒・春秋晚

245・邾公華鐘・邾・春秋晚

鑾 形旁

2214・尹小叔鼎・虢・春秋早

按：从二金，乃繁構。

鈐 形旁

11534・吴王夫差矛・吴・春秋晚

鉘 形旁

11219・郾侯載戈・燕・戰國晚

鈢 形旁

4650・哀成叔鉚・晉・春秋晚

10356・蔡大史鉚・蔡・春秋

10368・左關之鉚・齊・戰國

鋁	銧	鏞	鑇	鑃	鑯	鐊	鍚
形旁	形旁	形旁	形旁	形旁	形旁	形旁	形旁
 184・余購𫆟兒鐘・徐・春秋晚	 10298・吴王光鑑・吴・春秋晚	 4631・曾伯霥簠・曾・春秋早  245・邾公華鐘・邾・春秋晚  427・配兒鉤鑃・吴・春秋晚	 246・癲鐘・西周中	 424・姑馮昏同之子句鑃・越・春秋晚	 10917・鑯鏄戈・楚・戰國早	 296・曾侯乙鐘(下二9)・曾・戰國早	 62・逆鐘・西周晚

釘	形旁	 11270・非鈦戈・戰國早	
錋	形旁	 11561・閔令趙狽矛・晉・戰國	
[illegible]	形旁	 423・嵩君鉦鋮・春秋晚	
銚	形旁	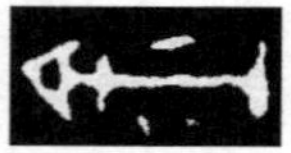 188・梁其鐘・西周晚	 263・秦公鐘・秦・春秋早
鋨	形旁	 4646・十四年陳侯午敦・齊・戰國晚	
[illegible]	形旁	 285・叔夷鎛・齊・春秋晚	
釿	形旁	 2764・卅二年坪安君鼎・晉・戰國晚	
[illegible]	聲旁	 11609・陰平劍・齊・戰國	

勺

酌	聲旁	 9935・伯公父勺・西周晚
汋	聲旁	 銘文選八八〇・中山王譽鼎・晉・戰國晚
豹	聲旁	 新收1600・師酉鼎・西周中  近出347・筊戒鼎・西周晚
礿	聲旁	  2763・我方鼎・西周早

幵

玗	聲旁	 10581・玗作父辛器・西周早
鋑	形旁	 11350・郾王詈戈・燕・戰國晚
𨮂	形旁	 4353・大朕盨・西周晚期
鑐	形旁	 4388・叔姞盨・西周晚  4372・仲彤盨・西周晚  4385・弭叔盨・西周晚

几

處 形旁

4237・臣諫簋・西周中

109・井人妄鐘・西周晚

11718・姑發胥反劍・吳・春秋晚

銘文選八八二・好盜壺・晉・戰國晚

且

祖 聲旁

10008・欒書缶・楚・戰國

虘 聲旁

8952・虘作父辛爵・西周早

4252・大師虘簋・西周中

4111・魯士商叡簋・西周晚

423・嵩君鉦鋮・春秋晚

䵺 聲旁

2830・師訊鼎・西周中

組 聲旁

4313・師寰簋・西周晚

斤

斨 形旁

2835・多友鼎・西周晚

近出63・王孫誥編鐘四・楚・春秋晚

銘文選八八〇・中山王嚳鼎・晉・戰國晚

訢

聲旁

銘文選八八二・𡥆盜壺・晉・戰國晚

兵

形旁

4322・𢦏簋蓋・西周中

近出二1115・輔伯戈・西周晚

古24・與兵方壺・楚・春秋中或晚

275・叔夷鐘・齊・春秋晚

2794・楚王酓忎鼎・楚・戰國晚

12108・新郪虎符・秦・戰國晚

所

形旁

4323・敔簋・西周晚

近出22・子犯編鐘五・晉・春秋中

2811・王子午鼎・楚・春秋中或晚

11289・宋公差戈・宋・春秋晚

近出1168・䢴左戈・齊・戰國早

銘文選八八一・中山王嚳方壺・晉・戰國晚

		 近出 1180・宜安戈・秦・戰國晚	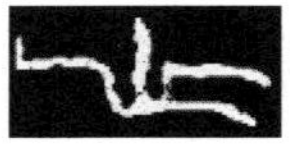 980・魚鼎匕・晉・戰國
析	形旁	 11871・析弓形器・殷	 4265・格伯簋・西周中
斧	形旁	 近出 1243・太子車斧・虢・西周晚	 9709・公子土斧壺・齊・春秋晚
斪	形旁	 11214・斪君戟・楚・戰國早	
斨	形旁	 4152・鄘侯少子簋・莒・春秋	 10895・伯斨戈・春秋
斯	形旁	 2833・禹鼎・西周晚	
		 185・余贎𨚕兒鐘・徐・春秋晚	
釿	形旁	 185・余贎𨚕兒鐘・徐・春秋晚	

升

斳 聲旁

4503・西替簠・楚・戰國

旂 聲旁

2555・旂鼎・西周早

4276・豆閉簋・西周中

9731・頌壺・西周晚

近出1009・邿公典盤・邿・春秋中

423・嵩君鉦鉞・春秋晚

102・邾公釛鐘・邾・春秋

旃 聲旁

考古2014年7期・曾叔旃鼎・曾・戰國中

釿 聲旁

2764・卅二年坪安君鼎・晉・戰國晚

斬 形旁

考古與文物90.5・伯簋・西周中

[illegible] 形旁

247・癲鐘・西周中

4174・癲簋・西周中

斗

𣁋	頪	盨	𠥩	𠆭	斛	料	斢	孑斗
形旁	形旁	形旁	形旁	形旁	形旁	形旁	形旁	形旁
 10374・子禾子釜・戰國	 新收 1450・伯大師釐盨・西周中  4442・紀伯子宼父盨・紀・春秋	 4468・師克盨蓋・西周晚	 新收 47・季𨻰父匜・西周晚	 2590・十三年上官鼎・晉・戰國晚	 2701・公朱左師鼎・晉・戰國晚	 10326・司料盆蓋・春秋	 10365・斢半弁量・晉・戰國	 11339・十三年戈・燕・戰國

𠔁

忩 聲旁

11338・三年𨚕令戈・晉・戰國

矛

茅 聲旁

銘文選八八二・好盗壺・晉・戰國晚

飛諾藏金 82-83 頁・五年茅□大命戈・晉・戰國

楙 聲旁

4172・瘨簋器・西周中

9631・鄭楙叔賓父壺・西周晚

海岱 153.15・司馬楙編鎛・齊・戰國早

袤 聲旁

新收 1600・師酉鼎・西周中

犽 聲旁

2611・卅五年鼎・晉・戰國

敄 聲旁

6474・敄作父癸觶・殷

944・作册般甗・西周早

商周金文編 624・四十三年逨鼎乙・西周晚

2841・毛公鼎・西周晚

車

4183・上鄀公孜人簋蓋・楚・春秋早

銘文選八八一・中山王譻方壺・晉・戰國晚

連 形旁

155・能原鎛・越・春秋晚

2083・連迂鼎・楚・春秋

䡨 形旁

211・蔡侯紐鐘・蔡・春秋晚

⿸㫃車 形旁

6460・事作小旅觶・西周早

⿱羍車 形旁

9450・十二年盉・晉・戰國早

10396・左繇箕・戰國晚

庫 聲旁

11022・鄘左庫戈・齊・春秋晚

11068・[illegible]少鉤庫戈・春秋

2608・十一年庫嗇夫鼎・晉・戰國晚

11351・十六年喜令戈・晉・戰國晚

⿱𥫗肇 形旁

5827・柚作父丁尊・西周早

9553・樝侯壺・西周中

⿰車㗊

形旁

4318・三年師兌簋・西周晚

較

形旁

4468・師克盨蓋・西周晚

轉

形旁

10055・轉作寶鎜盤・西周早

4468・師克盨蓋・西周晚

輅

形旁

近出21・子犯編鐘四・晉・春秋中

11335・四年邘令戈・晉・戰國

輔

形旁

4325・師嫠簋・西周晚

銘文選八八一・中山王譽方壺・晉・戰國晚

⿱丂車

形旁

銘文選八八一・中山王譽方壺・晉・戰國晚

⿱大車

形旁

11219・郾侯載戈・燕・戰國晚

軏

形旁

新收366・軏敦・戰國晚

𠂤

輂 形旁

5893・輂作妣癸尊・殷或西周早

5189・輂卣・西周早

斬 形旁

考古與文物 90.5・伯簋・西周中

軫 形旁

4326・番生簋蓋・西周晚

軝 形旁

5428・叔趩父卣・西周早

軍 形旁

銘文選八八〇・中山王譽鼎・晉・戰國晚

官 形旁

5986・𨻰作父乙尊・西周早

4289・師酉簋・西周中

新收 1962・頌壺・西周晚

4695・郪陵君王子申豆・楚・戰國晚

師 形旁

2648・小子射鼎蓋・殷

10174・兮甲盤・西周晚

阜

字	偏旁	字形	出處	字形	出處
師	亦聲		4144・肄作父乙簋・殷		文物 2011 年 11 期・師鑊鼎・西周早
			4252・大師虘簋・西周中		4116・師害簋・西周晚
			9706・孫叔師父壺・邛・春秋		銘文選八八二・好盜壺・晉・戰國晚
⿰阝曾	形旁		742・鄭伯鬲・曾・春秋早		
⿰阝异	形旁		4341・班簋・西周中		
陵	形旁		9816・陵作父日乙罍・西周早		9726・三年瘐壺・西周中
			10176・散氏盤・西周晚		4695・郲陵君王子申豆・楚・戰國晚
⿰阝覃	形旁		新收 1794・責尊・殷晚		5275・弦作父丁卣・西周早

9033・剛爵・西周早

3483・夷伯簋・西周中

10175・史牆盤・西周中

4219・追簋・西周中

2210・仲義父鼎・西周晚

9622・鄧孟壺蓋・西周晚

陋

形旁

2662・或者鼎・西周中

陟

形旁

4330・沈子它簋蓋・西周早

250・㾓鐘・西周中

10176・散氏盤・西周晚

10171・蔡侯盤・蔡・春秋晚

降

形旁

5396・毓祖丁卣器・殷

4261・天亡簋・西周早

250・㾓鐘・西周中

10175・史牆盤・西周中

		102・邾公釛鐘・邾・春秋		
陸 形旁		5081.2・陸册父庚卣・殷		3619・義伯簋・西周
⿰馬阜 形旁		5424・農卣・西周中		
		近出二193・雕陰鼎・戰國晚		
陰 形旁		74・敬事天王鐘・楚・春秋晚		4444・紀伯子庭父盨・紀・春秋
⿰阝⿱亼立 形旁		11609・陰平劍・齊・戰國		
		10152・宗婦鄁嬰盤・春秋		
		110・井人妄鐘・西周晚		4141・函皇父簋・西周晚

隊	形旁	 12108・新郪虎符・秦・戰國晚		
限	形旁	 9036・伯限爵・西周早	 2838・曶鼎・西周中	
		 4466・融从盨・西周晚		
陳	形旁	 2831・九年衛鼎・西周中	 706・陳侯鬲・陳・春秋早	
		 11034・陳[illegible]造戈・齊・春秋晚	 10157・陳侯盤・陳・春秋	
		 新收1781・陳逆簠蓋・齊・戰國早	 11653・廿九年高都令劍・戰國晚	
陶	形旁	 2406・戈囧甚印鼎・西周早	 2630・伯陶鼎・西周中	 4328・不其簋・西周晚
陲	形旁	 新收1850・亞陲戈・殷晚	 11865・私庫嗇夫鑲金銀泡飾・晉・戰國中或晚	

陓	形旁		新收 1597・陓仲卣・西周早
阦	形旁		11486・辛邑矛・殷
阾	形旁		近出二 1244・五年相邦吕不韋戈・秦・戰國晚
陉	形旁		11554・七年鄭令矛・晉・戰國晚
阠	形旁		3653・子阠作父己簋・西周早
陖	形旁		3524・陖伯簋・西周早
陆	形旁		新收 594・陆作父丁卣・西周早
隮	形旁		新收 47・季隮父匜・西周晚

陕	形旁		4239・小臣謎簋器・西周早		
陖	形旁		新出 1377・陖陰令戈・戰國晚		
隊	形旁		4327・卯簋蓋・西周中		
阿	形旁		商周金文編 621・四十二年逑鼎甲・西周晚		11158・平阿左戟・齊・戰國
鄤	形旁		2267・自作鄤仲方鼎・西周早	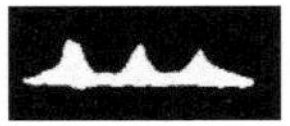	3918・鄤仲孝簋・西周中
陠	形旁		2836・大克鼎・西周晚		
陂	形旁		2790・微䜌鼎・西周晚		
𨺭	形旁		10176・散氏盤・西周晚		

⿰阝馬

形旁

11546・七年宅陽令矛・晉・戰國

⿰阝襄

形旁

新收 757・逨盤・西周晚

隕

形旁

銘文選八八〇・中山王嚳鼎・晉・戰國晚

陀

形旁

4317・㝬簋・西周晚

銘文選八八一・中山王嚳方壺・晉・戰國晚

隆

形旁

近出二 458・𩰫公盨・西周中

陝

形旁

新收 1769・卅四年蜀守戈・秦・戰國

陕

形旁

3475・陕簋・西周中

陭

形旁

9712・曾伯陭壺・曾・春秋

阬 形旁  圖像 19182・噩君啓舟節・楚・戰國

陖 形旁  11686・五年邦司寇劍・晉・戰國

阼 形旁  11211・工城戈・齊・戰國早

𨺅 形旁  商周金文編 622・四十二年逨鼎乙・西周晚

䧢 形旁  近出 1026・□子䧢盞盂・春秋晚

𨻶 形旁  10083・京𨻶仲盤・西周早

隣 形旁  643・瀕史鬲・西周早

𨼆 形旁  10321・趞盂・西周中

	隰	形旁		11661・三年鈹・晉・戰國
	𨺟	形旁		7071・𨺟息觚・殷
	隯	形旁		3465・隯簋・西周早
	隱	形旁		銘文選八八二・好盗壺・晉・戰國晚
𠂤	𨽍	形旁		2752 ・中方鼎・西周早
	𨻰	形旁		5052.1・陸冊父乙卣・殷
四	駟	聲旁		10103・伯駟父盤・西周晚
宁	貯	聲旁		金文通鑒12341・貯壺・殷晚
				4330・沈子它簋蓋・西周早

2832・五祀衛鼎・西周中

新收1962・頌壺・西周晚

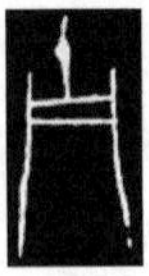
銘文選八八二・妤盗壺・晉・戰國晚

銘文選八八二・妤盗壺・晉・戰國晚

亞

䛩 亦聲

金文通鑒2129・史惠鼎・西周晚

五

吾 聲旁

5828・商作父丁犧尊蓋・西周早

10936 吾宜戈・戰國晚

𠄡

⿱𠄡口 聲旁

2841・毛公鼎・西周晚

近出二1284・吳王光劍・吳・春秋晚

考古與文物2013年1期27頁圖二・二十九年弩臂・戰國晚

⿰𠄡支 聲旁

3827・敔簋・西周早

近出二406・梁伯敔簋・西周中

4589・宋公䜌簠・宋・春秋晚

六

邟 聲旁

近出 94・遷邟編鎛（3）・舒・春秋早

近出 95・遷邟編鎛（4）・舒・春秋早

九

㕣 聲旁

新收 1409・自鐸・楚・春秋

11292・二年右貫府戈・戰國晚

[尢亯] 聲旁

131・者沪鐘・楚・戰國早

[宀亮] 聲旁

新出金文 8 頁圖二ː 1　叔尊・西周早

近出二 413・䟽簋・西周中

2812・師望鼎・西周中

2204・羌鼎・西周

宄 聲旁

4073・伯梡簋・西周早

4289・師酉簋・西周中

[穴九日] 聲旁

5298・闋作宮伯卣・西周早

新收 1796・竈鼎・西周

喬 亦聲

3762・伯喬父簋・西周

考古 2014 年 7 期・曾孫喬壺・楚・戰國中

萬

2794・楚王酓忎鼎・楚・戰國晚

銘文選八八〇・中山王嚳鼎・晉・戰國晚

軌 聲旁

新收366・軌敦・戰國晚

⿰示萬 聲旁

金文通鑒5672・遣伯盨・西周中

⿰言萬 聲旁

10008・欒書缶・楚・戰國

㒖 聲旁

5426・庚嬴卣蓋・西周早

圖像12257・仲姞壺・西周中

4137・叔㚸簋・西周晚

4632・曾伯霥簠・春秋早

古24・與兵方壺・楚・春秋中或晚

邁 聲旁

2655・先獸鼎・西周早

9690・周𡨦壺・西周中

新收41・𦅫叔盨・西周晚

3903・陳侯作嘉姬簋・陳・春秋早

近出79・王孫誥編鐘二十・楚・春秋晚

⿱萬亞 聲旁

6507・北子鱓・西周早或中

730・鄭伯筍父鬲・西周晚

4388・叔姞盨・西周晚

4120・售仲之孫簋・春秋早

贎 聲旁

184・余贎徲兒鐘・徐・春秋晚

厲 聲旁

2832・五祀衛鼎・西周中

3780・散伯簋・西周晚

⿱萬土 聲旁

102・邾公釛鐘・邾・春秋

禹

圉 聲旁

10175・史牆盤・西周中

堣 聲旁

285・叔夷鎛・齊・春秋晚

遇 聲旁

948・遇甗・西周中

乙

昄 聲旁

2533・仲昄父鼎・西周中

丁

貞 聲旁

70・伯貞甗・西周早

戊

戚 形旁

2139・爻癸婦鼎・殷或西周早

己

記 聲旁

上博11期・楚大師登編鐘4・楚・春秋早

4613・上都府簠・楚・春秋晚

杞	聲旁	 5097・亞䣄杞婦卣・殷	 2654・亳鼎・西周早
		 2495・杞伯敏亡鼎・杞・西周晚或春秋	 9687・杞伯每亡壺蓋・杞・春秋早
忌	聲旁	 245・邾公華鐘・邾・春秋晚	 雪齋二集72頁附圖二・𦉢可忌豆・齊・戰國
改	聲旁	 4269・縣妃簋・西周中	 10216・召樂父匜・西周晚
		 2526・蘇冶妊鼎・蘇・春秋早	 9680・夃君壺・春秋
曩	形旁	 2262・䢅作母癸鼎・殷	 3505・亞曩吴作父乙簋・西周早
		 6511・曩仲觶・西周中	 10240・曩孟姜匜・西周晚
		 4120・昔仲之孫簋・春秋早	 文博2008年2期8頁圖13、封2.5・衺鼎器・戰國早

庚

⿰己婁 聲旁

近出64・王孫誥編鐘五・楚・春秋晚

𢈈 形旁

2590・十三年上官鼎・晉・戰國晚

中國歷史文物2006年2期・廿三年襄平鼎・戰國

欶 聲旁

980・魚鼎匕・晉・戰國

庸 形旁

復旦網2014年7月29日・𨒪尊・殷

4261・天亡簋・西周早

4321・訇簋・西周晚

銘文選八八二・好盗壺・晉・戰國晚

唐 聲旁

6367・唐子祖乙觶・殷

文物2014年1期・宋公圝鼎・宋・春秋晚

11661・三年鈹・晉・戰國

辛

辥 形旁

3826・𨑢簋・西周早

2826・晉姜鼎・晉・春秋早

字	類別	字形	出處
			271・𩛥鎛・齊・春秋中或晚
			151・邾公牼鐘・邾・春秋晚
辠	形旁		銘文選八八〇・中山王䂂鼎・晉・戰國晚
妾	形旁		5978・復作父乙尊・西周早
			新收1959・𠂤簋・西周中
			2836・大克鼎・西周晚
婞	聲旁		3849・叔向父簋・西周晚
豙	形旁		近出308・王姜鼎・西周早
			2841・毛公鼎・西周晚
			4326・番生簋蓋・西周晚
親	聲旁		4268・王臣簋・西周中
			204・克鐘・西周晚
			江漢考古2014年4期・曾侯䑓編鐘M1.1・曾・春秋晚

亲 亦聲

9667・中伯壺蓋・西周中

3946・中伯簋・西周晚

11210・羊角戈・齊・戰國早

孱 聲旁

3556・季孱簋・西周早

10175・史牆盤・西周中

文博2008年2期9頁圖16,17・伯寶父盨・西周晚

2771・鄀公平侯鼎・鄀・春秋早

文物2011年8期・叔左鼎・春秋中

2811・王子午鼎・楚・春秋中或晚

261・王孫遺者鐘・楚・春秋晚

289・曾侯乙鐘(下二1)・曾・戰國早

9719・令狐君嗣子壺・晉・戰國中

辛 形旁

9105・辛椃角・殷

1712・辛女彝鼎・西周早

壬 辡

妊 聲旁

8137・遣妊爵・殷或西周早

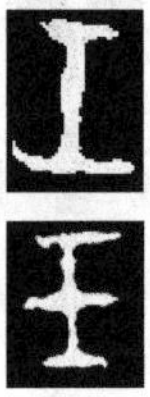
4262・格伯簋・西周中

辧 聲旁

6001・小子生尊・西周早

3714・辧作文父己簋・西周早

戠 形旁

3369・戠作寶簋・西周早

辭 形旁

考古學報 2018 年 2 期・鳥形盉・西周中

10285・𠑇匜・西周晚

9706・孫叔師父壺・邛・春秋

969・宰秦匕・戰國

近出 1011・滕大宰得匜・滕・春秋中或晚

曾國 351 頁・黃仲酉匜・春秋晚

3896・邢姜大宰巳簋・春秋早

3987・魯大宰原父簋・魯・春秋早

4252・大師虘簋・西周中

2829・頌鼎・西周晚

癸

3785・叡䍜妊簋・西周晚

2526・蘇冶妊鼎・蘇・春秋早

任 聲旁

3455・作任氏簋・西周早

新收 1554・任鼎・西周中

上博 8 期・郾王職壺・燕・戰國晚

貢 聲旁

銘文選八八二・妤盗壺・晉・戰國晚

㲉 聲旁

5769・㲉由方尊・西周早

孌 聲旁

4298・大簋蓋・西周晚

鍨 聲旁

11350・郾王詈戈・燕・戰國晚

子

孚 形旁

2741・寧鼎・西周早

首陽 107 頁・伯㦸父簋・西周中

 2835・多友鼎・西周晚
 9733・庚壺・齊・春秋晚

孠 形旁
 3904・小子孠簋・殷

孯 形旁
 銘文選八八一・中山王譽方壺・晉・戰國晚

學 形旁
 銘文選八八〇・中山王譽鼎・晉・戰國晚

李 聲旁
 2832・五祀衛鼎・西周中

囝 形旁
 1048・囝鼎・殷
 7321・囝爵・西周早

孝 形旁
 5377・孝卣・殷
 3991・祖日庚簋・西周早
 10175・史墻盤・西周中

 2829・頌鼎・西周晚
 2771・鄀公平侯鼎・鄀・春秋早
 261・王孫遺者鐘・楚・春秋晚

	4190・陳肪簋蓋・齊・戰國早	銘文選八八一・中山王壆方壺・晉・戰國晚
保 形旁	殷新 106・保父癸斝・殷晚	1002・保鼎・殷
	8769・𠬝保爵・殷	2364・亞俞父鼎・殷或西周早
	2837・大盂鼎・西周早	9900・盠方彝・西周中　　按：增短撇爲飾。
	10175・史牆盤・西周中	260・㝬鐘・西周晚
	芮國金玉 82・芮太子白鬲・芮・春秋早	圖像 05166・有兒簋・陳・春秋早
	圖像 3036・競孫旟也鬲・楚・春秋晚	4649・陳侯因資敦・齊・戰國晚
好 形旁	6847・婦好觚・殷	金文通鑒 5272・公㚤父簋・西周早

5341・仲作好旅彝卣・西周中

4331・乖伯歸夆簋・西周晚

近出95・遷邟編鎛（4）・舒・春秋早

2652・徐太子鼎・徐・春秋

[女孜]
形旁

9921・婦好勺・殷

孫
形旁

2431・乃孫作祖己鼎・殷

5426・庚贏卣蓋・西周早

2585・鼄季鼎・西周晚

2755・寽鼎・西周中

2497・黃君孟鼎・黃・春秋早

上博10期・伯遊父鐳・楚・春秋中

4589・宋公緣簠・宋・春秋晚

9686・十三苿壺・晉・戰國早

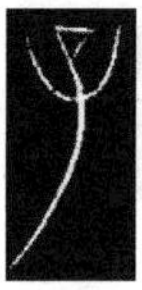
銘文選八八一・中山王嚳方壺・晉・戰國晚

10008・欒書缶・楚・戰國

字	亦聲		6270・字父己觶・殷		新收 1939・字父己觶・殷或西周早
			4150・膳夫梁其簋・西周晚		184・余贎逨兒鐘・徐・春秋晚
季	形旁		2335・亞𠭯季作兄己鼎・殷	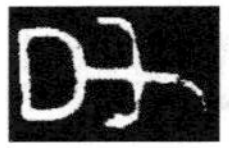	5860・嬴季尊・西周早
			5240・嬴季卣・西周中		4454・叔尃父盨・西周晚
			2644・郳季伯歸鼎・春秋早		圖像續 535・鼄君季𧊒盂・春秋中
			4590・宋公䜌簠・宋・春秋晚		新收 1781・陳逆簠蓋・齊・戰國早
孟	形旁		7099・父乙孟觚・殷		3577・卜孟簋・西周早
			9705・番匊生壺・西周中		商周金文編 612・畢叔鬲丁・西周晚

去

棄 形旁

銘文選八八〇・中山王嚳鼎・晉・戰國晚

⿰王孫 聲旁

2830・師𩛥鼎・西周中

孫

愻 聲旁

121・者沪鐘・楚・戰國早

⿰月孫 形旁

近出470・㠱侯簋・西周晚

⿰子孫 聲旁

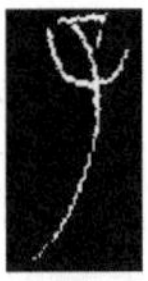

銘文選八八二・⿰子孫盗壺・晉・戰國晚

金文通鑒19232・叔子穀栽・戰國早

3939・禾簋・齊・春秋晚

10005・孟滕姬缶・楚・春秋

4574・鑄公簠蓋・鑄・春秋早

10004・蔡侯缶・蔡・春秋晚

丑

眲 聲旁

4330・沈子它簋蓋・西周早

狃 聲旁

4128・復公仲簋蓋・楚・春秋晚

紐 形旁

2052・叔鼎・西周早

2054・叔鼎・西周早

4132・叔簋・西周早

1923・叔作寶彝鼎・西周

寅

夤 聲旁

4315・秦公簋・秦・春秋早

惠 聲旁

銘文選八八二・竒盜壺・晉・戰國晚

卯 (mǎo)

留 聲旁

2815・趞鼎・西周晚

15・留鎛・戰國

茚 聲旁

出土文獻 8 輯・卜丂史簋器底（M257）・西周中

11281・宋公差戈・宋・春秋晚

鼎 聲旁

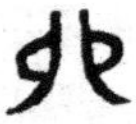

4323・敔簋・西周晚

貿 聲旁

2719・公貿鼎・西周中

柳 聲旁

2805・南宮柳鼎・西周晚

10176・散氏盤・西周晚

辰

晨 聲旁

2816・伯晨鼎・西周中或晚

2771・鄀公平侯鼎・鄀・春秋早

銘文選八八〇・中山王嚳鼎・晉・戰國晚

屒 聲旁

2808・大鼎・西周中

4299・大簋蓋・西周晚

農 形旁

6169・史農觶・西周早

辳 聲旁

10175・史牆盤・西周中

巳

祀 聲旁

9105・宰椃角・殷

4645・齊侯作孟姜敦・齊・春秋晚

10384・高奴禾石權・秦・戰國

配

聲旁

10282・夆叔匜・夆・春秋早

近出1009・邿公典盤・邿・春秋中

它

聲旁

10020・它盤・西周早

銘文選八八二・好盗壺・晉・戰國晚

海岱153.15・司馬楙編鎛・齊・戰國早

2811・王子午鼎・楚・春秋中或晚

245・邾公華鐘・邾・春秋晚

4317・㝬簋・西周晚

圖像5166・有兒簋・陳・春秋早

6003・保尊・西周早

10175・史牆盤・西周中

午

妃 聲旁		㫗 形旁	鈙 聲旁	钔 聲旁	許 聲旁		锥 聲旁
 10045・亞吳妃盤・西周早	 4145・陳侯午簋・戰國早	 2825・膳夫山鼎・西周晚	 11718・姑發腎反劍・吳・春秋晚	 4044・御正衛簋・西周早	 2832・五祀衛鼎・西周中	 銘文選八八〇・中山王䢅鼎・晉・戰國晚	 10342・晉公盆・晉・春秋
 4152・鄦侯少子簋・莒・春秋	 4646・十四年陳侯午敦・齊・戰國晚				 2818・鬲攸从鼎・西周晚		

未

宊 聲旁

5804・宊作父辛尊・西周早

3608・宊□作父丁簋・西周早

[illegible] 形旁

468・史秦鬲・殷

2739・塱方鼎・西周早

[illegible] 形旁

4288・師酉簋・西周中

3867・洹秦簋・西周中

269・秦公鎛・秦・春秋早

975・但盤埜匕・楚・戰國晚

困 聲旁

7737・困爵・西周早

味 聲旁

2839・小盂鼎・西周早

4240・免簋・西周中

制 形旁

811・王子午鼎・楚・春秋中或晚

[illegible] 聲旁

4341・班簋・西周中

近出二327・柞伯鼎・西周晚

申

妹 聲旁

5429・叔趩父卣・西周早

2837・大盂鼎・西周早

4589・宋公欒簠・宋・春秋晚

4503・西替簠・楚・戰國

神 聲旁

4021・寧簋蓋・西周早

246・癲鐘・西周中

260・㝬鐘・西周晚

4190・陳肪簋蓋・齊・戰國早

郙 聲旁

飛諾藏金・郙右庫矛・晉・戰國

旃 聲旁

226・郘黛鐘・晉・春秋晚

奄 形旁

2553・應公鼎・西周早

電 聲旁

4326・番生簋蓋・西周晚

酉

尊　形旁

4401・鄭井叔康盨・西周中

3871・夨王簋蓋・西周晚

269・秦公鎛・秦・春秋早

11693・卅三年鄭令劍・晉・戰國晚

匋　形旁

2712・乃子克鼎・西周早

偤　聲旁

9647・徝公左師方壺・戰國

媨　聲旁

998・媨鼎・殷或西周早

莤　聲旁

9605・雍工壺・戰國晚

配　形旁

近出二458・燹公盨・西周中

181・南宮乎鐘・西周晚

4644・拍敦・齊・春秋

新收1781・陳逆簠蓋・齊・戰國早

酘	形旁	 5380・馭卣器・殷	 6230・酘父乙觶・西周早
⿰酉彡	形旁	 2594・戍寅作父丁方鼎・殷	 6015・麥方尊・西周早
		 5430・繁卣器・西周中	
⿳宀酉皿	形旁	 9718・䧅史𢦏壺・西周晚	
⿰酉齊	形旁	 銘文選八八一・中山王𰯌方壺・晉・戰國晚	
⿰酉垔	形旁	 銘文選八八一・中山王𰯌方壺・晉・戰國晚	
醴	形旁	 9727・三年瘐壺・西周中	
		 新收890・楊姞壺・西周晚	

畣 形旁

3975・麗簋・殷

6457・邢叔觶・西周早

銘文選八八一・中山王譽方壺・晉・戰國晚

酒 形旁

近出二855・曾仲姬壺・曾・春秋晚

酢 形旁

6513・徐王義楚觶・徐・春秋晚

酸 形旁

10922・酸棗戈・晉・戰國

酘 形旁

732・番君酟伯鬲・春秋早

醧 形旁

79・應侯見工簋（乙）・西周中

小邾國文化銘文41頁・郳君慶壺・小邾・春秋

		 6456・伯作姬觶・西周中	 江漢考古 2008 年 1 期 85 頁圖 5・楚王酓恷匜・楚・春秋晚
		 85・楚王酓璋鎛・楚・戰國早	 4551・楚王酓脡簠・楚・戰國晚
酌	形旁	 9935・伯公父勺・西周晚	
醣	形旁	 圖像續 461・宗人簋器 1・西周中	
醉	形旁	 文物 2011 年 3 期・彭子射尊・春秋晚	
醓	形旁	 486・柞伯簋・西周早	
		 3949・季醓簋・西周中	
醒	形旁	 2765・𤼈鼎・西周中	

酋　　⿰酉舌

字	偏旁	字形	出處	字形	出處
酷	形旁		圖像 12226・曾大尹壺乙・春秋晚		10388・鑄客爲集𩞁盧・楚・戰國晚
尊	形旁	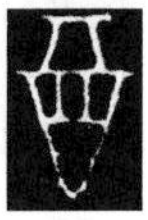	5360.1・寍𢐗作父癸卣・殷		3437・朿夌簋・西周早
⿰酉嬰	形旁		2837・大盂鼎・西周早		
⿰酉㐬	聲旁		2837・大盂鼎・西周早		
尊	形旁		9727・三年瘐壺・西周中		
猶	聲旁		10175・史牆盤・西周中		260・㝬鐘・西周晚
			2841・毛公鼎・西周晚		商周金文編 624・四十三年逨鼎乙・西周晚
			近出 27・戎生編鐘一・西周晚或春秋早		銘文選八八〇・中山王𰯼鼎・晉・戰國晚

戌

咸 形旁	 2311・咸[illegible]子作祖丁鼎・殷		 6014・何尊・西周早
	 5409・𫺗子卣・西周早		 4341・班簋・西周中
	 262・秦公鐘・秦・春秋早		 11294・丞相觸戈・秦・戰國
[illegible] 形旁	 新收1209・唐子仲瀕兒匜・唐・春秋中		 10361・國差𦉜・齊・春秋
戚 形旁	 10374・子禾子釜・齊・戰國		
威 形旁	 249・𤼈鐘・西周中		 4172・𤼈簋器・西周中
	 4171・𤼈簋蓋・西周中		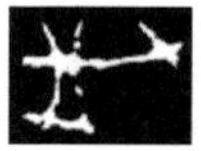 238・虢叔旅鐘・西周晚
	 4242・叔向父禹簋・西周晚		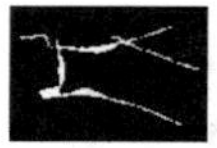 2811・王子午鼎・楚・春秋中或晚

減 聲旁

2791・伯姜鼎・西周早

義 聲旁

2209・仲義父鼎・西周晚　按：我旁訛爲戊。

參考文獻

一、著作、論文

許　慎：《説文解字》，中華書局，2013年。
容　庚：《金文編》，中華書局，1985年。
裘錫圭：《裘錫圭學術文集》，復旦大學出版社，2012年。
裘錫圭：《文字學概要》（修訂本），商務印書館，2014年。
黄德寬等：《古漢字發展論》，中華書局，2014年。
黄德寬：《古文字學》，上海古籍出版社，2015年。
黄德寬：《古文字譜係疏證》，商務印書館，2007年。
黄德寬、徐在國：《古漢字字形表系列》，上海古籍出版社，2017年。
劉　釗：《古文字構形學》（修訂本），福建人民出版社，2011年。
劉　釗：《書馨集》，上海古籍出版社，2013年。
劉　釗：《書馨集續編》中西書局，2018年。
董蓮池：《説文解字考正》，作家出版社，2005年。
董蓮池：《説文解字部首形義新證》，作家出版社，2007年。
董蓮池：《新金文編》，作家出版社，2011年。
張振林：《張振林學術文集》，中山大學出版社，2019年。
季旭昇：《説文新證》，福建人民出版社，2010年。
何琳儀：《戰國文字通論》（訂補），江蘇教育出版社，2003年。
陳　劍：《甲骨金文考釋論集》，綫裝書局，2007年。
劉洪濤：《形體特點對古文字考釋重要性研究》，商務印書館，2019年。
陳斯鵬、石小力、蘇清芳：《新見金文字編》，福建人民出版社，2012年。

畢秀潔：《商代金文全編》，作家出版社，2012年。
嚴志斌：《商金文編》，中國社會科學出版社，2016年。
張俊成：《西周金文字編》，上海古籍出版社，2018年。
吴國升：《春秋文字字形表》，上海古籍出版社，2017年。
湯餘惠：《戰國文字編》（修訂本），福建人民出版社，2016年。
施謝捷：《吴越文字彙編》，江蘇教育出版社，1998年。
曹錦炎：《鳥蟲書通考》，上海辭書出版社，2014年。
李守奎：《楚文字編》，華東師範大學出版社，2003年。
湯志彪：《三晉文字編》，作家出版社，2013年。
張守中：《中山王𰯌器文字編》（重訂版），人民美術出版社，2011年。
張振謙：《齊魯文字編》，學苑出版社，2014年。
孫　剛：《齊文字編》，福建人民出版社，2010年。
吴鎮烽：《陝西金文彙編》，三秦出版社，1989年。
王　輝：《秦銅器銘文編年集釋》，三秦出版社，1990年。
葉玉英：《古文字構形與上古音研究》，厦門大學出版社，2009年。
張桂光：《商周金文摹釋總集》，中華書局，2010年。
蘇　影：《山東出土金文合纂》，花木蘭文化出版社，2019年。
孫偉龍：《徐國銅器銘文研究》，吉林大學碩士論文，2003年。
王愛民：《燕文字編》，吉林大學碩士論文，2010年。
廖埥汝：《新見商周金文字形編（2010–2016）》，暨南國際大學碩士論文，2017年。

二、雜誌、集刊、報紙、網站

《古文字研究》

《海岱考古》
《華夏考古》
《考古》
《江漢考古》
《考古與文物》
《文物》
《文博》
《中國歷史文物》
《中國文字》
《中國文物報》
《中原文物》
《中國國家博物館館刊》
《中國語言文字研究輯刊》
復旦大學出土文獻與古文字研究網

偏旁檢索表

（一）偏旁目録

一畫		三畫					
一	7	几	10	口	13	王	17
乙	7	九	10	夕	13	少	18
二畫		丁	10	宀	13	中	18
八	7	三畫		巾	14	分	18
乂	7	下	10	尸	14	介	18
凵	7	士	10	彡	14	公	18
丩	7	屮	10	山	14	牛	18
又	7	小	10	广	14	止	18
ナ	7	口	10	大	14	牙	18
卜	8	上	11	川	15	爪	18
刀	8	彳	11	女	15	乵	19
乃	8	干	11	弋	16	父	19
丂	8	廾	11	弓	16	夬	19
入	8	及	12	亡	16	尹	19
宀	8	寸	12	凡	16	反	19
人	8	幺	12	土	16	艮	19
匕卩	9	刃	12	勺	17	友	19
勹	9	开	12	己	17	殳	19
厶	9	工	12	子	17	攴	19
厂	9	于	12	厷	17	爻	20
匚	10	亼	12	巳	17	予	20
二	10	攵	12	四畫		丰	20
力	10	才	12	屯	17	办	20
		之	12	元	17	曰	20
		乇	13	天	17	兮	20

八畫

九畫

喬	63	睪	65	鼠	66	**十九畫**	
壺	64	義	65	**十六畫**		夓	68
朝	64	蜀	65	噩	66	戀	68
直	64	鉈	65	矞	66	難	68
絲	64	禋	65	興	66	**二十畫**	
蚰	64	**十四畫**		隹	67	蕭	68
黽	64	絘	65	虣	67	**二十一畫**	
黃	64	詯	65	臯	67	囂	68
萬	64	辡	65	薈	67	矗	68
十三畫		對	66	稻	67	**二十二畫**	
蒿	64	爾	66	褰	67	籚	68
詹	64	鼻	66	龍	67	甕	68
槀	64	售	66	閒	67	**二十四畫**	
與	64	蒾	66	韋	67	讎	68
睘	64	集	66	**十七畫**		矗	68
雁	64	翟	66	雜	67	**三十二畫**	
皆	65	鳴	66	蒦	67	龗	68
豐	65	廒	66	龠	67	**三十三畫**	
虜	65	頮	66	爵	67	鱻	68
會	65	員	66	襄	67		
福	65	監	66	膌	67		
稟	65	齊	66	盈	67		
嗇	65	斟	66	霝	67		
裘	65	惡	66	翬	67		
塍	65	**十五畫**		**十八畫**			
辟	65	莽	66	歸	67		
廌	65	魯	66	翯	68		
獻	65	樂	66	瞿	68		
鼠	65	履	66	豐	68		
酤	65	耆	66	蟲	68

（二）檢字表

匕旁

卩旁

勹旁

厶旁

厂旁

十二畫		名旁		十一畫		十四畫	
菖	18	**十四畫**		羝	180	䂮	61
蓋	19	銘	50	羍	180	䁛	61
葭	20	**戈旁**		羕	180	**十六畫**	
葯	21	**十三畫**		**十二畫**		駱	60
十三畫		㦰	53	絴	182	**十七畫**	
蒙	20	載	54	**十三畫**		鉻	59
葴	22	戠	54	義	181	**十九畫**	
十四畫		**十六畫**		**十六畫**		鵅	60
蔜	20	戴	54	羣	180	**叩旁**	
蔵	22	**吉旁**		**十七畫**		**十三畫**	
十五畫		**八畫**		鮮	181	喌	62
蕀	19	㞧	57	**二十畫**		**十六畫**	
蕃	20	劼	57	羴	179	嚣	62
蕒	22	**九畫**		**各旁**		**此旁**	
蕺	22	姞	57	**八畫**		**十二畫**	
十六畫		頡	56	咎	59	紫	73
薪	20	**羊旁**		**九畫**		**十八畫**	
薂	22	**七畫**		茖	59	雌	73
十八畫		牢	178	客	59	**行旁**	
藠	22	**九畫**		洛	60	**八畫**	
十九畫		美	179	**十畫**		衍	79
蘇	18	姜	181	格	59	**九畫**	
蘿	23	**十畫**		欮	61	衍	79
二十三畫		羒	179	**十一畫**		**十畫**	
虀	23	祥	178	雯	282	衕	79
三十畫		羔	179	**十三畫**		**十一畫**	
虀	23	羖	179	詻	59	衒	78
		羞	182	貉	60	**十三畫**	
				輅	61	衛	78

金旁

阜旁